Johann Gottfried Hoche

Vollständige Geschichte der Grafschaft Hohenstein

Der Herrschaften Lohra und Klettenberg, Heeringen, Kelbra, Scharzfeld, Lutterberg,

der beiden Stifter Ilfeld und Walkenried

Johann Gottfried Hoche

Vollständige Geschichte der Grafschaft Hohenstein
Der Herrschaften Lohra und Klettenberg, Heeringen, Kelbra, Scharzfeld, Lutterberg, der beiden Stifter Ilfeld und Walkenried

ISBN/EAN: 9783743448728

Hergestellt in Europa, USA, Kanada, Australien, Japan

Cover: Foto ©ninafisch / pixelio.de

Weitere Bücher finden Sie auf **www.hansebooks.com**

Vollständige Geschichte

der

Grafschaft Hohenstein,

der

Herrschaften

Lohra und Klettenberg, Heeringen, Kelbra, Scharzfeld,
Lutterberg; der beiden Stifter Ilfeld und Walkenried,
nebst einer statistischen Beschreibung des Preußischen
Antheils an dieser Grafschaft.

Ein Anhang

zur

Brandenburgischen, Braunschweigischen, Stollbergischen
Schwarzburgischen und Witgensteinischen Geschichte

von

Johann Gottfried Hoche.

Quis non, quantum in ipso, loci, cuius umbra fruitur, vel fruitus est,
salutem promovere, et si non armis, aut operis manuariis, tamen
ore, calamoque illi prodesse studet? —

Halle,
bei Francke und Bispink.
1790.

Dem Hochgebohrnen

Reichsgrafen und Herrn,

Herrn

Christian Friedrich,

regierenden Grafen zu Stollberg-Wernigeroda,

meinem

gnädigsten Grafen und Herrn.

Hochgebohrner Reichsgraf,
Gnädigster Graf und Herr!

Die große Sorgfalt, die Ew. Hochgräfl. Gnaden von jeher angewandt
haben, den Flor der Wissenschaften, nicht
nur in Dero Grafschaft, sondern auch
überall, wohin Dero Wirkungskreis sich
erstreckt, auszubreiten, läßt mich hoffen, daß

 Ew.

Ew. Hochgräfl. Gnaden, dieses Buch,
das ich Höchstdenenselben unterthä-
nigst zuzueignen mich erdreiste, gnädigst annehmen werden. Es ist das Werk eines
Jünglings, welcher der Welt nützlich zu
werden strebt. Wenn Ew. Hochgräfl.

Gna-

Gnaden es von dieser Seite betrachten;

so darf ich mir ſchmeicheln, daß Höchſt-

Dieſelben mich Ihres hohen Beifals

nicht ganz unwürdig finden werden.

Sehen Sie es als das Opfer meiner

unterthänigſten Verehrung an, und erlau-

* 4   ben

ben Sie mir, mich Dero hohen Gnade

empfehlen, und mich nennen zu dürfen,

Ew. Hochgräfl. Gnaden

unterthänigsten Verehrer,
Johann Gottfried Hoche.

Vorrede.

Ich würde mein Buch ohne Vorrede dem Publikum übergeben haben, wenn ich es nicht für meine Pflicht gehalten hätte, mich über die Entstehung desselben zu erklären, und den Leser mit der Lage bekannt zu machen, in welcher ich es schrieb.

Ohne Unterstützung und thätige Anweisung sachkundiger Männer, ist es dem Anfänger schwer, ja mir wäre es ganz unmöglich gewesen, eine solche Special-Geschichte zu schreiben, wie

* 5   diese

diese hier ist. Schon damals, als ich noch in Wolfenbüttel auf der herzoglichen Schule, unter Anleitung des Hn. Prof. Leiste, studirte, fühlte ich einen besondern Trieb und Neigung zur Geschichte. Mein würdiger Lehrer, der durch seinen unermüdeten Fleiß, und große Kenntnisse, verbunden mit einer aufrichtigen Liebe zu seinen Schülern, sich unsterblich um dieselben verdient macht, wußte durch seine gute Methode, Geschichte zu lehren, mich bald dahin zu führen, daß ich selbst anfing, die Geschichte methodisch zu studiren. Durch ihn war es mir erlaubt, die große Bibliothek in Wolfenbüttel zu benutzen: und hier sammelte ich schon manches, was zu meinem Buche Gelegenheit gegeben hat. Undankbar würde ich seyn, wenn ich diesem würdigen Manne hier nicht öffentlich für alles, was er an mir gethan hat, meinen Dank abstattete.

Durch Empfehlungen eben dieses Lehrers, wurde ich in Halle dem Hrn. Prof. Sprengel bekannt. Bei diesem berühmten und großen Geschichtsforscher und Statistiker, setzte ich mein historisches Studium fort, und fand reichliche Nahrung für meinen Geist. Ein Zufall machte mich auch mit dem Herrn Professor Krause be-

bekannt, den ich gleich vom erſten Anblick an, wegen ſeiner großen Kentniſſe, beſonders in der Geſchichte des deutſchen Reichs, bewunderte und hochſchätzte. Er nahm mich unter die Zahl ſeiner Zuhörer auf, und ſeit der Zeit wurde die Reichsgeſchichte mein Lieblingsſtudium in den Stunden, die mir meine theologiſchen Kollegien übrig ließen. Dieſen beiden gelehrten Männern danke ich die weitere Ausbildung und Bereicherung meiner hiſtoriſchen Kentniſſe: durch ſie lernte ich, was es heißt, die Geſchichte pragmatiſch ſtudiren; und beſonders lehrte mich Herr Prof. Krauſe, Urkunden benutzen.

Gewiſſe Verhältniſſe machten es nothwendig, daß ich auf dem Halliſchen Waiſenhauſe Unterricht ertheilte. Meine Neigung machte mir die Wahl meines Vortrags nicht ſchwer. Außer dem Unterricht, den ich in den Sprachen gab, wählte ich gleich eine hiſtoriſche Stunde. Ich hatte das Glück, während der drei Jahre, die ich unterrichtete, anderthalb Jahr die deutſche Reichsgeſchichte in der erſten hiſtoriſchen Klaſſe vorzutragen. Hierdurch fand ich Gelegenheit, meine Kentniſſe in dieſem Fache zu bereichern, und auch manches zu ſammeln, was ich in meinem Buche benutzt habe.

Doch

Doch diese wichtigen Vortheile, die mir durch eine besondere Leitung der Vorsehung zu Theil wurden, sind nicht zu rechnen gegen die Vortheile, die mir der tägliche Umgang mit dem Herrn Doktor und Professor Nösselt, und ich darf es sagen, dessen väterliche Sorgfalt für mich und meine Studien, verschaft hat. Ich fürchte in der That, der Bescheidenheit dieses würdigen Mannes zu nahe zu treten durch das, was ich sage, und doch! was soll ich machen? ich muß meinem Herzen und meinen Empfindungen Erleichterung verschaffen, und mir selbst ein Opfer bringen: denn Er fordert es nicht. — Er war mir mehr, als Lehrer; ich darf ihn Gönner und Freund nennen. Er unterstützte mich bei meinen Studien mit Rath und That. — Ich hatte das Glück, sein Zutrauen so zu gewinnen, daß Er mir erlaubte, seinen Kindern Unterricht zu ertheilen, wodurch ich in diese mir so werthe Familie nähern Zutritt erhielt. Endlich um das Maaß seiner Güte voll zu machen, nahm mich dieser würdige Mann in sein Haus; wo ich jezt alle Beweise der Freundschaft und des Wolwollens deutlich sehe. Ewig sey mir der Name dieses Menschenfreundes, ewig sey mir der Name dieser Familie heilig. — Ich muß freilich befürchten, daß diejenigen Leser,

die

die mich und meine Verhältnisse nicht kennen,
mich vielleicht der Schmeichelei beschuldigen; wer
aber mich und diesen biedern Mann kennt, und
wer kennt Ihn nicht? wird finden, daß ich noch
zu wenig gesagt habe; wird es für nichts anders
ansehen, als für das unvollkommene Lob eines
Schülers, der noch nicht fähig ist, seine Lehrer
nach Verdienst zu loben; wird es gerecht finden,
daß ich das öffentlich sage, was hundert Jünglinge nur dem Zirkel ihrer Freunde sagen. Doch
genug, ich habe meine Absicht erreicht und mich
zum Theil einer Pflicht entlediget, die ewig meine heiligste Pflicht seyn wird; ich habe meine Leser mit meinem Leben etwas bekannt gemacht,
was bei Lesung dieses Buchs mir ihre Nachsicht zusichern wird.

Jetzt noch ein Paar Worte an das Publikum über mein Buch selbst. Nur Patriotismus allein ist der Grund von der Existenz desselben; nur er vermochte es, meinem Eifer,
der oft wegen der Schwierigkeiten zu erkalten
schien, einen neuen Schwung zu geben. Ich
wollte mir um mein Vaterland ein kleines Verdienst erwerben, und darf daher hoffen, daß
man mir glaubt, wenn ich versichere, alles genau geprüft und zusammen gestellt zu haben.

Jeder

Vorrede.

Jeder Kenner der Geschichte wird meinen Fleiß nicht verkennen, und meine Urtheile, wo nicht immer richtig, doch billig finden. Der Historiker muß oft aus mehrern kleinen Umständen, die er zusammenstellt, ein Urtheil fällen, das freilich nur ihm selbst richtig seyn kann: das ihm aber auch der Leser glauben wird, wenn er weiß, daß er nur aus solchen Bewegungsgründen schrieb, als die Meinigen sind.

Sollte jemand die Geschichte von Heeringen und Kelbra nicht vollständig finden; so beliebe er zu bedenken, daß ich diese Länder, als Theile der Grafschaft Hohenstein, nur von der Zeit an, wo sie daran fielen, bis dahin, wo sie davon abgerissen wurden, betrachtet habe. Das Wort: vollständig auf dem Titel, gehet blos auf Hohenstein. Indeß muß ich gestehen, daß ich manches eingeschaltet habe, was nur für den ist, der nicht eigentlich Geschichte studirt: und solche Leser dachte ich mir. Der Kenner wird mir also diese Einschiebsel nicht als Fehler anrechnen. Die große Menge Bücher, die ich habe nachschlagen und lesen müssen, wollte ich nicht alle anführen, um die Seiten nicht mit lauter Citaten anzufüllen: ich zeige daher nur die wichtigsten an.

Ue:

Uebrigens wird man mir glauben, wenn ich versichere, daß ich kein Buch angeführt habe, welches ich nicht in Händen gehabt hätte: denn die Neugier und die Hoffnung, in einem angeführten Buche etwas zu finden, was für mich wäre, ließ mich nicht ruhen, bis ich das Buch selbst hatte, wo ich dann freilich oft nur das bestätigt fand, was ich schon wußte. Die sämtlichen Werke des Herrn Galetti führe ich nur selten an, ob ich sie gleich alle gelesen, und manches daraus genutzt habe. Auch das wird man mir verzeihen, daß ich ein und dasselbe Buch bald deutsch, bald lateinisch anführe: ich war zu vertrauet mit ihm, als daß ich mich ängstlich hätte an den Titel binden sollen, zumal, da einige einen lateinischen Titel führen, und doch deutsch geschrieben sind, und nur die Urkunden lateinisch enthalten: von dieser Art sind Leukfelds Werke. In Nachweisung der Urkunden bin ich sorgfältig gewesen: die meisten findet man in Heidenreichs Schwarzburgischer Geschichte. Dieser gelehrte Mann saß an der Quelle der hierher gehörigen Urkunden; er hat selbst einen kurzen Abriß der Geschichte der Grafen von Hohenstein mit einer Tabelle geliefert. Man wird aber finden, daß meine Tabelle sehr von jener abweicht, indem mich manche Urkunden, worin die Gra-

fen

fen namentlich angeführt werden, nöthigten, andere Urtheile zu fällen. Die Hübnerschen Tabellen konnte ich gar nicht gebrauchen. — Da man die Geschichte der Grafen ohne die Tabelle schwerlich verstehen wird; so muß ich um den fleißigen Gebrauch derselben bitten. Man wird auf derselben durch einen Druckfehler Heinrich, den Eilften, zweimal finden; ich erinnere daher, daß diese beiden Grafen zwar gelebt haben, daß ich aber in der Geschichte nur den Heinrich Ernst, des Zweiten Sohn, den Eilften nenne, weil von dem andern nichts merkwürdig ist.

Heidenreich, der in Weimar Hofrath und geheimer Archivarius war, hat nach seinem Tode 1772 in seinen Manuscripten eine Hohensteinische Geschichte unvollendet nachgelassen. Ich habe auf keine Weise dies Manuscript erhalten können; es wird auch vermuthlich nie erscheinen. Ich darf daher hoffen, daß Liebhabern, die oft eine Hohensteinische Geschichte gewünscht haben, mein Buch nicht zur ungelegenen Zeit kommen wird.

Die statistischen Nachrichten habe ich größtentheils von dem Herrn Geheimden-Rath Barkhausen, und dem Herrn Kommis-
sions-

.fions-Rath Jenisch, in Bleicheroda, erhalten, und statte dafür diesen beiden hohen Gön-
nern hier öffentlich meinen schuldigsten Dank ab.

Ich habe die Quellen und Hülfsmittel sorgfältig genutzt, und bin oft zu ängstlich bei dem
Gebrauch derselben gewesen, um meinem Werke
Deutlichkeit, Kürze und doch Vollständigkeit zu
geben. In wie weit mir dies gelungen sey,
überlasse ich Kennern zur Beurtheilung, und
darf auf Billigkeit rechnen, da es das Werk
eines Jünglings ist, der nicht aus Prahlerei vor
dem Publikum erscheinen will, der wohl
fühlt, daß dasselbe Verehrung verdient, der eben
deswegen seine Laufbahn mit keinem schaalen Ro-
man, sondern mit einem nützlichen Buche eröf-
nen wollte. Der Beifall der Hohensteiner, so
wie der Beifall eines jeden Kenners und Lieb-
habers wird mir Belohnung genug seyn. Ge-
rechter Tadel macht vorsichtig und klug, und so
fern er dies zur Absicht hat, werde ich ihn mit
Dank annehmen. —

Weiter hätte ich nun nichts zu sagen, als
daß ich folgende gröbre Druckfehler anzeige, und
wegen der Kleinern, wo etwa der Accusativ statt

****)**

des

Vorrede.

des Dativs oder Ablativs, und umgekehrt, aus
Versehen stehen geblieben ist, bei dem Leser um
gütige Nachsicht bitte.

Druckfehler.

Seite 18. Z. 3. von unten lies πεποιηκωσι, statt πεποηκωσι.
— 23. Z. 2. von unten l. Göze statt Götz.
— 37. Z 19. l. Sausenburg statt Saufenburg.
— 39. Z. 28. l. eine statt keine.
— 99. n. 166 lies Ungarn st. Ungern.
— 211. Z. 12. lies ihrer statt ihre.
— 215 Z. 25 lies atque statt adque.
— 236. Z. 19. l. 1653 statt 2553.
— 236. Z. 22. l. 1650 st. 2650.
— 265. Z. 6. l. Abtei statt Abte.
— — Z. 20. l. den statt bei.
— 314. Z. 13. l. Herrschaft statt Grafschaft.
— 315. N. 29. muß das * weggestrichen seyn.

Halle,
im April 1790.

J. G. Hoche,
der Theologie Kandidat.

Inhalt.

die

Inhalt.

Die Grafschaft Hohenstein hat ihren Namen von dem alten Schlosse Hohenstein, dessen Rudera noch jezt auf der Südseite des Harzwaldes zu sehen sind. Die Herren dieses Schlosses nannten sich Grafen von Hohenstein. Die Gränzen dieser alten Grafschaft genau angeben zu wollen, würde eben so schwer als unnüz seyn. Nicht immer waren sie gleich. Jezt, da ich eine Geschichte dieser Gräfschaft nebst den Herrschaften Lohra und Klettenberg liefere, bestimme ich die Gränzen, wie sie gegenwärtig sind. Diese Länder zusammen, die man im weitern Verstande Hohenstein nennt, werden von Süden durch Schwarzburg und das Eichsfeld, von Norden durch den Harzwald, von Westen durch Grubenhagen, und von Osten durch Stollberg begränzt.

Die Grafschaft Hohenstein nebst den beiden Herrschaften Lohra und Klettenberg waren in den frühern Zeiten ein Theil des Harzwaldes. Die ganze Lage bürgt dafür, wenn es auch nicht die Geschichte sagte.

Die

Die ältesten Einwohner dieses Landes waren die Cherusker, ein ächtes deutsches Volk, die, wenn man die fünf Hauptnationen des Plinius beibehalten will, zu den Hermionen gehörten *). Sie wohnten im Braunschweigischen, Halberstädtischen, Anhältischen, Mansfeldischen, Stollbergischen, Schwarzburgischen **): und warum nicht auch im Hohensteinischen?

Die übrigen Schicksale dieses Volks sind in Dunkel gehüllt. Unter dem Herman oder Arminius, ihrem großen Anführer, zeigten sie sich in Verbindung mit mehrerern deutschen Völkern als tapfere, und Freiheit liebende Männer. Sie versetzten der römischen Monarchie einen nicht geringen Stoß durch die Niederlage des Quintilius Varus. Uneinigkeit aber und Mistrauen, die gefährlichsten Feinde eines freien Volks, zerrütteten ihren Staat, und machten ihren Feinden den Sieg leicht. Die Catten, ihre mächtigen Nachbarn, waren schon längst aufmerksam gewesen, und bemerkten nun mit Vergnügen die Schwäche ihrer künftigen Unterworfenen.

*) Historia natur. lib. 4. c. 14.

**) *Melanchthon. in vocab. reg. et gen.* Cherusci populi Hercyniae et aliqua pars Turingorum. *Chron. Carionis lib.* 3. p. 357. Ea vox Cherusci ad finis est appellationi huius temporis Hartzische.

Peucerus Chron. Carion. lib. 4. p. 615. Cherusci Hercyniae populi, ubi ditiones sunt principum Anhaltinorum, et aliquot comitum Stolbergensium, Mansfeldensium, Schwarzburgensium.

Von Nordhausen, einer Stadt, die mitten in der alten Grafschaft Hohenstein liegt, heißt es beim *Limnaeus in jure publ.* Tom. 3. lib. 7 c. 37. Urbs vetus imperii, priscis habitata Cheruscis, qua nemus Hercynium surgit ad astra, iacet etc. Einige wollen blos die Catten in diese Gegend setzen; die sich aber erst später hier festgesetzt haben.

nen. Sie griffen sie an, und eine völlige Unterwerfung war der Erfolg ihres Sieges. Seit dieser Zeit verliehrt sich der Name Cherusker und einiger anderer mit ihnen verbundenen Völker. An dieser Besiegung der Cherusker hatte das Glück nicht den kleinsten Antheil *). Auch die Fosen, die Nachbarn der Cherusker hatten dasselbe Schicksal. Die Catten bewohnten nun entweder diesen Strich Landes selbst durch Kolonien, oder sie ließen die Cherusker daselbst sitzen, und verbanden sich mit ihnen zu einem Volke. Das letztere ist das wahrscheinlichste. Aus Mistrauen gegen ihre Treue legten sie ohnweit Osterode den alten Cattenstein an, wodurch sie zugleich gegen die Brukterer gedeckt wurden **).

Indeß hatten die Kriege mit den Römern die Deutschen gelehrt, daß jene überwunden werden könnten, wenn man nur gemeinschaftlich handelte. Dies ihr gemeinschaftliches Interesse erzeugte die großen Völkerverbindungen unter den Deutschen. Diese Veränderung nöthigte die Römer, ihr Kriegssystem zu ändern und mehr vertheidigungsweise zu handeln. Jede der zusammengetretenen deutschen Nationen behielt noch ihre Gesetze und Gewohnheiten; auch wol ihre besondern Könige und Fürsten, oft aber wählten sie auch einen allgemeinen Anführer, wenn es auf Vertheidigung ankam. Ein solcher Staat oder Völkerbund nahm einen gemeinschaftlichen Namen an, der entweder von dem mächtigsten der verbundenen Völker entlehnt, oder auch ganz neu aufgekommen war, und sich auf ihre Verfassung und Waffen gründete ***). Da-

A 2

her

---

*) Tacitus de mor. Germ. Cap. 36.

**) Leukf. antiq. Walkenr. p. 1. 10.

***) Heinrich deutsche Reichsgesch.

her erscheinen nun, besonders seit dem berühmten Marko-
mannischen Kriege und der Sprengung des Svevenbun-
des, verschiedene deutsche Völkernamen, die entweder
vorher gar nicht vorhanden, oder doch nicht bekannt
waren, hingegen verliehren sich auch nun die Namen,
die Tacitus anführt.

So erscheint nunmehro der Name Sachsen, der
ohne Zweifel von den Catten herrührt. Die Catten
wohnten an der Weser hinunter, bis in Westphalen
hinein, und waren nach dem Untergange der Cherusker das mächtigste Volk dieser Gegend Deutschlands,
das andere Völker in Schutz nahm. Die Chauzen,
Fosen und Angeln hielten sich zu ihnen. Man betrachtete sie als das Haupt des Bundes. Zu ihren Waffen
gehörte ein Dolch, der in ihrer Sprache S a x hieß.
Dieser Name wurde nun zufällig angenommen, den
Bund der Völker zu bezeichnen, die diesen Dolch trugen. Es ging hier also eben so, wie mit dem Namen
S c h w e i z e r. Der Name der C a t t e n verlohr sich
in den neuen allgemeinen Namen S a c h s e n. Ein
Theil dieser Sachsen, die Angeln, gelangten durch
ihre Seeräuberei nach Britannien. Die Zurückgeblie-
benen machten sich bald zum herrschenden Volk in
Deutschland, das den Ton angab. Ihr Karakter, ihre
Verfassung, ihre Lebensart ist durchgängig deutsch.
Freiheit war die Haupttriebfeder ihrer Handlungen.
Die Ueberbleibsel sitzen noch im deutschen Blute. Diese
Sachsen oder ein Theil derselben, nämlich eine Cherus-
cisch-Kattische Mischung, besaß den Strich Landes auf
der Südseite des Harzwaldes, oder, wie er sonst hieß,
Watener Waldes. Der Blocksberg wurde Melibocco
genannt. Endlich bemächtigten sich die Thüringer die-
ses Landes.

Ueber den Ursprung der Thüringer ist man noch
nicht recht einig, und es würde unnütz seyn, die ver-
schie-

schiedenen Meinungen darüber anzuführen. Man ist noch nicht einmal einverstanden über das Jahr ihrer Ankunft. Nach dem Resultat aus den Untersuchungen Anderer, kann man zugeben, daß Attila durch Thüringen gezogen sey, daß aber damals schon Völker hier wohnten, die, wie mehrere andere Völker, aus Begierde zur Beute den Zug mitmachten. Nach dem Treffen gegen den Aetius mögen die Thüringer oder Döringer, ein westgothisches Volk, nicht Lust gehabt haben, in ihre rauhen nördlichen Gegenden zurück zu gehen, sondern, ihre Wohnsitze in den wärmern Gegenden, zwischen der Bode und Werra aufzuschlagen, und ein eigenes Königreich zu errichten. Die Thüringer sind also höchst wahrscheinlich eine Mischung von Svevischen Ueberbleibseln und Gothischen Kolonien. Dies zeigt noch die Benennung der Namen.

Dies neue Königreich wuchs zu einer solchen Größe an, daß es den fränkischen Königen furchtbar ward. Die Thüringer hatten sich ihrer Nachbarn, der Catten, nach gerade entledigt, und sie theils vertrieben, theils unterjocht. Ihr Reich erstreckte sich, gegen den Anfang des sechsten Jahrhunderts, von der Donau bis an den Rhein, Sachsen und Böhmen. Eine Kabale der thüringischen Prinzen gab dem Ostfränkischen Könige.Dietrich Gelegenheit, dies mächtige Reich zu erschüttern. Die Herrschsucht des thüringischen Königs Hermanfried, der seine Brüder ermordete, und sein Geiz, der ihm nicht erlaubte, das Werkzeug zu Befriedigung seiner Leidenschaft zu bezahlen, kosteten ihm das Leben und sein Reich. Dietrich, der sich in seiner Hoffnung, einen Theil von Thüringen, für den Beistand, den er dem Hermanfried zur Unterdrückung seines Bruders Baderich geleistet hatte, zu erhalten, getäuscht sahe, forderte die Sachsen, von denen er wußte, daß

sie gern Beute machten, und überdem die Thüringer
haßten, zum Beistande auf. Hermanfrieds Burg,
Scheidingen, wurde erobert, und mit ihr ganz Thüringen. Die Sachsen erhielten zur Belohnung einen ansehnlichen Strich Landes, nämlich von dem südlichen
Harz an bis jenseits der Unstrut: dies hieß Nordthü-
ringen. Der Name Thüringen blieb zwar noch eine
Zeitlang, verlohr sich aber hernach, und wurde theils
Nieder- theils Obersachsen genannt. Dies neu erwor-
bene Land der Sachsen war für sie zu groß und zu
wenig bebaut; sie überließen also wahrscheinlich den öst-
lichen Theil den Sorben, einer slavischen Nation, die
jetzt zum erstenmal erscheint, und zwar von der Sale
an bis an der Elbe hinauf nach Meißen.

Hohenstein und die Gegend umher, die die Thüringer, nach der Vertreibung der Catten, Südthü-
ringen nannten, fiel nun wieder den Sachsen zu, die
aufs neue Kolonien dahin schickten: dies beweisen noch
die Namen der Städte und das Friesenfeld in der
goldenen Aue.

Unter Kaiser Konrad, dem Zweiten, finden wir den
bekannten Ludewig mit dem Bart, den Stammvater
der Grafen von Hohenstein. Sein Enkel, Ludewig der
Dritte, ist der erste gewiß bekannte Landgraf in
Thüringen, der nach Herman von Winzenburg
das Land von Kaiser Lothar erhielt. Er bekam
die fürstliche Würde und Erbbeamte *). Der Landgraf

*) Auch der Kaiser hat seine Erbbeamte, ein Beweis, daß
seine Würde ein Lehn im weitesten Verstande ist, das
ihm das Reich nebst den Erbbeamten zutheilt, so wie
er wiederum, wenn er einen zum Fürsten machte, ihm solche zu Vasallen gab.

graf war ein Reichsfürſt, und hatte andere Grafen
unter ſich. Wenn alſo unter den ſächſiſchen Herzogen, die im zehnten Jahrhunderte den Kaiſerthron be-
ſaßen, der Theil der Grafſchaft Hohenſtein, der lohra
genannt wird, nicht eben ſo an Thüringen gekommen
iſt, wie Kletteuberg an Magdeburg, wie ich an einem
andern Orte zeige; ſo iſt es gewiß hernach durch den lothar geſchehen: denn die Grafen von Hohenſtein
haben in den frühern Zeiten ſowol als in den mittlern,
den Landgrafen von Thüringen für ihr Oberhaupt und
Lehnsherrn erklärt. Sie gehörten eben der Herrſchaft
lohra wegen, zu den Thüringiſchen Erbbeamten. Die
erſte Linie der Landgrafen ſtarb aus mit Heinrich
Raspo, den einige deutſche Fürſten zum Gegenkönig
Friedrich des Zweiten gewählt hatten. In dem darauf erfolgten Thüringiſchen Erbfolgeſtreit wurde Heſſen abgeriſſen, und erhielt ſeinen eigenen Landgrafen in
der Perſon Heinrichs, den man das Kind nennt, der
Sophie, Landgraf Herman des Zweiten, Schweſter-
Sohn. Thüringen ſelbſt fiel an Heinrich, den Erlauchten, Markgrafen in Meißen, deſſen Stammvater ein
Graf von Wettin war. Dieſer Meißniſch-Thüringi-
ſche Stamm gelangte endlich zur Kurwürde 1423 durch
den Kaiſer Sigismund nach Abgang des Askaniſchen
Hauſes. Friedrich des Streitbaren, erſten Kurfürſten aus dieſem Hauſe, Söhne, Ernſt und Albrecht ſind
die Stammväter der jezt blühenden beiden Sächſiſchen
Linien. Hieraus wird ſich erklären, warum der Kurfürſt von Sachſen in der folgenden Geſchichte bisweilen eine Hauptperſon ſpielt.

Die Sachſen hatten durch den Umſturz des Thüringiſchen Reichs ihre Gränzen beträchtlich erweitert.
Ihr kriegiſcher Muth ließ ſie nicht unthätig ſeyn. Un-
thätigkeit führt ein freies Volk zum politiſchen Schlummer, der erſten Stufe zum Untergang. Das Glück

begünstigte die Franken, ihre Feinde. Das Volk, das
Ostphalen, Westphalen, Engern, Nord- und Südalbin-
gien, den Friesischen und Thüringischen Theil besaß,
das Freiheit athmete, mußte nun Fränkische Grafen
über sich dulden, vor den königlichen Gesandten erscheinen, sich aus seinen Wohnplätzen in neue versetzen
lassen! Sie fühlten ihren Verlust, und die Franken
waren der Gegenstand ihres Hasses, der jetzt ganz ausgestorben ist, in manchen Fällen zum Nachtheil der
Deutschen. J. J. 843 bekam Deutschland seinen eigenen König. Ludewig der Deutsche, ein Sohn Ludewig
des Milden, und Enkel Karl des Großen, war das erste abgesonderte Oberhaupt. Unter ihm treffen wir
die ersten Spuren des Herzogthums Sachsen an. Er
machte einen gewissen Ludolf, den Stammvater aller
Sächsischen Könige und Kaiser und des Hauses Braunschweig, der als Anhänger Ludewig des Milden ohnstreitig zum Befehlshaber und Richter in Sachsen bestellt war, zum Herzoge. Diesen Titel gibt er sich
selbst in einer Urkunde. Es ist aber hier an keine
Erblichkeit des Herzogthums zu gedenken: denn diese ist
erst bei dem Herzog Magnus, unter der Regierung
Kaiser Heinrichs des Vierten, sichtbar. Dem Ludolf
folgte, als Herzog in Sachsen von dem Kaiser bestellt,
sein Sohn Bruno, und diesem Otto, der Erlauchte,
dem die Deutschen sogar die Krone anboten. Ihm
folgte sein Sohn Heinrich der Erste, oder der Vogelsteller, unter dem die Pfalzgrafen in Sachsen aufka-
men, nachdem er den deutschen Thron bestiegen hatte.
Die vornehmste von diesen Pfalzen war in Altstädt.
Ein Pfalzgraf von Sachsen war ungefähr so viel als
ein kaiserlicher Oberhofrichter, der sich allenthalben mit
in den Pallästen oder Pfalzen befand, wo sich der Kaiser oder König aufhielt, aber auch in Abwesenheit desselben in den sächsischen Provinzen die Justiz verwalten
mußte. Hieraus ergibt sich, daß in Sachsen wol nicht

eher

eher Pfalzgrafen seyn konnten, bis die Königliche Würde an das Sächsische Haus kam. Wenn also in der
Folge ein Pfalzgraf in Sachsen erwähnt wird: so
wird man sich einen Begriff davon machen können.
Kaiser Otto, der Erste, machte in Sachsen wieder einen
Herzog, Namens Herman Billing, dessen Familie, durch
die Welfen, und diese durch die askanischen Herzoge ab-
gelöst wurde. Da die Sächsische linie den Kaiserthron
verlohr: so blieb den Nachkommen nichts übrig, als
die ansehnlichen Allodialgüter, wovon ich nur noch ein
paar Worte sagen muß.

Die Sachsen theilten ihr land in Gaue, von welchen jeder seinen Gaugrafen oder Richter hatte. Der
Hartgau, Zortigau, Helmgau liegen in dieser
Gegend, deren Geschichte ich schreibe. Der Helmfluß
entspringt in der Herrschaft Klettenberg, fließt durch
die goldene Aue und fällt hinter Artern in die Unstrut.
Dieser Gau wird zuerst erwähnt im Jahr 961, als
Otto, der Erste, dem Dom in Magdeburg einige Güter
schenkte, die in demselben lagen, als: Breitungen und
Branderobe *). Diese beiden Dörfer sind noch vorhanden. Ueberdem hatte Mechtild hier mehrere Güter, die ihr von Heinrich, dem Ersten, zum Leibgedinge
angewiesen waren. Meibom, in der unten angeführten Stelle, erwähnt noch eines Gutes Sundhausen, das
Otto, der Zweite, 980 einem Geistlichen, Namens
Sunthar geschenkt, und nennt einen Grafen Erpo, der

A 5   hier

____

*) *Sagitt. in antiq. Magdeburg.* p. 41. Per petitionem Do-
minae matris nostrae Mechtildae Reginae — ad eccle-
siam S. Petri Magdeb. donavimus tale praedium, quale
Huodo in beneficium habet in Pago Helmingove, in
comitatu Willhelmi comitis in loco Breitinga et
Bernharderode. — *Meibom* R. G. Tom. I. p. 745.
und Tom. III. p. 102. heißt es Branderoda cum omnibus
ad ea pertinentibus.

hier seinen Sitz hatte. — Sundhausen gehört jetzt zum Amt Heeringen.

Der zweite Gau war der Zorgegau; Zorrigau — welcher von dem Fluß Zorge seinen Namen hat, der vom Harz herunter über Ellrich und Nordhausen nach der goldenen Aue fließt. König Heinrich, der Erste, gedenkt desselben zuerst 927 in einer Schenkung an seine Gemahlin Mechtild. Heinrich besaß diese ganze Gegend, wie Ditmar S. 11 sagt. Er schenkte seiner Gemahlin alle seine Erbgüter in Quedlinburg, Pöhlde **), Nordhausen, Duderstadt, Grona nebst den Zinsen in Wosleben und Gudersleben, (zwei Dörfer in der Herrschaft Klettenberg). Mechtild bauete das Kloster Pöhlde, wozu ihr Otto, der Erste, nebst andern Gütern besonders Scharzfeld schenkte. Otto, der Zweite, schenkte hernach Pöhlde mit aller Zubehör an Magdeburg, und sagt, in der Urkunde, es sey in seiner proprietate Eigenthum, Allodium — gelegen.

Hieraus folgt also, daß die Grafschaft Hohenstein nebst Klettenberg ein Allodium der sächsischen Herzoge war, und zu diesem Herzogthum gerechnet wurde. Kaiser Lothar vermählte sich mit der Richenza, einer Gräfin von Nordheim, die im siebenten Grade von Heinrich, dem Ersten, abstammte, und Erbin der Sächsischen Allodien war. Diese Richenza überließ an Adelheid von Klettenberg einige Güter, und Ländereien, worauf diese das Kloster Walkenried bauete. Lothars einzige Erbtochter, Gertraut, vermählte sich an den Herzog Heinrich in Bayern, dem Lothar auch das Herzogthum Sachsen gab. Heinrich verlohr

in

*) Leukf. antiq. Poeld. p. 15. et Walkenr. p. 9. Quidquid haereditatis in Quitlingaburg Palihi, Northusae Duderstedt habuit; censas item in villis Wasilieba et Gudisleiben sitis in pago Zurrega.

in den Unruhen mit dem Hohenstaufenschen Kaiser, Konrad dem Dritten, das Leben. Sein Bruder Welf nahm sich seines hinterlassenen Sohns, Heinrich des Löwen an; aber nach der Eroberung von Weinsberg, verlohr dieser Prinz seine Länder. Nach langen Unruhen erhielt endlich Heinrich, der Löwe, von Kaiser Friedrich, dem Ersten, seine Länder wieder, und besaß sie bis 1181, wo er in die Acht erklärt wurde. In Bayern kamen die Wittelsbacher, in Sachsen die Askanier zur herzoglichen Würde. Heinrich behielt nur seine Allodialgüter, wozu Hohenstein gehörte. Klettenberg wurde nicht mehr dazu gerechnet, weil es an Magdeburg verschenkt worden war.

Zweites Kapitel.

Kultur des Landes und Religionszustand.

Hohenstein war, und ist noch sehr gebirgicht, voller Waldungen. Es ist keine Gegend in Deutschland, wo die Namen der Oerter, die Spuren ihres vormaligen Seyns so deutlich an sich tragen, als Hohenstein und die Gegend am Harz herum. Die größte Anzahl der Dörfer hat in der Endigung des Namens die Sylbe-roda, ein Beweis, daß sie auf einem Boden stehen, der Wald war, und durch Ausrottung der Bäume urbar gemacht wurde. Auch sind der Dörfer viele, die sich auf Leben endigen, Wosleben, Gudersleben u. s. w. Dies alte deutsche Wort Laube, Leve, Leben bedeutet eine Wohnung, Aufenthalt. Wenn sich ein Vater mit seiner Familie an einem Orte niederließ, und seine Wohnung aufschlug: so nannte man sie nach seinem Namen mit der Endigung Leben. Außerdem endigen sich die Namen mancher Dörfer auf ingen und ungen: das letztere ist nur eine Abänderung tung des Erstern, z. E. Hörningen, Bißlingen, Gratzungen. — Diese Namen kommen höchst wahrscheinlich von den Schwaben her. Als nämlich die Sachsen mit dem Alboin nach Italien zogen, so rückten unterdeß Schwaben in die verlassenen Wohnsitze, und so entstand der Schwabengau an der Selke, Bode, Wipper. Die Sachsen suchten sie bei ihrer Rückkehr zu vertreiben, welches aber nicht gelang. Von diesen Schwaben hat sich ohnstreitig damals eine kleine Kolonie in dem fruchtbaren Thale an der Helm niedergelassen, wo acht Dörfer in ziemlicher Entfernung liegen, die die Endigung ingen in ihrem Namen haben, und also nach schwäbischer Mundart benannt sind.

Die Luft war kalt und rauh, das Land sumpfig und morastig. Mit Austrocknung der Moräste und Verminderung der Wälder, wurde auch das Klima milder. Das Wild ward weniger durch die Vermehrung der Menschen. Doch zeigten sich hier noch spät reißende Thiere. Auerochsen und Wölfe auf seinen Feldern zu sehen, war nichts ungewöhnliches. Die Lebensart war, wie die Lebensart aller rohen Völker. Sie kennen wenig Bedürfnisse, und die Befriedigung derselben ist leicht. Eine schlechte Wohnung, eine Bärenhaut zum Kleide und Bette, ein Stück Wild, ein Trunk Wasser oder ein aus Gerste gekochter Trank, Pfeil und Bogen sind ihm zum glücklichen Leben hinreichend. Weil er wenig Bedürfnisse hat: so kennt er auch wenig Laster, ja, was bei kultivirten Völkern Laster heißt, könnte bei ihm Tugend seyn. Je vielfältiger die Bedürfnisse sind, desto größer ist die Kultur; aber desto größer ist auch die Bekanntschaft mit Lastern. Die deutsche Ehrlichkeit, Aufrichtigkeit ward zum Sprichwort. List und Klugheit unterschied er noch nicht. Abhärtung des Körpers durch dahin abziehende

leibe Mittel, Jagd und Krieg, war Pflicht der Jünglinge und auch der Mädchen. Feigheit und Weichlichkeit
waren die größten Laster. Von dieser Seite betrachtet sind die Ordalien eine, für ihren Karakter gewiß vortheilhafte Justizpflege. Kurz, die Deutschen hatten alle
Tugenden und Laster eines Volks, das auf der ersten
Stufe der Kultur stehet. Wenn sie jezt aufständen
und ihre Nachkommen sähen, sie würden leugnen, daß
sie ihr Blut wären, würden nicht wissen, ob sie ihnen
Glück wünschen sollten. Unsere jetzige Kultur ist auf
die höchste Stufe gestiegen und unsere Aufklärung
steigt ihr nach. Ohne jene zum Vorgänger zu haben,
vermag diese nichts: sie ist eine Folge der Kultur.
Möchte sie doch immer die beste Richtung nehmen!

Fleiß und Arbeit allein, von dem Bedürfniß erzeugt, schufen das rauhe Klima, den kalten Boden
zum gefälligen Wohnplatz für Menschen um. Dies
kleine Land wurde zu den Lieblingsgegenden der sächsischen Kaiser gerechnet, die sich hier oft mit der Jagd
belustigten. Die romantisch schönen Aussichten ergöß-
ten das Auge, die fruchtbaren Thäler und Wiesen gaben Nahrung für Vieh und Menschen. So wie die
Klöster überhaupt zur Bebauung Deutschlands viel
beigetragen haben, so beförderten sie auch die Kultur
in dieser Gegend sehr. Es entstanden hier bald drei
Klöster, Ilfeld, Walkenried und Pölde, wozu man
noch das Kloster Elende, oder wie es Bonifacius
nannte, in miseriis rechnen kann. Die sächsischen
Kaiser verschaften den Geistlichen ein goldenes Zeitalter. Besonders zeigte sich Otto, der Erste, sehr milde
gegen sie, welches ihm einige vielleicht mit Unrecht vorwerfen, und von ihm und seinen Nachfolgern den Namen Ottonismus *) zur Bezeichnung der Freigebigkeit
eines

*) Spener de Ottonismo. Siehe auch Schröckh's allgem.
Biogr. I. Th. S. 249 f.

eines Fürsten gegen die Geistlichen entlehnt haben. Von den Gegenden, welche die Mönche in Hohenstein bebaueten, auf andre zu schließen; so haben sie Deutschlands Kultur unendlich verbessert: Sie bekamen meistentheils einen oben noch nicht benutzten Platz zu bebauen. Sey es nun auch, daß sie aus übertriebener Heiligkeit sich der Welt entziehen wollten: so gaben sie doch dadurch Gelegenheit, daß mehrere Menschen, um an der Heiligkeit der Mönche Theil zu nehmen, sich mit in die Einöden begaben. Das Kloster, das seine Oekonomie treibt, gebraucht Arbeiter und Handwerker, und so entstand gar bald aus einem Kloster ein Dorf, eine Stadt. Viele große Städte in Deutschland danken ihre Entstehung einem Kloster. Die rauhen Wälder wurden Lustgärten, und Dornenbüsche mit Obstbäumen vertauscht. Die Mönche ließen es sich angelegen seyn, die Einwohner gesitteter zu machen: denn manche rohe Gewohnheiten vertrügen sich nicht mit ihrer Heiligkeit. Mögen sie es auch ihres Vortheils wegen gethan haben, daß sie die Leute zur Arbeit gewöhnten: haben sie deswegen kein Verdienst? Redet man von Misbrauch: so trift dies die Anstalten nicht selbst, sondern die Zeiten und Menschen, woran man ihn bemerkt. Wenn man auf dem Baseler Koncilio 82,732 Mönchs- und Nonnenklöster zählte: so kann man ihnen zwar den Vorwurf machen, daß sie die Länder entvölkerten; aber eben so gut kann man ihnen vorwerfen, daß sie von der ersten gewiß guten Absicht sich entfernt haben. Heinrich und die Ottonen konnten nicht vorhersehen, was im dreizehnten, vierzehnten und funfzehnten Jahrhundert geschehen würde. Kurz, Hohenstein gewann durch die Verschenkung mancher Stücke an die Geistlichen: dies wird besonders sichtbar, seitdem Mathilde das Kloster Pölde bauete, das jezt auf der Gränze der Grafschaft liegt, und mehrere Gegenden mit diesem Kloster in Verbindung kamen. In

der

In der Folge thaten Walkenried und Ilfeld auch das Ihrige, so, daß ich es dreist zu behaupten wage, daß Hohenstein seine erste Kultur allein den Mönchen zu danken hat: denn Handel und dadurch blühend gewordene Städte sind hier nicht. Die Bergwerke und der daher entstehende Kunstfleiß wirkten zwar auch mit zur Verbesserung der Kultur; aber bei weitem nicht so viel als die Mönche. Hätten die sächsischen Kaiser die Güter, die sie an die Geistlichen schenkten, für sich behalten, vielleicht hätten wir dann jetzt eine ganz andere Verfassung in Deutschland: ob besser oder schädlicher, mag ich nicht entscheiden. Die Geistlichen mußten das leisten, was die weltlichen Fürsten leisteten. Daß die Bischöfe stolz wurden, und die Kaiser oft bedrängten, heißt nichts gesagt: denn haben das die Weltlichen nicht weit mehr gethan? Der Bischof, als Diener der Religion, der die Herzen der Menschen in seiner Hand hatte, konnt' sich einem despotischen Kaiser am ersten widersetzen: und sie haben auch vorzüglich die deutsche Freiheit erhalten helfen. Wenn sie gleich an Rom gekettet waren: so waren sie doch auch an Deutschland gekettet, ja selbst der Papst hat in manchen Fällen viele Verdienste um Deutschland. Wären die großen Geistlichen unterdrückt worden: so möchte es gefährlich um die deutsche Freiheit ausgesehen haben. Es wäre freilich zu wünschen gewesen, daß die Mönche ihrer Absicht, das Volk zu lehren, beständig treu geblieben waren: denn das Christenthum verbindet die Menschen zu den sanftern Tugenden, macht sie stätig, treu und fleißig, wodurch Deutschland auf alle Fälle gewinnen mußte. Aber wenn das auch nicht geschahe: so thut man doch dem Otto unrecht, wenn man ihn zu sehr tadelt, eben so unrecht, wenn man ihm eine gewisse Säure in seinem Charakter vorwirft *.) Ich könnte hier-

*) Schmidts Gesch. der Deutsch. 2. Th. S. 45.

hierüber noch viel sagen, wenn ich nicht befürchten müßte, schon zu viel gesagt zu haben.

Was den Religionszustand betrift; so gehörte Hohenstein, wenigstens der Theil, der nicht an Magdeburg geschenkt war, zur Maynzischen Diöcese, wie ich aus mehrern Bestätigungsschreiben der Klöster vom Maynzischen Erzbischof gesehen habe. — Ehe das Christenthum in diese Gegend kam, waren die Einwohner, wie alle Deutsche, Heiden. Sie verehrten Sonne, Mond und Sterne, dabei aber hatten sie eigenthümliche und lokale Gottheiten. Die Ehrfurcht für heilige Haine erhielt sich unter ihnen am längsten, so wie überhaupt dieser Aberglaube bei den Deutschen am schwersten zu verdrängen gewesen ist. Ein dichter, dunkeler Wald hat immer etwas Schaudervolles; und leicht entsteht die Idee, daß sich hier ein Wesen aufhalte, das von einer andern Natur seyn müße, als der Mensch. Ein solches Volk kann sich ein vollkommenstes Wesen eben so wenig, als die abstrakten Eigenschaften desselben denken.

Zu den Göttern, die in der Grafschaft Hohenstein und am Harz angebetet wurden, gehört der Krodo oder Kroban *), der in der Harzburg am feierlichsten verehrt wurde. Er wurde als ein alter Mann abgebildet, auf einem Fisch stehend; in der rechten Hand hielt er einen Eimer mit Wasser, Rosen und Früchten, in der linken ein Rad. Sein Hauptfest fiel den 17ten Dezember, an welchem die umherwohnenden Sachsen, von ihren Priestern mit einer Trommel angeführt, ihm Opfer an Vieh und Feldfrüchten brachten, Lichter anzündeten, und schmausten. Karl der Große zerstöhrte ihn um das Jahr 780.; die Ueberbleibsel sind in

*) Schedius de diis germanis p. 737,

zu Goslar in der Simonis Kirche zu sehen. Ob der
Krodenbach und Krodenhagen bei Klettenberg beweise,
daß er auch hier einen Stand gehabt habe *), mag ich eben
so wenig mit Gewißheit behaupten, als dies, daß er da
verehrt worden sey, wo jezt in Ellrich die Frauenberger Kirche stehet, und wo zuvor von dem Bonifaz ein
Oratorium erbauet worden seyn soll. Wenn es wahr ist,
daß man ihm auch im Frühjahr ein Fest feierte, wie ich
glaube, so ließe sich auf folgende Art der Hexentanz auf
dem Blocksberge erklären. Karl wollte die Sachsen
durchaus zu Christen machen, und stellte daher, als er
den Krodo zerstöhrt hatte, Wache aus, um die Sachsen von dem Orte abzuhalten. Sie erschienen nichts-
destoweniger. Die fränkischen Soldaten, die die geheimen Zugänge nicht wußten, und den Kopf voll von
Gespenstern und Hexen hatten, glaubten die Sachsen
müßten Hexen seyn, oder sonst durch Hülfe des Teufels
sich hier versammeln. Dieser Aberglaube erhält sich bis
auf den heutigen Tag, und der Einfältige hält noch jezt
den 1sten Mai oder den Walpurgistag für das Fest, wo
die Hexen auf dem Blocksberge mit dem Herrn Urian
ihr Wesen treiben, und in festlichen Reihen eine Alle-
magne tanzen.

Ein zweiter Götze, der von den Hohensteinern verehrt wurde, war der Stuffo **), der bei Heiligenstadt
und Eschwege seinen Stand hatte. Bonifaz zerstörte
ihn. Dieser Götze scheint nicht unwahrscheinlich bei
Ellrich auf dem Stuffenberge eine Art von Verehrung erhalten zu haben.

Der Biel stand auf der Biels Höhe bei Katlen-
burg und Ilfeld, wo er auch verehrt wurde. Man rief
ihn

*) Eckstorm 210.

**) Sagittar. antiqu. Gentilism. et Christian. Thuring.
p. 165.

ihn an, das Holz zu segnen.   Die Arbeiter ließen auch
ihre Beile von den Priestern einweihen.   Bonifaz ließ
ihn zerschlagen.   Die Stückchen wurden gesammelt,
und als Heiligthümer aufbewahrt.   Ein eben so loka=
ler Götze war die Lahra.   Sie stand auf dem Berge,
wo jezt das verfallene Schloß Lahra oder Lohra liegt,
in einem dichten Hain.   Bonifaz zerstöhrte sie, und
bauete dafür ein Oratorium zum Elende — Beatae
virginis in Miseriis Larae vicinis.—

Vorzüglich ist hiehin zu rechnen die Astarte,
Astar, Eostar, Ostar, wovon einige glauben, daß sie nebst
mehrern Göttern den Thüringern und Sachsen ange=
dichtet worden sey,   weil sie sich in ältern Schriften
nicht finde.   Sie war entweder der Mond oder die Ve=
nus, unter deren Bilde sie verehrt wurde. *).   Es ist
dies schwer zu entscheiden.   Der Mond pflegt den Völ=
kern, die meistentheils von der Jagd leben, vorzüglich
heilig zu seyn, wie es bekannt ist, daß auch Columbus
durch Vorhersagung einer Mondfinsterniß, bei seiner
Entdeckung von Amerika, sein und seiner Begleiter Le=
ben rettete.   War es der Mond, den schwangere Frau=
en anriefen, und dessen Bild sie in Wiegen, Wände und
Thüren schnitzten **): so war sein Bildniß auf einer
Säule stehend, mit Eselsohren und einen halben Mond
vor sich haltend, gebildet.   Er wurde in den Harzge=
genden verehrt; Bonifaz zerstöhrte ihn.   Im Jahr
1781 grub man auf dem Harz, zwischen Stiege und
Hasselfelde, Rudera eines Ostartempels aus.   War
es die Venus: so war sie wie eine Waldgöttin ge=
bildet,

---

*) Suidas: Ασταρτη ἡ παρ᾽ Ελλησιν Αφροδιτη λεγομενη, εκ
τα Αστρα επονομιαν πεποιηκωτι αυτης, γαρ καλει τον ἑωσφορ-
μυθολογουσιν, Ασταρτη θεος σιδωνιων.

**) Arnold Altsächsische Götzen. S. 52.

bildet, mit einigen Zeichen der Fruchtbarkeit. Man könnte annehmen, daß es eine und dieselbe Gottheit gewesen sey, die unter zwei verschiedenen Gestalten verehrt wurde. Ihr Name kommt von Αςηρ, ein Gestirn. Sie war die Göttin der Fruchtbarkeit *). Ihr Stand soll eigentlich bei Osterode gewesen seyn: andere setzen sie auf den Osterberg bei Gandersheim. Aus der Art ihrer Verehrung könnte man vielleicht einen neuen Beweis für die Abkunft der Deutschen von einer persischen Kolonie führen, und sie an die Gebern und Feueranbeter anknüpfen, wie Herr Schlözer sie durch eine Sprachkommunikationslinie so weit hinauf zu führen sucht. Allein Sprache, Etymologie und Gebräuche sind bei ethnographischen Untersuchungen höchst unsichere Beweis-Mittel.

Im April jedes Jahrs wurde dieser Oskar zu Ehren ein Fest gefeiert. Man versammelte sich in grosser Anzahl, brachte ein Opfer, und beschloß die Ceremonie damit, daß man ein Feuer anzündete, und um dasselbe, so wie um das Bild herum, einen religiösen Tanz eröfnete. Da sie die Göttin der Fruchtbarkeit war: so wählte man auch gerade einen Monat, in welchem die Erde aus dem Schlummer geweckt wird. Das Feuer war Symbol der Wolthätigkeit. Es ist das erste Element, dessen Wirkung der Mensch an sich bemerkt, das ihn aber auch zuerst seine Abhängigkeit fühlen läßt. Es ist daher nicht zu verwundern, wenn die rohen Völker die Gestirne verehrten. Der Einfluß des Feuers, oder die Wärme auf die Dinge neben sich, ist sichtbar, erweckt Bewunderung, Erstaunen, den Uebergang zur Anbetung. Die Gottheiten der Fruchtbarkeit wurden fast immer mit Feuer verehrt, als dem Symbol, der alles erwärmenden, fruchtbar machenden

B 2

Kraft.

---

*) Leukf. antiq. Gandersb.

Kraft.   Man erwartete von der Ostar ein fruchtbares
Jahr,   und freuete sich darauf.   Der Ausdruck der
Freude ist bei einem rohen Volke der Tanz.

Wahrscheinlich hat unser Osterfest von dieser Gottheit den Namen erhalten *).   Nerretter in seinem Hei-
dentempel sagt, daß die alten Sachsen den Mond Ostar
genannt, wovon unser Ostern herkommt **).   Bes-
selius sagt dies noch deutlicher, in der angeführten
Stelle ***), daß man den Aprilmonat Ostermonat, und
das Passa Ostern,   nach dieser Göttin genannt habe,
und daß es zu weit hergehohlt sey, dieses Wort von der
Auferstehung — Urstand — herzuleiten. —   Wenn
alle Sachsen und Angeln die Ostar verehrt haben: so
ist leicht zu begreifen, wie der Name hat allgemein werden können, da es sonst lächerlich scheinen möchte, daß
das große Deutschland die Benennung eines so wichtigen Festes aus einem kleinen Distrikt am Harz herge-
holt hätte.   Die Sachsen waren das Hauptvolk in
Deutschland, mit denen Karl, der Große, am meisten
zu schaffen hatte, und die Verehrung ihrer Gottheiten
. konnte

*) Schedius de diis Germ. p. 231.

**) Lunae nomen apud priscos Saxones Estar seu Eostur
sive Ostar, a quo nostrum Ostern.

***) In animadvers. ad c. 7. Eginhardi etc. p. 32. „Sa-
xones et eiusdem cum iis originis Anglos deum quon-
dam Astar seu Ostar sub Veneris, ut existimo, nomine sum-
ma veneratione coluisse; manent certe eius superstitionis
hodiernum vestigia, sed plerisque ignota, cur Aprilis
mensis Carolo magno, Germanisque adeo omnibus
Ostermonat sit dictus, et quid causae sit, ut festum pa-
schale Ostern dicamus; nam quod multi patriarum an-
tiquitatum imperiti, eandem vocem a resurrectione domini, hoc est Urstand, derivare nitantur, remotum ni-
mis est.   Karl der Große hat auch den andern Mona-
ten deutsche Namen gegeben.

konnte wol andern deutschen Völkern nicht unbekannt seyn. Da nun das Christenthum unter die Sachsen kam, und das Passa in den Monat April fiel, wo die Ostar verehrt wurde: so nahmen gewiß die Priester, das Klügste, was sie thun konnten, den Namen Ostar, und legten ihn dem Passa bei, um die Völker, die sich nicht ganz von ihren Gebräuchen entfernen wollten, nach gerade davon abzuziehen. Sie schoben daher nur christliche Ideen unter. Die Sachsen gaben den Ton an, und so mag nach und nach der Name Ostern aufgekommen seyn. Ob er auf einem Koncilio durch einen besondern Schluß festgesetzt sey, ist mir unbekannt. Eine andere Hypothese leitet Ostern von Osten — das erste Fest — her. Eben so natürlich ist es auch, daß die ersten christlichen Lehrer den Gebrauch Osterfeuer anzuzünden, zulassen mußten. Das Christenthum wurde nach den Umständen und der Mode geformt, so, daß ein heidnischer Priester ein christlicher werden konnte. Was sollte sich dieser unter dem Passa denken? Man ließ ihnen auch diesen Gebrauch und suchte ihn nur unschädlich zu machen, durch Unterschiebung besserer Ideen. Das Feuer konnte auch die Wohlthaten bezeichnen, die den Menschen durch Jesu Tod erzeigt waren. — Die Fränkischen Könige und Kaiser ließen sich aus politischen Gründen sehr angelegen seyn, die Deutschen zu bekehren; und unter ihrem Schutz kam auch Bonifaz nach Thüringen, und bis an den Harz, zerstöhrte die Götzen, auch die Ostar, und bereicherte dafür Thüringen mit einer Menge irriger Lehren. In den Kapitulaten der Fränkischen Könige wurden von einer Synode vom Jahr 743, eine Menge abergläubiger Gebräuche verboten; aber von dem Osterfeuer wird nichts erwähnt: es war also entweder damals noch nicht unter den Christen, oder man übergieng es mit Bedacht. Diese Sitte, am Abend vor Ostern oder auch am ersten Osterabend auf Anhöhen Feuer anzuzünden, hat sich in

Nie-

Niederſachſen und in der Gegend am Harz herum, ſo
wie die Johanniskränze und Johannisfeuer in manchen
Gegenden Thüringens, bis auf den heutigen Tag erhalten. Es wird dabei viel Unfug getrieben, und iſt daher keine gute Vorbereitung zum Feſt. Doch dies iſt
eine Sache der Polizei.

Ich kann nicht umhin, hier eine kurze Geſchichte
von dem Büſterich oder Püſter einzuſchalten, weil er
auch in dieſer Gegend, und vorzüglich von den Ein-
wohnern in der goldenen Aue verehrt wurde. Der Püſter iſt ein Bild von Erz gegoſſen, inwendig hohl, faßt
ohngefähr einen Eimer Waſſer, und hält im Gewicht
drei und ſiebzig Pfund. Die Höhe iſt eine Elle, der
Umfang beträgt fünfviertel Elle. Das rechte Knie iſt
gebogen, womit er aufkniet; an beiden Füßen fehlen
die Fußſohlen, die nicht daran gegoſſen ſind. Die rechte Hand liegt auf dem Kopfe, die linke ruhet auf
dem linken Knie. Mitten auf dem Kopfe hat er ein
kleines Loch, und eben ein ſolches ſtatt des Mundes,
beide ſo klein, daß man keinen Finger hineinſtecken
kann. Unten iſt ein Eiſen angegoſſen, und darin ein
viereckigtes Loch, ſo daß man vermittelſt eines Riegels
das Bild forttragen kann. Der Name iſt deutſch,
und kommt wahrſcheinlich von dem Worte Puſten,
d. h. Blaſen her, und Püſterich hieße Blaſenreich.
Die Niederſachſen nennen jezt noch einen Blaſebalg
Püſter, ja, man hat noch in dieſer Gegend ein
Schimpfwort für dicke kleine Leute davon übrig. Dieſer Püſterich wurde von einem Herrn von Lutgerode in
Rothenburg, einem alten verwüſteten Bergſchloſſe im
Amte Kelbra, unter einem Steinhaufen in einer alten
Kapelle gefunden. Er kam hernach an einen Herrn
von Reiffenſtein, von welchem ihn Graf Günther von
Schwarzburg, im Jahr 1546 erhielt. Jezt iſt er
noch in Sondershauſen zu ſehen. Das Metall, wor-

aus

aus der Püsterich gemacht ist, ist nicht recht bekannt. Der Landgraf Moriz von Hessen ließ ihn einst nach Kassel bringen, und die linke Hand ablösen, um das Erz zu untersuchen; man hat aber nichts bestimmtes sagen können. Vielleicht ist es eine Art von Bronze mit Eisen vermischt *).

Wenn man diesen Püster mit Wasser füllte — so erzählt man — und die beiden Löcher zustopfte, ihn dann auf Kohlenfeuer setzte: so fing er an, so zu schwitzen, daß ein Tropfen den andern forttrieb; wenn es gänzlich erhizt war: so stieß er beide Pflöcke aus dem Maul und Kopfe, und sie fuhren dahin mit einem Knall und Krachen, als donnerte es. — Einige meynen, man habe sie mit Stricken gezogen! — Das Wasser sprizte heraus wie Feuerflammen, und verbreitete einen übeln Geruch. Fiel es auf Steine oder Erde: so befleckte es diese, gleich als wäre es Schwefel, oder Kreide; traf es aber Holz oder eine andere breunbare Materie: so zündete es sie leicht an **). Dies soll noch unter Graf Anton Heinrichs Regierung in Sondershausen geschehen seyn. — Die Wirkung des Püsters ist ohne Zweifel natürlich, und ein jedes anderes Gefäß auf die Art gemacht, und behandelt, hat dieselbe Wirkung.

Der Zweck des Püsters scheint für die heidnischen Priester zu sprechen. Sollte er eine Vertheidigungs-Maschine seyn: welchen Nuzen hätte man davon erwarten können, da das Gefäß immer von neuem angefüllt werden mußte? und wie viel Zeit gehörte nicht dazu, ehe es wieder so weit gebracht werden konnte, daß es Flammen spie? Es würde doch auch nur die eine Seite der Rothenburg, wo es stand, haben schützen kön-

B 4

nen.

*) Götz fünfte Reise ins Thüringische S. 114.

**) Sagitt. antiq. Gent. et Christ. p. 8.

nen. Ein religiöfer Zweck läßt sich von christlichen Geistlichen hier kaum erwarten; wol aber von heidnischen Priestern. Man muß dann freilich ihre Kunst bewundern. Wahrscheinlich gebrauchten sie den Puster, um das nahe wohnende Volk in Furcht zu erhalten, und in neue Kontributionen zu setzen. Das abergläubige Volk giebt gern, wenn es nur seinen zürnenden Gott versöhnen kann *).

Es wurden den Götzen sonst auch Menschen geopfert, ja, als das Christenthum schon aufblühete, verkauften diese neuen Christen oft ihre Sklaven an die heidnischen Nachbarn zum Opfer für ihre Götter.

Pabst

*) Noch jetzt sind in dieser Gegend gewisse Ländereien, die den Namen Flammländer führen, den sie von den heidnischen Priestern Flamines oder auch von den Flammen sollen erhalten haben. Zur Zeit, da das Christenthum hier ausgebreitet wurde, scheinen diese Güter, die geistliche Güter waren, an die christlichen Kirchen gefallen zu seyn. Sie sind übrigens an das Amt Rothenburg bis jetzt noch zinsbar, müßen aber immer in der Kirche zum Lehn genommen werden, und zwar auf eine sonderbare Art, die ich mir von einem Flämminger selbst habe erzählen laßen. Das Land hat keinen Lehnherrn. Wird es ererbt oder verkauft: so wird es dem flämmingischen Schultheißen angesagt. Dieser beruft alle Flamminge auf einen Sonntag zusammen. Man ziehet in Prozeſſion in die Kirche. Nach angehörter Predigt gehet man um den Altar. Der neue Flämming ist immer in der Ordnung der lezte, der eben so, wie die andern, nach Gefallen ein kleines Opfer auf den Altar legt. Nach geendigter Gottesverehrung wird in einem Hause ein Mittagsmahl eingenommen, wobey es ganz lustig hergehet, so daß die Frau des neuen Flämmings gewöhnlich eine kleine Strafe an Geld u. ſ. w. erlegen muß. Hierauf bekömmt der neue Flämming einen schriftlichen Schein, daß er das ihm zukommende flämmingische Land verkirchgänzelt habe. Dies ist eben so viel, als hätte er es zum Lehn genommen. Wird diese Cerimonie vernachläßigt: so fällt die dritte Furche an die Herrschaft oder an das Amt.

Pabst Gregor schrieb deswegen 731 an den Bonifaz, und befahl ihm diese gottlose Gewohnheit schlechterdings abzustellen, und diejenigen, die ihre Sklaven zu heidnischen Opfern verkauften, mit eben der Strafe zu belegen, womit er Todtschläger belegte. Auf der Synode, die Karlman 743 in Gegenwart des Bonifaz hielt, wurde verordnet, es sollte kein Leibeigener, der ein Christ wäre, den Heiden übergeben werden, und wer in irgend einer Sache noch heidnische Gewohnheit zeigte, sollte zu funfzehn Solidos verdammt werden. Man verstand unter diesen heidnischen Gewohnheiten die Zeichendeuterei, Zauberei, Hexerei, Achtung auf Vogelflug und Vogelgeschrei, heidnische Zusammenkünfte, Opfer für die Todten, und die verächtlichen Nietfeuer, das Tanzen und Singen über die Straßen in der Neujahrsnacht, das Besetzen der Tische mit Speisen, die Hartherzigkeit, daß Niemand Eisen oder Feuer aus dem Hause verborgen wollte, u. s. w. Man trift dergleichen abergläubige Gewohnheiten noch häufig an, auch im Hohensteinischen; und unsere Christnacht gleicht ordentlichen Bachanalien. Sagittar muthmaßt, daß die Gewohnheit, am Weihnachtstage die Speisen Tag und Nacht auf dem Tische stehen zu lassen, von den Gothen in diese Gegend gebracht sey, weil man sie noch an einigen Orten in Schweden finde. Diese abergläubigen Gewohnheiten abzuschaffen, überläßt man Männern, deren Geschäft es ist, die niedere Klasse von Menschen eines Bessern zu belehren. —

Zu welcher Zeit das Christenthum in diese Gegend eingeführt sey, läßt sich nicht gewiß bestimmen. In Thüringen war es gewiß schon vor dem Bonifaz bekannt; hingegen im Hohensteinischen war es wahrscheinlich vor diesem Thüringischen Apostel es nicht.

B 5

Drittes

Drittes Kapitel.

Bemerkungen über Herzoge, Grafen und Gauverfassung.

***

Ganz Deutschland war ein aus vielen Theilen beste-
hendes Ganze, erkannte einen Oberherrn, den sich die Nation selbst wählte, und dem sie durch Symbole die Herrschaft über sich auftrug. Der freie Deutsche schätzte
nichts so sehr, als seine Freiheit: sie war die Triebfe-
der seiner Handlungen. Wenn gleich die Nationen
ihr National-Interesse hatten, und dies oft dem
Reichs-Interesse vorzogen; so stimmten sie doch alle
überein, wenn das allgemeine Beste in Gefahr
war. Der Vater und sein wehrhafter Sohn
eilten herbei. Dieser freie Deutsche verstattete es
durchaus nicht, daß der edle Mann, dem er die Herrschaft über sich auftrug, dieselbe mißbrauchte. Für seine
Rechte zu sterben, war er immer bereit.

Damit dieser Oberherr nicht zu mächtig, und dadurch der Freiheit gefährlich werden möchte: so mußte
er alle Stücke des Landes an andere verleihen. Dies
Lehnsystem hatte für die deutsche Freiheit die wohlthä-
tigsten Folgen: es war allein fähig, den vielgliedrigen
Staat zusammen zu halten. Der Adel war, und ist
dazu geschaffen, das Gleichgewicht zu erhalten. Kam
es mit einer fremden Nation zum Kriege: so setzte die
Verbindung mit den Vasallen den Regenten in den
Stand, mit einer Anzahl martialischer Körper sich
furchtbar zu machen.

Aber nicht blos Führung des Krieges war es,
was man von dem Regenten forderte, sondern auch
Verwaltung der Gerechtigkeit. Der Regent war der
Ober-

Oberrichter; die Untergerichtsbarkeit war verliehen. Die Eintheilung war in Herzogthümer und Grafschaften. Diese Idee, von den Römern entlehnt, wurde auf deutschem Boden geformt. Da der Regent nicht überall selbst die Gerichte besuchen konnte: so hatte er seine Statthalter. Damit aber auch diese nicht zu mächtig würden: so vertheilte er die Rechte. Wie weise dies war, und wie vortheilhaft für das Oberhaupt selbst, zeigte der Erfolg, zeigte die Entstehung der Landeshoheit. So lange die Rechte vertheilt waren, hatte der Regent immer Gelegenheit, sich in die Streitigkeiten zu mischen, und sein Ansehen zu behaupten, ja, es waren gewisse Fälle ausgenommen, wo er nur allein entscheiden konnte.

Der erste von den Stadthaltern war der Herzog. Schon, ehe die Deutschen von den Franken beherrscht wurden, kannten und hatten sie Herzoge. Arminius war nichts als Herzog der Cherusker. Das Geschäft des Herzogs war Anführung im Kriege, wozu ihn seine Nation erwählte. Die Anordnung des Heerbanns oder der Heereszüge gab ihm den Namen Heertog, Herzog, und seine Tapferkeit und Brauheit diesen Vorzug.

Außer der Anführung der National-Armee gehörte ihm der Blutbann, und die Vollziehung der gräflichen Sentenzen, wozu auch die Polizei gerechnet werden muß in dem Herzogthum, das ihm der König anvertrauete.

Unter der Regierung der sächsischen und fränkischen Kaiser hatte sich das System nur in so fern verändert, daß die Macht der Herzoge und Grafen höher gestiegen war. Der Herzog war nun das für seine Provinz, was der Kaiser für das Reich war, und regierte auf gleiche Weise.

Er wurde von den Landesständen gewählt, wenigstens ist dies in Lothringen, Bayern und Schwaben erweisweißlich). Der Kaiser bestätigte ihn: dies zeigt die Geschichte der Herzoge in Bayern unter Otto, dem Ersten, durch die Lehnsfahne; und nur Felonie, und darauf erfolgte Acht entsetzte ihn. Ihre Würde war die Hauptsache des Lehns. Seine Afterlehnleute, die Grafen und andere freie Dienstmannen waren vielleicht seine Erbbeamte. Sie selbst waren Vasallen des Reichs und schwuren dem Kaiser Treue durch den Handschlag. Auf den Reichstagen waren sie das, was jezt die Churfürsten sind.

Zu den Zeiten der Karolinger waren blos weltliche Herren in den Provinzen, nunmehr aber erscheinen auch Geistliche. Kaiser Otto, der Erste, hatte den für seine Zeit weisen Plan, in jeder Provinz zwei Herren zu haben, einen geistlichen und einen weltlichen, die einander beständig entgegen arbeiteten, und einer des andern Vergrößerung zu hindern suchte: hierdurch wurde die Macht des Kaisers immer gesichert. Fast in jeder großen Provinz erscheint ein Erzbischof, der, wie der Herzog, seine Vasallen hatte, und mit dem Reiche im genauen Verhältniß stand, auch Kriegsdienste thun mußte. So waren die Besitzer von Klettenberg sicher Vasallen des Erzbischofs zu Magdeburg, und nachher des Bischofs zu Halberstadt. Bis jezt waren diese großen Vasallen des Reichs noch nicht Landesherren, ob sie gleich mit starken Schritten darauf losgingen. Zur Landeshoheit gehörte zuvörderst: Erblichkeit des Lehns und vermehrtes Eigenthum, wodurch das Ansehen der Kaiser verringert werden mußte *). Endlich wurde das Beneficialsystem gestürzt und das Feudalsystem oder die Erblichkeit der Würden an dessen Stelle gesetzt. Den wichtigsten Schritt thaten sie unter den Hohenstaufenschen Kaisern. Der Heerbann wur-

*) Monzamb. p. 224.

wurde gesprengt *), die Herzogthümer hörten auf, ihre Stelle nahmen Kurfürstenthümer ein, aus großen Reichsbeamten entstanden erbliche Landesherren, die sich nunmehr die Oberherrschaft über diejenigen anmaßten, die vorher unter ihrer Gerichtsbarkeit standen. So konnte nun mancher Graf aus einem Reichsunterthan der Unterthan eines Herzogs oder eines andern Fürsten werden. Dies ist vorzüglich sichtbar unter der Regierung Friedrich, des Zweiten. So viel von den Herzogthümern, deren Besitzer nunmehr erbliche Landesherren waren.

Nach dem Herzoge kam der Graf. Daß die Deutschen schon längst vor den Franken Grafen hatten, sagt uns Tacitus **). „Sie haben Vornehme, die durch die pagos und vicos Recht sprechen; der Adel, oder große Verdienste des Vaters geben auch dem Jünglinge die Würde des Vornehmsten." Doch sprachen die Vornehmen nur in kleinen Fällen Recht; wichtige Sachen gehörten auf die großen Versammlungen, wo selbst diese Richter gewählt wurden. Also hatten auch nicht die Einwohner eines solchen pagus oder Gau, das Wahlrecht, sondern es gehörte für die, aus den Vornehmen und Auserlesensten vom Volke bestehende Versammlung. Der Deutsche ließ sich nur von seines gleichen richten, und am liebsten von alten Männern, die durch Erfahrung in den Geschäften Grau, Grave, geworden waren. Dieser Name, der einen alten erfahrnen Mann bedeutete, wurde der Unterscheidungsname der Richter, den jene mehr, als ein unbärtiger Jüngling den Namen Senator, verdienten. Dieser Richter, oder Graf, bekam seine Gehülfen
und

*) Robertson. G. Karl des Fünften, 1 Th. S. 295.

**) de mor. Germ. c. XI. et XIII.

und Beiſitzer, Schöppen, Scabini. Dieſe Juſtizbe⸗
ſorger verſahen alle Geſchäfte in dem Gau, oder
Flecken, der ihnen anvertrauet war. Niemals hing
die Gerechtigkeitspflege in derſelben ganz vom Volke,
oder von einem hohen Adelichen ab *). Die Schöp⸗
pen gaben dem Grafen Rath und Anſehen, und der
Graf vollzog oder beſtätigte eigentlich nur, was ſeine
Schöppen unter ſeinem Vorſitz beſchloſſen hatten. Bei
der Wahl der Schöppen ſahe man blos auf Verdienſt,
Erfahrung und Bravheit. Unter dem Grafen ſtanden
die Centgerichte. Dreimal im Jahre hielt der Graf
Gericht; überdem aber auch, wenn es dringend war,
zu außerordentlichen Zeiten. Konnte der Graf nicht
ſelbſt zugegen ſeyn: ſo vertrat ſein Schulze, der erſte
von den ſieben Schöppen, ſeine Stelle. Die Gerichte
ſelbſt wurden unter freiem Himmel, meiſtentheils auf
einem Berge gehalten, der den Namen Mahlberg,
Malſtadt erhielt a). Der Graf konnte abgeſetzt wer⸗
den.

*) B o d e exercit. de urbibus Germanicis p. 48 u. 49.
Unter C o n r i n g s praeſ.

a) Daher heißen die Anmerkungen, die zu den Saliſchen Ge⸗
ſetzen gemacht wurden, Malbergiſche Anmerkungen. Als
die Franken in der Kultur zunahmen, ſo bekamen auch ih⸗
re Geſetze und Gerichtsverfaſſung mehr Beſtimmtheit und
Ordnung.

Schon in der Mitte des fünften Jahrhunderts findet
man bei den Saliſchen Franken eine Sammlung peinlicher
Geſetze, das älteſte deutſche Geſetzbuch, das die Geſchichte
kennt, das vermuthlich um das Jahr 422 abgefaßt iſt.
Späterhin hatten auch andere Völker ihre Geſetzbücher.
Mit der Kultur vervielfältigen ſich auch die Laſter. Da
ſich die Verbrechen vervielfältigen, und man die Namen in
den Rubriken nicht fand: ſo mußte man ſie durch Anmer⸗
kungen erweitern. Vorzüglich hat ſich Klodwig und ſeine
Söhne, ſo wie auch Karl, der Große, durch Verbeſſerung die⸗
ſes Geſetzbuches große Verdienſte erworben. Es iſt übri⸗
gens

ben.   Diejenigen Provinzen, die unter den Römern
standen, erhielten ihre Richter von Rom, wie die Ge=
schichte des Varus beweißt; aber auch nichts war den
Deutschen so sehr verhaßt, als die römische Art Ge=
richt zu halten.   Jeder Gau hatte seinen Gaugra=
fen. —

Die Ehre eines vornehmen Deutschen bestand da=
rin, wenn er ein ansehnliches Gefolge hatte, die Cäsar
Ambacti-Ambt=Amt=Amtman und Clientes, Taci=
tus aber Comites nennt *).   Ihre eifrigste Sorge
war, sich solche Comites, Begleiter, anzuschaffen, und
ihre Gunst durch Geschenke an Pferden und Waffen,
und durch große Gastmähler zu gewinnen.   Ohne ein
solches Gefolge, das der Stolz im Frieden und der
Schutz im Kriege war, wurde selten oder gar nicht einer
Anführer.   Als sich die Deutschen in den eroberten
ländern niedergelassen hatten, und der Werth des Ei=
genthums immer mehr geschätzt wurde: so gaben die
Könige und Anführer, statt der geringen Geschenke, ih=
ren Anhängern eine bessere Belohnung an Landgütern.
Diese Geschenke oder Bewilligungen wurden Beneficia
genannt, weil sie freie Geschenke waren, und honores,
weil man sie auch als Zeichen eines Vorzugs ansehen
konnte.   Diejenigen, die die beneficia erhalten hatten,
hießen fideles, Treue, homines in truste dominica,
leute, die sich in dem Troß des Herrn befanden,
Leudes und Vassi, Vasalli.   Daß sie für diese Beneficia oder lehen gewisse Dienste und Pflichten auf sich
hatten, war eben so natürlich als nothwendig.   Dies
ist der Ursprung der lehen.

Als

gens mehr ein peinliches als gerichtliches Gesetzbuch, und
enthält die ersten Grundsätze der allgemeinen Sicherheit.
S. Walch Grundriß der in Deutschland geltenden Rechte.
S. 349.

*) Tacit. c. 14 u. 15.

Als die fränkischen Könige ihre Herrschaft über Deutschland ausbreiteten, gaben sie ihren Beglei= tern — Comites |— gewisse Distrikte, worin sie die Justiz verwalten musten. Diese Justizverwalter nannte der Deutsche in seiner Sprache Grafen, und das Laud, wo sie Gericht hielten, Grafschaften: die lateinische Benennung war comites und Comitatus. Hatten sie in ihrer Grafschaft nicht schon ansehnliche Güter: so bekamen sie sie gar bald. Eine Grafschaft ist also eine Jurisdiktion, oder eine Gegend und Weichbild, welche vor Alters den Grafen durch die Kaiser verlie= hen worden, daß sie daselbst an ihrer statt Gericht hal= ten sollten. — Zu den Zeiten der Karolinger hatte kein Herzog oder Graf, das Recht, in den Städten einen Senat oder Konsul zu bestellen; dies gehörte dem Könige, oder seinem Statthalter und Missis. Bürgerliche Geschäfte von geringerm Werth, besorgten die Burgimagistri oder Bürgermeister, und es ist nicht wahrscheinlich, daß Heinrich, der Fünfte, diese Ein= richtung zuerst gemacht habe *). Die Natur der ge= sellschaftlichen Verbindung fordert es, und noch jezt hat auch der kleinste Flecken seinen Bürgermeister.

Unter den Karolingern scheinen die Herzoge, wo nicht ganz allein, doch vorzüglich für den Militär=Etat bestimmt, und die Grafen den Visitationen der königs lichen Gesandten— Missi — unterworfen gewesen zu seyn. Karl, der Große, wollte die Herzoge nicht zu mächtig werden lassen; das Beispiel des Thassilo in Bayern, lehrte ihn diese Vorsicht. Er theilte daher die großen Provinzen in mehrere Theile oder Grafschaften, deren Besitzer nicht von dem Herzoge abhingen, dessen In= teresse von dem ihrigen ganz verschieden war. Unter den Sächsischen und Fränkischen Kaisern, waren die Grafen dem Herzoge untergeordnet, ob sie gleich der König mit

gräf=

*) Bode l. c. §. 75.

gräflicher Staatsgerichtsbarkeit beliehe.   Wegen ihrer
Gewalt also hingen sie von dem Kaiser, als Vasallen
aber von dem Herzoge ab, der auch ihre Urtheile voll-
ziehen mußte.   Die Grafen waren die Anführer ihrer
Haufen, die sie dem Herzoge zuführten.   Sie hatten
auch keine Afterlehnleute, wie der Herzog.   Die
Grafschaften müssen nicht als Territorien angesehen
werden.   Allodialgrafschaften gab es nicht: die jezt
da sind, waren edle Herrschaften.   Ein Graf hatte
oft mehrere Grafschaften denn da, wo er der stärkste
Gutsbesitzer war, konnte er auch von dem Kaiser
die Justiz haben: z. E. Heseko war Graf von Orlamünde, und zugleich von Hohenstein.   In dem allgemeinen Zustande der Anarchie unter den lezten Hohenstaufenschen Kaisern griffen auch die Grafen um sich,
und nahmen, was sie erhalten konnten.   Die Kaiser
und Gegenkaiser bedurften der Hülfe derselben: welcher die besten Bedingungen machte, zu dem hielten sie
sich.   Von dieser Zeit an, wird es erst möglich, die
Geschichte eines gräflichen Hauses zu erzählen.   Die
Grafen hatten nun, so wie die Herzoge, ihre Würde
erblich, blieben aber mit ihren Gütern den herzoglichen
Häusern verwandt, von denen sie dieselben zum Lehn
hatten.   Die Grafen von Hohenstein waren und blieben erbliche Reichsgrafen in Rücksicht ihrer Würde,
waren aber wegen ihrer Güter Vasallen von Braunschweig, Halberstadt und Sachsen.

Eine natürliche Folge des erblichen Besitzes der
gräflichen Würde, war die Entstehung der Geschlechtsnamen.   Von den Geschlechtsnamen findet man schon
einzelne Beispiele im Anfange der Kreuzzüge.   Die
Gauverfassung *) hörte auf.   Dies ist eine Folge
mane

*) v. Gundertode Ursprung und Absicht der Gauverfas-
sung in dem 1. B. s. sämtl. Werke von Posselt edirt. S.
363. f.

C

mancher vorhergehender Umstände. Die großen Reichsbeamten hatten seit Heinrich, des Vierten, Zeiten durch
mancherlei Umstände ihre Würde, und ben damit verbundenen Genuß ansehnlicher Güter stufenweis erblich
zu machen gewußt. Ihrem Beispiele folgten die nie-
dern Reichsbeamten, oder die bloßen Grafen nach, und
Deutschland sahe statt der Gauen nun Grafschaften.
Die Grafen besaßen in den Gauen ansehnliche Allodien, und überdem noch solche Güter, die ihnen gleichsam zur Besoldung angewiesen waren: es fand also eine
Vermischung leicht statt, zumal, da das Oberhaupt auf-
ser Stand war, den Anmaßungen der Reichsbeamten
Einhalt zu thun, und wol gar noch Privilegien oben
drein an die Vasallen gab, die ihre Dienste so theuer,
als möglich, zu verkaufen suchten. Da nun schon vorher ganze Gauen und Grafenbezirke den Namen ihres
Grafen führten: so wurde dies beibehalten, indem sich
die Grafen nach ihren Schlössern nannten *). Kaiser Otto, der Erste, sagte: „in der Grafschaft des Grafen Wilhelm, im Helmgau“ **). Diese Grafen nennen sich nun Grafen von Hohenstein, die zugleich dem
Zorgegau vorgestanden hatten.

Die Gränzen der Gauen wurden auch dadurch
immer mehr unkennbar, daß die Grafen manche
Stücke verpfändeten, ihren Kindern schenkten oder verkauften. Der Güterverkauf kommt seit Gottfried
von Bouillons Zeiten vor.

In Absicht des Güterbesitzes war Deutschland,
da es unter Ludwig, dem Deutschen, ein besonderes
Reich ward, in lauter Dynastien getheilt. Ein solcher Dynast hatte das Oberrecht über die Menschen,
die ihm Dienste leisten musten, und daher ein Lehn
von

*) Galetti deutsche Gesch.

**) In Pago Helmingove in comitatü Wilhelmi co-
mitis. „

von ihm empfingen. Eben so hatte er auch das
Recht, über Thiere und lebloſe Dinge; folglich gehörte
ihm die Jagd, Fiſcherei, Wieſen und Gartenbau. Behielt er dieſe Stücke nicht ſelbſt, ſondern gab er ſie an
einen andern: ſo mußten ſie rekognoscirt werden; daher kam der Erbzins. In dieſen Dynaſtien lagen
kleinere Stücke Landes freier Leute oder Rittergüter,
und in dieſen wiederum Bauergüter, Hufen und Man-
ſen. Dieſe Dynaſtien gehörten urſprünglich dem hohen Adel. Da das Chriſtenthum aufkam, theilte ſich
der Beſitz in drei Theile: nämlich der Monarch, als
erſter Hochadelicher, die andern Hochadelichen und die
hohe Geiſtlichkeit waren die Inhaber. Der Staat
hatte nun die Gewalt darüber, aber nicht über Grund
und Boden, ſondern über Menſchen und ihre Handlungen, d. h. er handhabte die Gerechtigkeit. Dieſe
Dynaſtien ſind untergangen durch Theilungen in Rit-
ter- und Bauerngüter: vielleicht nahmen auch die Klöſter etwas davon, die, als ſie Immunitäten erlangt
hatten, ihre Güter ſeparirten: beſonders ſind ſie von
der Landeshoheit verſchlungen, welche die Territorien
erſchuf. — Dieſe Dynaſten, oder edlen Herren, waren, in Abſicht ihrer Güter, der Gerichtsbarkeit der
Grafen unterworfen, ſo lange dieſelben im Namen des
Königs Recht ſprachen. Aber wie nun, da ſie in ihrem
eigenen Namen Recht ſprachen? Sie mußten alle Mühe
anwenden, ſich in der unmittelbaren Abhängigkeit von
dem Könige zu erhalten, und ihre Güter von der Gerichtsbarkeit der Grafen zu befreien. Der edle Herr,
dem dies gelungen war, nannte ſeine Länder, die in
mehreren Gauen liegen konnten, nun nach ſeinem
Schloſſe mit dem Zuſatz Herrſchaft. Hierin waren ihnen die Biſchöfe mit ihrem Beiſpiel vorgegan-
gen, die gleichfals ihre Güter von der Gräflichen Gerichtsbarkeit befreiet hatten. So waren Lohra und
Klettenberg nichts anders, als ſolche Dynaſtien oder

Herr-

Herrschaften, wie sie in dem westphälischen Frieden genannt werden, und die Besitzer derselben waren nichts mehr, als edle Herren*).

Auch die Entstehung neuer Reichsbeamten beförderte den Abgang der Gauen. Die Pfalzgrafen, die den Herzogen an die Seite gesetzt waren, um die Kaiserliche Gerichtsbarkeit zu erhalten, auch diese waren erbliche Landesherren; ihre Stellen hatten aufgehört, und waren mit andern vereinigt worden. Nur in den großen Städten, wo seit einiger Zeit Kaiserliche Schöppenstühle waren, z. E. in Halle und Magdeburg, wurde im Namen des Kaisers noch Recht gesprochen. Dieser Pfalzgrafen waren mehrere, besonders in Sachsen, Baiern, Franken und Schwaben, von denen nur noch die Pfalzgrafen am Rhein jezt den Titel führen, und Sachsen noch mit Pfalzsachsen oder Pfalzthüringen beliehen wird. Auf diesen beiden großen Pfalzen beruhet jezt das Reichsvikariat.

Seit

*) Daß sich die Herren von Klettenberg Grafen nannten, kam vielleicht daher, daß diese Herren von den Grafen von Lutterberg abstammten, und also den Titel von daher annahmen. Denn schon im siebenten Jahrhunderte kommen solche edle Herren hier am Harz vor. Eckstorm in seiner Walkenriedischen Chronik erwähnt einen gewissen Werner ums Jahr 664, wovon er nicht weis, wozu er ihn machen soll; er war aber nichts weiter, als ein Dynast, dessen Nachkommen sich so erhoben, daß ihnen die Kaiser die Gerichtsbarkeit anvertraueten, und die sich daher Grafen von Lutterberg nannten. Die Kaiser gaben gewöhnlich denen die Gräfliche Würde, die die stärksten Güterbesitzer in der Gegend waren. — Lohra erscheint nie unter dem Titel einer Grafschaft; und wenn sich ein Graf von Gleichen auch Graf von Lohra nennt; so ist es eben so, wie mit Klettenberg. Siehe 7. Kap.

Seit dem Untergange der Herzogthümer bildete ſich außer den Städtiſchen Reichsgerichten faſt in jeder Provinz ein Kaiſerliches Hof- oder Landgericht. Die Kaiſer konnten nun den Grafen und Herzogen, da ſie Landesherren waren, die Verwaltung ihrer Erbgüter und Einkünfte nicht mehr anvertrauen: es kamen alſo da die Landgrafen *), Land- und Stadtvögte auf, wo die Kaiſer noch anſehnliche Güter und Rechte hatten. So waren die Grafen von Hohenſtein die Kaiſerlichen Vögte in Nordhauſen. In Thüringen war ſchon früh ein Landgericht, vor dem auch Grafen verklagt werden konnten **).

Weil die Grafen von Hohenſtein Reichsgrafen waren: ſo muß ich hier noch etwas von dem Verhältniß dieſer Grafen gegen das Reich anführen. Die

C 3

Gra-

---

*) Es ſind nur vier Landgrafthümer in Deutſchland, welche die fürſtliche Würde haben, nämlich Heſſen, Thüringen, Elſaß und Leuchtenberg; die andern, als Stühlingen, Nellenburg, Kletgau, Baar, Saufenburg haben nur die gräfliche Würde. Von den Markgrafen oder ſolchen Grafen, die die Gränzen gegen die Feinde decken mußten, ſind jezt noch drei hohe fürſtliche Häuſer übrig, als Brandenburg, Meißen und Baden. Die Burggrafen ſind wahrſcheinlich nicht beſtimmt geweſen, die weltlichen Gerichte in den geiſtlichen Stiftern zu verſehen, weil die Biſchöfe anfangs damit nichts zu thun hatten: dies zu behaupten, finden ſich zu wenig Beiſpiele. Sie ſcheinen vielmehr die Kommendanten in den Städten geweſen zu ſeyn, wie man an den Burggrafen in Meißen ſehen kann, die die Aufſicht über die Stadt hatten, da der Markgraf das Ganze beſorgte. Jezt haben die Burggrafen fürſtliche Würde, nämlich Kurſachſen, als Burggraf von Magdeburg, Brandenburg wegen Nürnberg, und der Biſchof von Münſter wegen Stromberg.

**) Galetti deutſche Geſch. 2ter Th. S. 39.

Grafen in Deutschland stehen in einem viel größern
Ansehen, als in andern Reichen, wo ein Graf oft
nichts mehr als ein armseliges Landgut besizt.   Die
deutschen Grafen haben dieselbigen Rechte, die die Fürsten haben, versteht sich nach der Beschaffenheit und
dem Verhältniß ihrer Länder. Sie haben Zoll und Münz-
regal.   Die Grafen von Hohenstein haben auch Münzen geschlagen, wovon man noch einzelne Stücke in
den Kabinetten antrift *). Auch hatten sie die hohen
Gerichte. Vermöge ihrer Reichsstandschaft und Kaiserlichen Belehnung, hatten sie das Recht, auf den
Reichstagen zu erscheinen, und ihre Stimmen bei
den Berathschlagungen über das allgemeine Beste zu
geben. Jedoch durften diese Grafen nicht viritim,
sondern in Curia, wie man es nennt, oder in dem
gräflichen Kollegio, dahin jeder gehörte, ihre Stimme
geben. Wegen Hohenstein hat Brandenburg jezt auf
der Grafen-Bank, Siz und Stimme, ob gleich
Braunschweig nie damit zufrieden gewesen ist.   Bei
vielen Grafen, ja fast bei den meisten, sind die Verhältnisse jezt geändert. Die nahe wohnenden Fürsten
haben durch Verträge, Verschenkungen, langes und be-
ständiges Herkommen, Privilegien, u. s. w. ihnen die
jura superioritatis territorialis geschmälert, oder ganz
entzogen. Daher findet man viele Grafen, die den Titel Reichsgraf führen, und doch die Rechte eines rechten Reichsstandes nicht zu genießen haben. Einige sind
zwar wegen gewisser Güter, den Landesfürsten unterworfen, wegen anderer unmittelbarer Reichsgüter aber
dennoch ungezweifelte Reichsstände. Dergleichen Grafen sind die Grafen von Waldek gegen Hessen, die
von Schwarzburg gegen Sachsen, und solche waren auch die Grafen von Hohenstein gegen Braunschweig

*) Eckstorm Walkenr. Chron.

schweig und Halberstadt. Viele Grafen stehen in einem solchen Verhältniß, daß sie zwar dem Kaiser den
Huldigungseid leisten, zugleich aber auch, ihrer Graf-
und Herrschaften wegen, ihrem besondern Lehnherrn den
Lehneid schwören müssen, und von diesem gegen das
Reich vertreten werden, gleichwol aber die Reichsabschiede unterschreiben. Eine gleiche Bewandniß hat
es mit den Baronen, die unmittelbare Reichsgüter besitzen, und deswegen gewisse Rechte ausüben *). Die
Grafen haben auf dem Reichstage vier Stimmen,
und sind daher in vier Kollegien getheilt. Die erste
Stimme gibt das Wetterauische Kollegium, wozu die
Grafschaft Hohenstein, Schwarzburg und Stollberg
gehören. Alsdann folgt das Schwäbische, Fränkische
und Westphälische Kollegium.

Als im Anfange des sechzehnten Jahrhunderts,
Deutschland in die zehn Kreise eingetheilt wurde, fiel
Lohra und Klettenberg an Obersachsen; das eigentliche
Hohenstein, als Braunschweigisches Lehn, nebst Nordhausen und Mühlhausen an Niedersachsen. Nun kamen auch die allgemeinen Kreistage, die von den Reichstagen wol unterschieden werden müßen, und die besondern
Kreistage auf, auf welchen das Beste eines solchen Kreises,
von den Kreisobersten und Direktoren besorgt, und die
Streitigkeiten der Kreisglieder geschlichtet werden sollten
u. s. w.

So entwickelte sich Deutschlands spätere Verfassung durch eine Menge von Umständen. Ich würde
übrigens keine eben so unnütze, als unfruchtbare Arbeit unternehmen, wenn ich von den frühesten Zeiten
bis auf den Erbauer von Hohenstein die Grafen aufsu-
chen wollte, die hier die Kaiserlichen Gerichte gehalten
haben. Vor dem Eilger ist es unmöglich, eine Genealogie herauszubringen.

*) Monzambano p. 192.

Viertes

Viertes Kapitel.

Ursprung der Grafen von Hohenstein bis auf Eilger
den Dritten.

———

Die Grafen von Hohenstein stammen von väterlicher
Seite von Karl, dem Großen, von mütterlicher Seite
aber von den sächsischen Kaisern ab. Ludewig, der
Vierte, König in Frankreich, der 954 starb, war der
Sohn Karl, des Einfältigen, und der Edgina, König
Alfreds in England Tochter. Als sein Vater von
Rudolf, Herzog in Burgund, dethronisirt wurde, ging
seine Mutter mit ihm nach England zu ihrem Bruder
Athelstan. Im Jahr 936 kehrte er zurück, und bestieg den französischen Thron. Weil er in England erzogen war: so erhielt er den Beinamen Ultramarinus.
Bei einigen finde ich, daß seine Gemahlin Blanka ge-
heißen, und Eduards in England Tochter gewesen
sey. Ich folge aber der richtigern Meinung, nach welcher Gerberge, des deutschen Königs Heinrich, des
Ersten, Tochter, Witwe des Herzogs Gieselbert
von Lothringen, seine Gemahlin war *). Ludewig hatte
sich in den Krieg eingelassen, den Otto, der Erste, mit
seinem Bruder Heinrich, dem Gieselbert, und Eberhardt
in Franken führte. Gieselbert blieb im Treffen. Ludewig machte Frieden mit Otto, und heirathete dessen
Schwester, die genannte Gerberga **). Ludewigs und
der Gerberge Tochter, Mathilde, war an den König
Konrad von Burgund vermählt, der sie zur Mutter
von jener Gerberga machte, die an Herman, den
Zweiten,

*) *Maskow comment. de reb. germ. a Conrado I. usque ad
obit. Henr. III. p. 270.* Aus ihm habe ich auch den Anfang der Tabelle entlehnt.

**) Schmidt Gesch. der Deutschen, 2. Th. S. 32. 208. 211.

Zweiten, des Kaiser Otto des Ersten, Sohns Ludolfs
Enkel, vermählt war, und die Mutter von der Gisela,
Kaiser Konrad, des Zweiten, Gemahlin wurde. S.
die Tabelle. Diese Giesela, das Muster weiblicher
Vollkommenheit, war zuerst an Bruno, den Zweiten,
Markgraf in Sachsen, dem sie einen Sohn Ludolf
gebahr, vermählt. Nach Bruno's Tode vermählte
sie sich mit Ernst, dem Ersten, in Oestreich, mit
dem sie auch zwei Söhne zeugte, Ernst, den Zweiten,
und Herman, den Vierten. Ihr dritter Gemahl
war Kaiser Konrad, der Zweite, mit dem sie im fünften Grade verwandt war.

Außer der obengenannten Mathilde hatte Ludo-
wig, der Vierte, noch zwei Söhne: Lothar, der ihm
in der Regierung folgte, und Karl, Herzog in Lothringen, den ich zum Stammvater der Grafen von Ho-
stein annehme.

Die Schriftsteller dieser Geschichte sind hier undeutlich und unsicher: sie setzen Fabeln an die Stelle
der Wahrheit. Selbst Heidenreich in seiner Schwarzburgischen Geschichte spricht hier dem Eckstorm *), und
Binhard **). nach. Beide nehmen den Wilhelm von
Orleans zum Stammvater an, der mit einer sächsischen
Fürstin, Ludewig mit dem Barbe gezeugt haben soll. Eckstorm weis nicht einmal, ob er die Gisela, worauf hier
viel ankomt, zur Tochter des Königs Lothar in
Frankreich, oder Konrads in Burgund machen soll.
Er setzt ihr eine gewisse Blankascibis an die Seite, als
Schwester, von der er aber eben so ungewiß ist, und
macht sie zur Mutter des Graf Wilhelm von Orleans,
von dem die Landgrafen in Thüringen, und die Grafen von Hohenstein herkämen. Ich will mich hierbei

C 5

nicht

*) *Chron. Walkenr. p.* 16.

**) Thüring. Chron. S. 81.

nicht länger aufhalten, sondern gleich meine Meinung vortragen.

Die Nachkommen Karl, des Großen, auf dem französischen Throne, waren fast lauter schwache Regenten, unter denen die Kronvasallen die beste Gelegenheit hatten, sich so viel Gewalt anzumaßen, daß sie nicht nöthig fanden, sich vor dem Könige zu fürchten, sondern umgekehrt der König vor ihnen. Einer dieser Großen, Robert, des Grafen Eudo in Paris, Bruder, suchte Karl, dem Einfältigen, die Krone streitig zu machen. Karl behauptete sich zwar auf dem Throne, wurde aber doch zuletzt vertrieben, und starb im Gefängniß. Rudolf, Herzog in Burgund, der den größten Antheil an dieser Vertreibung des Königs hatte, trug die Krone davon. Weil er aber ohne Erben starb: so bestieg Ludewig, der Vierte, Karl des Einfältigen, Sohn, den französischen Thron, und hatte seinen Sohn Lothar, zum Nachfolger. Lothar regierte ohne Nachdruck. Das Gift raubte ihm und seinem Sohn Ludewig, dem Fünften, das Leben. Die Verwirrungen nahmen zu. In diesen Unruhen geschahe es, daß die Statthalter in den Provinzen und andere Große, in den ihnen anvertraueten Krongütern allmählig die Erblichkeit erlangten, und eben so, wie die vornehme Geistlichkeit, mancherlei Majestäts-Rechte auszuüben anfingen, welches schon die beiden letzten Karolinger unter dem Titel Lehen anerkennen musten. So entstanden fast in allen Theilen des Reichs eine Menge besondere Landesherren, die so viele Afterlehen und Aftervasallen hatten, daß den Königen zuletzt beinahe nichts übrig blieb. Die mächtigsten dieser Kronvasallen nannten sich Pairs de France, und legten sich den Titel von einem Herzogthum oder Grafschaft bei. Unter Karl, dem Einfältigen, waren sieben Pairieen. Einer von diesen Pairs war Hugo Kapet, der Sohn des gros-

sen

sen Hugo, Herzogs in Burgund und Aquitanien, der
der fürchterlichste Gegner, Ludewig des Vierten, war.
Hugo Kapet, der Stifter der Kapetingischen Linie bestieg den französischen Thron. Die Stände sicherten
seinen Nachkommen die Thronfolge zu. Karl, Herzog in Niederlothringen oder Brabant, widersetzte sich,
und suchte seine Ansprüche auf die Krone geltend zu
machen. Er war des letzten Karolinger, Ludewig, des
Fünften, Vaters Bruder. Der Streit wurde heftig,
und der Besitz des Landes, des Mächtigern. Karl
gerieth durch Verrätherei in die Hände seines Feindes,
und endigte sein trauriges Leben im Gefängniß zu Ve-
rona. So erlosch die Karolingische Linie in Frankreich.

Es ist nun zwar nicht unumstößlich gewiß, daß
dieser unglückliche Karl, einen Sohn hatte, der Ludewig hieß; aber es ist doch höchst wahrscheinlich, wenn
man die folgende Geschichte vergleicht, daß Ludewig,
der Bärtige, desselben Sohn gewesen ist *). Die
Geschichte sagt, es habe sich ein fremder Graf im Thüringer Walde niedergelassen, der ein Unverwandter der
Gisela, Kaisers Konrad, des Zweiten, Gemahlin gewesen sey. Kann es nicht seyn, daß die unglückliche Familie Karls sich aus Frankreich nach Deutschland begab, um vor ihren Verfolgern sicher zu seyn? Gisela stammte von französischem Blute ab, und wo konnten Karls Nachkommen sicherer seyn, als bei dieser
vortrefflichen Kaiserin? Konrad schenkte ihm ein ab-
geholztes Stück Land des Thüringer Waldes, welches
er bebauete, und sich hernach mit der Cäcilia, einer
Enkelin der Kaiserin vermählte, die ihm Sangerhausen zum Brautschatz mitbrachte a). Kaiser Konrad,

zum

*) Tenzel. Ludovicum barbatum Carolingico editum
sanguine vetus fama fert.

a) Paulini annal. Isenac. p. 8.

der Zweite, nennt ihn seinen Vetter, und gebrauchte ihn oft zu seinem Rathgeber *). Daß ihn Konrad zum Landgrafen in Thüringen gemacht habe, ist ungewiß: denn erst sein Enkel, Ludewig der Dritte, Ludewig des Springers Sohn, ist der erste gewiß bekannte Landgraf. Der erste Graf in Thüringen ist er auch nicht: denn es gab schon lange vorher hier Grafen**). Ludewig führt auch den Titel Vicarius Caesaris in Thuringia; dies ist aber kein Graf: mir deucht, es sey etwas mehr; man denke nur an die Vikariate in Italien, und den Niederlanden. — Nach Vinhard S. 81, machte ihn der Erzbischof von Maynz zum Vißthum in Thüringen, so, daß er Geleit und Gebiet im Lande haben sollte. Die übrige Geschichte dieses Ludewigs mit dem Bardt, gehört nicht hieher. Er starb 1056, und hinterließ drei Kinder: Ludewig den Springer, Beringer und Jutta. Ludewig des Springers Sohn, war Ludewig, der Dritte, den Kaiser Lothar, als seinen Schwiegersohn zum ersten Landgrafen in Thüringen einsetzte, und ihm zwölf Grafen zu Erbbeamten gab, zu welchen unter andern, die von Querfurt, Anhalt, Schwarzburg, Stollberg und Hohenstein gehörten, wovon die letztern, wenn sie gleich nicht Grafen von Hohenstein hießen, doch die Justiz hier zu besorgen hatten ***). Ludewig bekam zugleich die Lehnschaft über diese Grafen, weil kein Herzog in Thüringen war. Vielleicht war

*) Das Diplom, welches Konrad der Zweite, dem Ludewig zu Goslar gab, worin er ihm einige Güter in Thüringen schenkte, steht bei Tenzel hist. Gosl. p. 383. Er nennt ihn darin seinen consanguineum, und Heinrich, der Dritte, nennt ihn propinquum.

**) Hohensteinsches Magazin S. 7 und 21, wo der Herr Verf. ganz unrichtige Begriffe hat.

***) Vinhard S. 124.

war es Alberts von Braunschweig Vorsatz, in dem Thüringischen Erbfolge = Krieg, worin er der Sophie beistand, Hohenstein und andere Stücke zurück zu nehmen.

Von Ludewig, des Bärtigen, zweiten Sohn, Beringer, erzählt eine Thüringische Chronik — entweder eine Erfurthische, wie sie Fabricius, oder eine Eisenachische, wie sie Albinus nennt — er habe nach seines Vaters Tode, Sangerhausen mit dem Zubehör erhalten, sey aber wenig Jahre nach seines Vaters Tode, und zwar an demselben Tage gestorben, und habe einen Sohn nachgelassen, Namens Konrad: dieser habe Hohenstein erbauet, und von ihm kämen alle Grafen von Hohenstein her. So viel ist gewiß, wenn er auch nicht der Erbauer von Hohenstein ist: so hat er wenigstens diese alte Burg erneuert *). Dieser Konrad, dessen Mutter Bertrade von Landsberg war, starb ohne Erben. Seines Vaters Schwester, Jutta, die erst an Poppo von Henneberg, und nach dessen Tode an Ludewig, Herrn zu Linderbeck und Bielstein vermählt war, war die Erbin seiner Güter und also auch des Schlosses Hohenstein. Der Jutta Sohn, Beringer, besaß Linderbeck, Bielstein und Hohenstein, welche er durch Erbschaft erhielt. Beringer hatte vier Söhne, von welchen sich der älteste, Ludewig, Herr zu Lohra nannte. Seiner wird gedacht bei der Vermählung Kaisers Lothar, in Northeim 1103. Der zweite Sohn, Konrad, nannte sich einen Grafen zu Linderbeck = Bielstein, und Herrn zu Hohenstein. Einige machen ihn zum Stifter von Jlfeld **). Allein aus den Dokumenten ist klar, daß die beiden Eiliger die Stifter dieses Klosters sind. Wollte man annehmen,

*) Eckstorm S. 17.

**) Chytraeus lib. 6. sax. 242.

men, daß dieser Konrad auch Eiliger genannt werde,
wie einige thun: wie sollte eine solche Verdrehung des
Namen zugegangen seyn? Auch wird man schwerlich mit
Gewißheit sagen können, daß vor der Stiftung Ilfelds,
einer von den Herren von Bielstein, sich Graf von Hohenstein genannt habe; vielmehr ist gewiß, daß sich der
Titel: Graf von Bielstein in den Titel Graf von
Ilfeld verlohr: und dieser verschwand wiederum in
den von Hohenstein *). Konrads Gemahlin war Anna, des Grafen Udo, oder Bodo von Stollberg Tochter. Sein Bruder, Dietrich, nennt sich einen Herrn
von Berka. Man ist nicht einig, ob dies das Berka
sey zwischen Weimar und Kranichfeld an der Ilm,
oder Berka bei Sondershausen an der Wipper; ich
halte es für das letztere. Der vierte Sohn war Ro-
ker, Herr zu Bielstein, von dem nichts merkwürdiges
zu finden ist. Seiner wird gedacht bei einer Schenkung des Hugo von Heeringen, an das auf dem Eichsfelde liegende Kloster Gerode.

Konrads Sohn war Eiliger, der Erste, oder Il-
ger, Herr zu Bielstein. Die Gegend, wo jezt Ilfeld
liegt, führte sonst den Namen der Herrschaft, oder
auch wol der Grafschaft Bielstein. Diese Burg lag eine
halbe Meile hinter Ilfeld, auf einer Anhöhe im Harzwalde. Die Stelle derselben ist jezt ziemlich unkennbar, und
mit großen Eichen bewachsen. Ehe das Christenthum
hiehin kam, wurde der Gott Biel an dieser Stelle
verehrt, der sowol der Burg, als auch der Gegend den
Namen gegeben hat. Im eilften und zwölften Jahrhundert kam die Gewohnheit auf, daß sich die Herren
nach ihrer Burg nannten. Eilgers Vorfahren hatten
eine geraume Zeit auf dieser Burg gewohnt, und damals als Konrad in Hohenstein erschien, war seines
Va-

---

*) Leukf. antiq. Ilf. p. 35.

Vaters Schwester, Jutta, mit einem Herrn von Bielstein vermählt. Eilger fand es zu beschwerlich, auf
einer Burg im Harzwalde seine Tage zu verleben,
und entschloß sich daher, vor dem Harzwalde an dem
Paß eine Burg zu erbauen, die er nach seinem Namen
Ilburg nannte *). Dieser Name wurde in Ilfeld verwandelt, von der Ebene, die auf der einen Seite sich
befindet. Ein altes Ilfeldisches Saalbuch) hat hiervon
folgende Worte **): „Eilger, ein Geborner von Bielstein, wo auch sein Vater Konrad wohnte und starb,
bauete eine Burg auf dem Berge vor dem Paß, der
er den Namen Ilburg gab, und die Grafen wurden
nach diesem Namen Ilburg genannt, aber noch nicht
von Hohenstein. Sein Sohn hieß Graf von Hohenstein, weil er diese Burg erhielt mit der Luthrade, einer
Tochter Hesekens von Orlamünde und Hohenstein, die
er heurathete, und erhielt von dem Herzoge von Braunschweig, daß ihm diese Burg gegeben wurde, der sie von
dem Reiche hatte." — Obgleich damals kein Herzog
von Braunschweig war: so gehörte doch diese Gegend zu
den Allodialgütern der Sächsischen Herzoge, von denen die
Herzoge von Braunschweig abstammen. Die Oberge-
richtsbarkeit selbst über die Allodialgüter gehörte dem
Reiche. Eilger, der Erste, starb um das Jahr 1160,
und ließ einen Sohn nach, Eilger den Zweiten. —
Bis jezt läßt sich also noch nichts bestimmtes von Hohenstein sagen: wir wollen sehen, ob sich aus dem
folgenden etwas schließen läßt.

Die Hohenstaufensche Kaiserlinie, die um diese Zeit
den deutschen Thron besaß, stieg zu einer für Deutschlands Freiheit furchtbaren Größe, welche die Welfischen
und Hohenstaufenschen Unruhen erzeugte, und viele
Jahre

*) Melissantes Besch. der Bergschlösser S. 615.
**) Leukf. p. 37.

Jahre hindurch Deutschlands Ruhe störte, und wichtige Revolutionen in dem politischen Systtem von Deutschland und Italien hervorbrachte. Des Pabstes Interesse schien es zu fordern, daß Deutschland einen Fürsten hätte, der das Gleichgewicht zwischen dem Kaiser und den Ständen erhalten könnte. Heinrich, der Löwe, ein Held und Staatsmann, Herzog in Sachsen und Bayern, war es, auf den der Pabst seine Augen richtete. Er, und Kaiser Friedrich, der Erste, schienen gebohren zu seyn, daß der eine ein Beschirmer der Gesetze gegen den andern seyn sollte. Brandenburg spielt noch jezt die Rolle Heinrichs *). Es ist gut, daß ein Fürst in Deutschland groß genug ist, um es gegen den Grösten zu schirmen, aber nicht zu groß, daß ihm das Reich gleichgültig sey. Friedrich wollte zur Ehre des Reichs die Welfen, den Pabst und die Pfaffen demüthigen, und dies unter dem Schein von Patriotismus. Als endlich für Italien die entscheidende Stunde der Unterwerfung oder Freiheit schlug, so weigerte sich Heinrich, die erste befördern zu helfen. Hier war Heinrichs und des Pabstes Interesse, das sonst so sehr verschieden war, ein und dasselbe. Heinrich, taub gegen die Bitten des Kaisers, kehrte zurück, nicht ohne Verdacht, mit einem Geschenk vom Pabst. Nun eröfnete sich die traurige Scene, die Heinrichs Nachkommen um ihre Güter, aber nicht um ihre Ehre gebracht hat. Heinrich hatte sich in geistlichen Sachen manches herausgenommen, was seit den Zeiten des falschen Isidors die Päbste gesucht, und von Heinrich dem Fünften, erhalten hatten. Die treuen Diener des Pabstes wollten lieber die Abhängigkeit von Rom, weil ihnen die Rechte der weltlichen Herren doch nicht zu entgehen schienen. Heinrichs übrige Vasallen machten mit ihnen gemeine Sache. Heinrich wurde angeklagt,

für

*) Deutscher Fürstenbund, 2te Aufl. 88. S. 28.

für lehnsfällig erklärt. Seine Richter theilten sich in
seine Güter. Ob nach Form und Recht? — Dreimal
wurde Heinrich gefordert, und dreimal verwarf er
seine Richter. Friedrich übte Rache; denn vereitelte
Plane schmerzen. In Regensburg wurde das Urtheil
bekannt gemacht: Otto, von Wittelsbach bekam
Beyern, Bernhardt von Anhalt Sachsen. Die
Pfalzsachsen, die Heinrich nie besessen hatte, war nach
dem Tode des letzten Pfalzgrafen an den Landgraf
Herman in Thüringen gefallen *). Mecklenburg und
Pommern wurden unmittelbare Reichsstände. Auch
die Geistlichen vergaßen sich nicht. Der Bischof Ulrich in Halberstadt, machte den Anfang, gerieth aber
mit des heiligen Stephans Heiligthum in die Gefangenschaft. Doch Heinrich achtete, nach seinem Ausdruck, auf die Plattenköpfe nicht, und schenkte ihm die
Freiheit. Indeß war auch Herman auf Ulrichs Räth
mit Hülfe der Nordhäuser in die Harzgegenden gezogen.
Heinrich ging über den Harz, eroberte die Dasen-
burg a), deren Besitzer Wedekind es mit dem Herman

*) Heinrich Sächf. Gesch. 1. B. S. 238. Galetti Reichs-
　　gesch. 1. B. 536.

a) Die Rudera dieser alten Burg sind noch zu sehen ohnweit
　　Hasselfelde auf dem Harze. Bei Gelegenheit der Italiäni-
　　schen Feldzüge Friedrich des Ersten, kam die Kunst Minen
　　anzulegen, nach Deutschland, und Heinrich war der erste,
　　so viel man weiß, der sich bei der Belagerung dieses Schlos-
　　ses einer Mine bediente, die von Goslarischen Bergleuten
　　angelegt war. Ohne Zweifel wirkte hier Pulver; denn
　　schon im zwölften Jahrhundert wurde es in dem Ram-
　　melsberge gebraucht, die Felsen zu sprengen. Heinrichs des
　　Löwen Sohn, der Pfalzgraf am Rhein bediente sich dessen,
　　die Mauern eines Schlosses bei Tyrus zu sprengen. Beck-
　　mann Technol. S. 343.

D

man hielt, und rückte vor Nordhausen. Die Stadt wurde erobert, und in den Brand gesteckt. Ein gleiches Schicksal hatte Mühlhausen und mehrere Oerter, die es mit dem Herman hielten. Herman wollte seinen Anhängern Hülfe leisten, hatte aber das Unglück, mit seinem Bruder Ludewig, und sechshundert Mann auf dem Eichsfelde gefangen und nach Braunschweig geführt zu werden.

Eilger, der Zweite, hielt es, so lange er konnte, mit Heinrich dem Löwen, und da alle Vasallen sich von ihm trennten, empfing er zur Belohnung seiner Treue die Gegend um Ilfeld zur Lehen. Als die Acht gegen Heinrich erging, konnte Eilger nun wol nicht offenbar sein Anhänger bleiben, heimlich aber blieb er es, so wie die übrigen Harzgrafen von Blankenburg, Rheinstein u. s. w. Eilger erscheint in dieser ganzen Geschichte als Politiker, wie man unten deutlicher sehen wird. Da sich Heinrichs Lage verschlimmerte, und der Erzbischof von Magdeburg, Wichman, die Stadt Haldensleben und der Kaiser mehrere Schlösser wegnahm; so fielen auch die Harzgrafen vom Heinrich ab. Sie waren hiezu genöthigt: denn hätten sie des Kaisers Partei nicht ergriffen, so wären sie in Gefahr gewesen, ihre Länder zu verlieren, im Gegentheil konnten sie neue Länder, wenigstens die Bestätigung ihrer alten erwarten. Eilger, der Zweite, der bei dem römischen König, Heinrich, dem Sechsten, in gutem Ansehen stand, erhielt die Bestätigung seiner Lehen, und blieb ruhig. Heinrich, der Löwe, irrte von einem Lande zu dem andern, und suchte vergebens Hülfe. Seine Feinde weideten sich, an dem Schicksal eines Prinzen, der lange Zeit ihr Schrecken gewesen war. Endlich mußte er als Exulant sein Vaterland auf drei Jahr verlassen, jedoch mit der Versicherung, daß seine Allodialgüter ungekränkt bleiben sollten. Oft versuchte Hein-

Heinrich), seine Länder wieder zu erhalten, aber immer waren seine Versuche vergebens. Der Kaiser starb endlich in Asien. Sein Sohn, Heinrich der Sechste, ein nach Erblichkeit des Throns schmachtender Prinz, folgte ihm in der Regierung. Sein erster Wunsch war, die Sache mit Heinrich dem Löwen, glücklich beizulegen. Er schrieb einen Tag nach Saalfeld aus. Heinrich machte sich auf, ihm zu gehorchen, hatte aber das Unglück bei Bothfelde nicht weit von Elbingerode *), durch

D 2 einen

*) Anmerk. Elbingeroda, oder wie es eigentlich heißen sollte Eiligerode hat den Eiliger von Hohenstein zum Erbauer gehabt. Es liegt nicht weit von dem Brocken, eine Stunde von Bothfelde. Zu Anfang des 14ten Jahrhunderts, gehörte es an Blankenburg. Der Graf Heinrich nahm es 1319 für den Ulrich von Regenstein, von der Aebtissin in Gandersheim, zu Lehn, der er es unter dieser Bedingung aufgetragen hatte. J. J. 1422 bekam es Erich von Grubenhagen von der Aebtissin Agnes zu Lehn *). Hierauf gehörte es an die Grafen zu Stollberg, diese verpfändeten es an die Herrn von Münchhausen J. J. 1653, den 16ten Jan. kam es durch einen Vergleich an das Haus Braunschweig. Jezt gehört es an Hannover, und hat gute Eisengruben. — Bothfelde liegt eine Stunde ostwärts nicht weit von der Bode, und ist ganz verwüstet. Es war oft der Aufenthalt der Kaiser, die sich hier mit der Jagd belustigten. Heinrich der Zweite schenkte es 1008 an das Stift Gandersheim, daher kommt es: daß diese Gegend noch jezt von Gandersheim zur Lehn gehet. J. J. 1056 starb hier Kaiser Heinrich, der Dritte, da er, wie man sagt, zu viel Hirschleber gegessen hatte, in den Armen des Pabsts Viktor. Man hat gezweifelt, ob es dies Bothsfelde sey, allein nach den Worten einer alten niedersächsischen Chronik war es kein anders. Es heißt darin: Hinrik reyt in de Jacht, in dat Holt, dat dar her de Horst, und toch in dat Torp do Botvelde vor dem Hart in den Brunschwischen Lande, do storf he.

*) Harenberg gandersh. Gesch. hat die Urkunden S. 809 u. 883.

einen Fall vom Pferde ein Bein zu brechen. Er war nun gestürzt genug, und sehnte sich nach einem Ruhepunkte. In Walkenried ließ er sich kuriren, und schickte einen Gesandten an den Kaiser, um sich wegen seines Nichterscheinens zu entschuldigen. Nach seiner Genesung ließ ihn der Kaiser in Dulletze, oder Dulleba, einem Dorfe am Fuß des Kifhäuser Berges, vor sich kommen, und setzte ihn in alle seine Allodialgüter wieder ein. Nun mußte auch Eilger, der Zweite, ihn wieder für seinen Lehnsherrn erkennen, und ob ihn gleich der Kaiser zum Grafen von Hohenstein gemacht hatte; so mußte er doch jezt die Lehn darüber von Heinrich, dem Löwen nehmen. Uebrigens hat Heinrich, des Löwen, Fall, den Grund zu der Landeshoheit, seiner ehemaligen Vasallen gelegt.

Was läßt sich nun aus dem bisher erzählten schließen? daß Hohenstein wahrscheinlich 1110 erbauet ist; daß die Grafen von Hohenstein von den Karolingern abstammen; daß sie, ehe sie Grafen von Hohenstein heißen, Grafen, oder Herren von Ilfeld-Bielstein genannt wurden; daß diese Gegend am Harz wo Hohenstein liegt, ein Allodium des Hauses Braunschweig ist; und daß der obengenannte Konrad, der Erbauer, oder Erneuerer dieses Schlosses, ein Vasall der Stammväter dieses Braunschweigischen Hauses war, und nach seinem Tode seine Anverwandten, die Herren von Bielstein, seine Lehn empfingen. Die Gerichtsbarkeit über Hohenstein war damals einem gewissen Heseko von Orlamünde anvertrauet. Eilger, der Zweite, heurathete dessen Tochter, Lutradis, und der Kaiser Heinrich, der Sechste, machte ihn zum ersten Reichsgrafen von Hohenstein, das heißt, er übertrug ihm die Verwaltung der Justiz in diesen Ländern, die er von Heinrich, dem Löwen, zur Lehn hatte, und worunter auch manches sein Eigenthum war. Dies hatte er
durch

durch seine Politik verdient. Heinrich, der löwe, gab ihm noch zum Beweise seiner Zuneigung das Gut Es-beck mit zwölf Hufen landes. Als die Hohenstaufen-schen Kaiser mit Friedrich, dem Zweiten, und seinem unglücklichen Enkel, Konradin, abstarben, und in Deutschland die große Revolution vorging, worin lan-desherren statt Vasallen sichtbar wurden; so gingen denn auch die Grafen von Hohenstein ihrem Ansehen entgegen, und machten das zum Erb- und Eigenthum, was sie von dem Reiche nur zum lehn hatten. Von nun an wird es erst möglich, eine zusammenhängende Geschichte von Hohenstein zu schreiben.

Eilger, der Zweite, ist also der erste sicher be-kannte Graf von Hohenstein. Im Jahr 1168, wohn-te er der Ertheilung eines Privilegiums des Abt Kon-rads, von Fulda, an den Konvent in Walkenried bei, als Zeuge, und unterschrieb sich Graf von Ilfeld *). Hingegen auf dem Hoftage zu Alstädt, so wie auch bei der Zusammenkunft in Erfurt, 1184, wo die Fehde zwischen dem Erzbischof, Konrad, von Maynz, und dem landgraf ludewig, den Gütigen, in Thüringen beigelegt wurde, nannte sich Eilger, Graf von Hohen-stein. Eilger starb wahrscheinlich 1190 in einem Tref-fen bei Wilna, in litthauen. Mit seiner Gemahlin, luthradis **), von Orlamünde, hat er zwei Söhne er-zeugt, den Friedrich und Eilgern. Friedrich starb 1201, und ließ zwei Söhne nach, des erstern Namen habe ich nicht finden können, der zweite hieß Dietrich. Beide Brüder sind übrigens durch einen Streit bekannt, den

D 3

sie

*) Paul Jovius S. 11. in den Sammlungen vermischter Nachrichten zur Sächsischen Geschichte.

**) Script. rer. Brunsw. Tom. 2. p. 308. heißt sie Ber-trad.

sie mit ihres Vaters Bruder, Eilger, dem Dritten, wegen der Erbschaft führten. Der Landgraf, Herman,
entschied diesen Streit zu Weissensee, zum Besten Eilgers, der den besten Theil der Erbschaft behielt. Des
Grafs Dittrichs wird noch gedacht, im Jahr 1209, da
er nebst Graf Friedrich von Beichlingen, einen Herrn
von Rothenburg, und einen Grafen von Kirchberg, et-
liche Güter, welche Albrecht von Klettenberg dem Kloster
Walkenried theils verkauft, theils für Seelenmessen geschenkt, in Schutz genommen hat. Er wurde zuletzt ein
Geistlicher, und war 1223 Domprobst an der Stifts-
kirche zum heiligen Kreuz in Nordhausen *). Von
dieser Zeit an, haben die Grafen von Hohenstein, beinahe zweihundert Jahre hinter einander, fast erblich sich
diese Probstei angemaßt.

Fünftes Kapitel.
Stiftung des Klosters Ilfeld.

Zur Erbauung des Klosters Ilfeld, gab Eilger, der
Erste, Gelegenheit. Eilger hatte im Jahr 1103, seinen Vetter, Konrad, von Beichlingen, meuchelmörde-
risch umgebracht. Um dies Verbrechen zu büßen, ließ
er nicht weit von seinem neuen Schlosse Ilburg **),
auf ebenem Felde, einen großen steinernen Leuchter aufrichten, mit einem immer brennenden Lichte, theils zur
Verrichtung der Andacht, theils zur Bequemlichkeit und
Vergnügen der Reisenden. Er setzte vier und zwanzig
Mark Silber aus, damit von den Zinsen der heiligen
Jung-

*) Historische Nachrichten von Nordhausen S. 155.

**) Melissantes Beschr. der Bgsch. 615. und Paul Jovius
10. Leukf. antiq. Ilf.

Jungfrau zu Ehren, dieses immer brennende Licht, unter seiner Burg erhalten werden könnte, bestellte auch einige Religiosen, die Aufsicht darüber zu führen. Meibom gibt eine andere Ursach zur Stiftung dieses Klosters an. Er findet sie in der religiösen Ehrfurcht des Jahrhunderts für fromme Stiftungen *), und wenn Eilger, wie auch andre Schriftsteller sagen, ein frommer Mann war, so konnte allerdings der Geist des Jahrhunderts ihn zu solcher Handlung bestimmen. Der Zustand der Kirche war traurig, das Leben der Geistlichen nach der Schilderung des Bernhard a) abscheulich: „Die Hunde sind hurtiger, die Wölfe zu ergreifen, als die Geistlichen das Meßgewand, sie rasen, als wenn der Teufel selbst los worden wäre u. s. w. War es bei solchen Umständen einer frommen Seele zu verdenken, wenn sie, so viel sie konnte, dazu beitragen wollte, die Religion aufrecht zu erhalten? Wie verdienstlich war nach den Begriffen des Zeitalters eine solche fromme Stiftung? Es lassen sich übrigens beide Meynungen sehr wol vereinigen, und die religiöse Ehrfurcht für solche verdienstliche Stiftungen konnte die Folge jener Mordthat seyn. Ein jeder Mörder ist noch nicht gleich ein ganzer Bösewicht.

Dies ewige Licht gab seinem Sohne Eilger, dem Zweiten, Gelegenheit zur Stiftung des Klosters Ilfeld. Weil die Sache neu war, so gefiel sie, wie alles neue, und es fanden sich mehrere Neugierige, oder Religiöse hier ein, um das Licht der Heiden Jesum unter diesem Lichte anzubeten. Eilger, der Zweite, bemerkte dies

D 4

mit

*) Chron. Riddagsh. Tom. 3. Script. rer. germ. p. 348. pro religiosa huius seculi devotione.

a) Bernhard, Cluniacens. in Catal. Test. verit. lib. 14, p. 462.

mit Vergnügen. Die Geistlichen wußten die Gesinnungen des Grafen zu unterhalten, und Ideen in ihm zu erwecken, die, wenn sie realisirt wurden, für ihn verdienstlich, für sie aber nützlich wurden. Die römische Kirche hatte damals einen ergiebigen Handelszweig ausgemittelt, um die zurückbleibenden Geschenke der Kaiser und Fürsten zu ersetzen. Sie verkaufte Dornen von Christi Kreuze, Lumpen von dem Unterrocke der Jungfrau Maria u. dgl. Dieser Gewinnvolle Handel wurde durch die Kreuzzüge recht in Gang gebracht. Der Deutsche, der von jeher fromm, für Religion empfindsam war, kaufte begierig, und glaubte, was ihm vorgeschwatzt wurde. Keine Kapelle konnte eingerichtet werden, ohne diese Heiligthümer. Man zündete Lichter vor ihnen an, legte ihnen eine besondere Wirkung bei. Alles, was Pfaffenlist erdichten kann, und frommer Aberglaube für wahrscheinlich hält, wurde angewandt, diesen neuen Ankömmlingen Beifall und Verehrer zu verschaffen. Hier machten sie Kranke gesund, dort brachten sie gut Glück. Eilger, der Zweite, lebte mit seiner frommen Gemahlin — Weiber haben an frommen Stiftungen gewöhnlich den größten Antheil, ihre Ohren sind für die Geistlichen gefälliger, als die Ohren der Männer — zu einer Zeit, wo es beinahe ein Verbrechen war, solchen Wundergeschichtchen nicht zu glauben. Solche Wunder erzählte man nun auch von dem Lichte Eilgers. Die Erfindungskraft der Geistlichen, machte es endlich selbst zur kostbarsten Reliquie, die es vor allen andern verdiente, in einer besondern Kapelle aufbewahrt zu werden. Ja, man zählte schon die Wunder an den Fingern her, die das Licht verrichtet hatte. Kinder und Weiber glauben Wunder am leichtesten. Luthrade von den Geistlichen unterstützt, bestimmte ihren Gatten zur Stiftung eines heiligen Werks, das ihm sein Vater schon bezeichnet zu haben schien. Er wandte sich an den Kaiser Heinrich,

den

den Sechsten, und zugleich an seinen Lehnsherrn, Heinrich, den Löwen, und bat, daß man ihm vergönnen
möchte, dies Licht seines Vaters in eine besondere Kapelle einzuschließen. Wer versagt gern eine fromme
Bitte! Eilger erhielt, was er bat, und bauete das
Kloster Ilfeld, in der Hoffnung, von der Jungfrau
Maria, der es geweihet war, die Belohnung zu erhalten. Ein Schnitzwerk in der Kirche am Chor, zeigt
noch die Stellung an, da beide, Eilger und seine Gat-
tin, kniend und betend gegen einander über, vor ihrer
erbaueten Kirche liegen. Eilger ist hierdurch der Wol-
thäter vieler Menschen geworden. Mag doch die Religion, und der Werth derselben seyn, welcher er will,
so haben doch die Verehrer derselben allezeit mehr Gutes gestiftet, als ihre Verächter. Ilfeld ist noch jetzt
eine berühmte Schule, wo viele junge Leute zum Wohl
des Staats und der Kirche gebildet werden.

Die Mönche in Ilfeld waren Prämonstratenser,
ein Zweig des Augustiner-Ordens, die dem heiligen
Norbert, Erzbischof in Magdeburg, in seiner ange-
stellten Kongregation nachfolgen, und den Namen
von seinem ersten Aufenthalt Prato monstrato,
angenommen haben. Der Erzbischof von Maynz, zu
dessen Diöces dies Kloster gehörte, bestätigte dasselbe
1193 durch eine Bulle. Diese Prämonstratenser sind
bis auf die Reformation in dem Kloster geblieben.
Woher sie aber kamen, ist nicht gewiß, wahrscheinlich
kamen sie aus dem Kloster Polder, das etwa fünf
Stunden davon entfernt liegt, und in eben dem Jahrhundert, vom Norbert mit seinen Nachfolgern besetzt
worden war. Im Jahr 1223 bekam das Kloster
von Sigmund, dem Zweiten, in Maynz, das Privilegium, daß Familien, wenn sie Lust hätten, ihre Todten dahin begraben könnten. Dies wurde ein neuer
Erwerbungszweig für Ilfeld, das überhaupt durch

D 5

man-

manche Privilegien der Kaiser gegen Armuth gesichert war.

Es ist hier der Ort, etwas einzuschalten, was ich oben bei dem Religionszustande wissentlich übergangen habe. Meine gute Absicht wird dies Einschiebsel entschuldigen. Der Gebrauch, die Todten in die Kirchen zu begraben, kömmt aus dem vierten Jahrhundert. Seit des Kaisers Konstantin, des Großen, Zeiten, wurden die Kirchen prächtiger; er hielt es für unanständig, daß ein Kaiserlicher Pallast schöner seyn sollte, als ein Haus, worin Gott verehrt würde. Alles, was Reichthum und Macht vermochten, wurde an den Kirchen verschwendet. Da man schon die Erbauung derselben für verdienstlich hielt, so gewöhnten sich die Christen daran, große Summen dazu herzugeben *).

Konstantin bauete in Konstantinopel eine äußerst prächtige Kirche, zum Andenken der zwölf Apostel, zu deren Andenken er zwölf Kasten als heilige Säulen aufrichten ließ. Mitten unter sie ließ er seinen Sarg setzen, um nach seinem Tode noch Antheil an den Gebeten zu nehmen, die hier zur Ehre der Apostel verrichtet würden. Die Römer hatten in ihrem Gesetz der zwölf Tafeln **) weislich verboten, einen Todten in der Stadt zu begraben oder zu verbrennen, weil es der Gesundheit schädlich sey. Es ist überdem auch unanständig, Häuser, die zu feierlichen Versammlungen der Andacht bestimmt sind, zu Leichenhäusern zu machen. — Es bleibt nichts in der Welt unnachgeahmt. Auch Konstantin fand seine Nachahmer. Die Bischöfe waren nicht die letzten. Sie waren so keck,

sich

____

*) Schröckhs Kirchengesch. 5 Th. 2. Aufl. S. 126.

**) Livius erzählt die Entstehung dieser Gesetze, 3. B. Kap. 33 und 34.

sich dies Recht als Dienern des Altars ausschließungs-
weise zuzueignen.   Ihrem Beispiele folgten mehrere,
weil man es für ein Glück hielt, in einer heilig ge-
glaubten Erde, in einem Gebäude, wo Tag und Nacht
Gebete zum Allmächtigen aufgeschickt wurden, oder
doch so nahe als möglich an diesem Gebäude zu ruhen.
Man bezahlte für seine Ruhestelle, und nach der Summe des Geldes wurde ein naher oder entfernter Ort von
der Kirche angewiesen.   So entstanden die Kirchhöfe.
Noch ist muß für die Grabstelle bezahlt werden.   Es
ist thöricht, wenn man noch ist einem Verunglückten
oder Selbstmörder eine Ruhestelle auf dem Kirchhofe
versagt.   Ein ehrenvolles Begräbniß ist freilich sehr
schätzbar, und ein Selbstmörder verdient es nicht; aber
das ist doch zu weit gegangen, wenn so gar Prediger Bedenken tragen, einem solchen Unglücklichen eine
Stelle unter andern Todten anzuweisen. —

Seit Bonifaz Zeiten ist in Deutschland die
Sitte aufgekommen, die Todten in und an die Kirche zu begraben.   Auch die Opfer für die Todten sind
seit ihm eingeführt worden. — Die Geistlichen wusten
sich bald die Verrichtung dieser Todtenopfer oder Seelenmessen allein zuzueignen, und hatten daher eine er-
giebige Quelle ihrer Reichthümer, wie man aus der
folgenden Geschichte sehen wird.   Jeder Graf von
Hohenstein bezahlte reichlich für die Seelenmessen.
Was sonst noch von Ilfeld zu merken ist, wird unten
bey der Reformationsgeschichte vorkommen.

Sechstes

Sechstes Kapitel.

Von Eilger den Dritten, bis auf die beiden Linien Klettenberg und Heldrungen.

———

Ehe ich mich weiter in das Detail der Grafenge=
schichte einlasse muß ich zuvor folgendes erinnern. Die
Grafen regieren alle gemeinschaftlich. Von dem Erst=
geburtsrecht ist in dieser Zeit noch nichts bekannt. Der
älteste Bruder führt gewöhnlich das Direktorium, kann
aber ohne Beistimmung der übrigen Brüder nichts be=
schließen, verkaufen oder verschenken. Man findet da=
her in den Schenkungs= und Verkaufsbriefen alle Gra=
fen des ganzen Hauses angeführt. Selbst, da sie
sich in den Besitz der Länder theilten, wurde Hohen=
stein als Stammhaus gemeinschaftlich besessen, und je=
der führt den Titel davon mit dem Zusatz von seinem
Schloß, wo er residirte. Der Vater pflegte auch schon
bei seinen Lebzeiten seinen Söhnen gewisse Güter zu ihrem
Unterhalt anzuweisen, die Regierung hingegen blieb ge=
meinschaftlich. — Die folgende Geschichte ist freilich
sehr trocken, denn sie ist nichts als Namenverzeichniß
und dürre uninteressante Thatsachen. Ich werde daher
aus der Reichsgeschichte manches aufnehmen müssen,
theils, um die Dürre etwas zu mindern, vorzüglich
aber deswegen, damit die Fingerzeige, die in der Gra=
fen = Geschichte vorkommen, desto besser verstanden
werden.

Der Graf Eilger, der Zweite, ließ zwei Söhne
nach. Von dem einen, Friedrich, habe ich schon oben
geredet. Der zweite, Eilger, der Dritte, hat den
Stamm fortgesetzt. Er hat bis 1219 regiert. Seine
Lebenszeit fällt in die unruhige Regierung Kaiser, Phi=
lipps von Schwaben, und Otto, des Vierten, von

Braun=

Braunschweig, Heinrich, des Löwen, Sohn, der erste
war ein Hohenstaufe, der andere, ein Welf, beide
Häupter, dieser mächtigen Parteien, die kein größeres
Vergnügen zu kennen schienen, als das sich wechselweise
zu verfolgen. Diese unglücklichen, für Deutschland
höchst traurigen Zerrüttungen in der Regierung hatten
auch in Hohenstein ihre Folgen, diese Gegend war oft
der Tummelplatz, und der gewönliche Durchgang Otto's
nach Thüringen, gegen Hermann den Ersten, Philipps
treuen Anhänger. Hermann wurde genöthigt, Philipps Partei zu verlassen, aber nun erschien dieser, und
nöthigte die Anhänger Ottos sich zu ihm zu halten.
Nach Philipps Ermordung durch Otto von Wittelsbach erkannten die Fürsten zu Halberstadt, den Otto für
ihren Kaiser, welcher sich darauf in Nordhausen mit
Philipps Tochter vermählte. Obgleich Otto, der Lehnsherr Eilgers war: so hielt er es doch mit Philipp, von
Schwaben, und nach Urkunden, die 1204, im Lager
vor Weißensee gegeben worden sind, war er bei der
Belagerung zugegen. Nach Philipps Ermordung 1208
trat Eilger, mit den übrigen Fürsten auf Otto's Seite,
und war 1212 ein Gast auf dem prächtigen Beilager
desselben in Nordhausen. Hier übergab er dem Kaiser
die Vogtei des Dorfes Roth: die er von dem Reiche
zum Lehn hatte. Der Kaiser beliehe damit den Abt in
Walkenried, dem schon das ganze Dorf gehörte *).
Als Otto mit Pabst Innocenz, den Dritten, Erfinder
des schrecklichen Inquisitionsgerichts wegen einiger Güter
in Italien zerfiel; ließ sich Hermann in Thüringen und
Siegfried von Maynz nebst mehrern andern Fürsten
bereden, den Otto auf einer Versammlung in Naumburg abzusetzen, und Friedrich, den Zweiten, auf den
Thron zu erheben. Eilger, der Dritte, trat auf Friedrichs Seite, und verließ seinen Lehnsherrn. Ohnstreitig

*) Paul Jovius, S. 15.

tig waren es seine politischen Verhältnisse gegen den
Landgraf und den Erzbischof, die ihn nöthigten, eine
Partei zu ergreifen, die er verabscheuete. Dies läßt
sich daraus schließen, daß Otto ihm dielehen ließ, auch
dem eigentlichen Hohenstein wenig beschwerlich fiel, da
er doch Klettenberg und Lohra, die damals noch nicht
zu Hohenstein gehörten, sehr übel behandelte. Klugheit eines Regenten schützt oft ein schwaches Land gegen Gewaltthätigkeit. Im Jahr 1217 kommt Eilger noch einmal vor, da er für Walkenried ein Gut
zu Ottstedt, und einige andere zu Urbeck kaufte, und sie
dem Kaiser Friedrich, den Zweiten, übergab, mit der
Bedingung, sie dem Kloster einzuverleiben. Walkenried hat sowol diese Güter, als auch diejenigen, die
Eilger 1219 für dasselbe kaufte, als Reichslehn besessen. Friedrich bestätigte alle Schenkungen Eilgers an
das Kloster, auf dem Reichstage in Goslar, wo Eilger mit seinen beiden Söhnen zugegen war, und für
die Gefälligkeiten des Kaisers, dem Reiche eine Hufe
Land zu Sunthausen zum Lehn auftragen mußte.

Eilger starb 1219. Seine Gemahlin war Oda,
Graf Burkhard, des Fünften, von Querfurt, Tochter *), die zwei Jahr vor ihm starb. Eilger, der
Dritte, hatte vier Söhne und einige Töchter. Ich
will zuerst von denen, die keine Nachkommen hinterlassen haben, das, was ich habe auffinden können, und
dann die Geschichte Dietrichs, des Zweiten, erzählen.

Von Heinrich, den Ersten, habe ich nichts finden
können, als daß er 1223 in Nordhausen, mit seinem
Bruder Dietrich, einer Versammlung mehrerer Fürsten, die der junge römische König, Heinrich, Friedrich,
des Zweiten, Sohn, veranstaltete, beiwohnte **).

Nach

*) Spangenberg Querf. Chron. 3. B. 12. K.

**) Historische Nachr. von Nordhausen. S. 377.

Nach einigen Urkunden hat er mit seinem Bruder ge=
meinschaftlich regiert, und seine Residenz in der Ge=
gend von Allstädt und Nebra gehabt. Nach dem
Jahre 1229 wird seiner gar nicht mehr erwähnt. Von
Eilger den Vierten, ist noch weniger zu merken. Der
vierte Sohn, Eilger der Fünfte, war ein Geistlicher.
Er lebte anfangs als Canonikus in dem Erzstift Mag=
deburg, und hernach als Domprobst in Goslar. Sei=
ne Begierde zu den Wissenschaften bewog ihn, nach
Paris zu gehen. Hier studirte er die Theologie, und
trat in den Predigerorden zu St. Jacob. Er fand an
dieser Lebens** so viel Geschmack, daß er seine deut=
schen Präbenden aufgab, und als Mißionarius auf Be=
fehl seiner Obern umher reiste. Auf diesen Reisen
kam er mit zwei Brüdern seines Ordens, Marcellus
Tangeln und Albrecht von Meißen 1229 nach Er=
furth, und fand Gelegenheit durch Vorschub einiger
wolthätigen Leute, einen Hof, nahe an der St. Paul=
kirche zu kaufen, wo er einen Prediger=Convent errich=
tete, dessen Prior er wurde *). Im Jahr 1235 stif=
tete der Landgraf in Thüringen, Heinrich Raspo, ein
Predigerkloster zu Eisenach. Eilger schickte sogleich ei=
nige Geistliche aus seinem Convent dorthin, um den
Gottesdienst zu verrichten. Dies gefiel dem Landgra=
fen so sehr, das er das folgende Jahr, da das Kloster
ganz eingerichtet war, Eilgern nach Eisenach berief,
und ihn zum Prior dieses neuen Klosters ernannte,
welches er zur Ehre Johannis und der Elisabeth ein=
weihete **). Eilger stand bei dem Landgrafen so sehr
in Ansehen, daß er ihn zu seinem Beichtvater und
Geheimdenrath wählte. Diese beiden Würden waren
sonst oft in einer Person vereinigt. Eilger begleitete,
in dieser Würde, den Landgraf nach Frankfurt, wo die=
ser

*) Paul Jovius S. 18.
**) Oléar. Syntag. rer. Thur. p. 64.

ser zum Gegenkönig Friedrich, des Zweiten, gewählt wurde. Eilger starb in Frankfurth 1242. Er soll manche richtigere und reinere Begriffe in der Religion gehabt haben, als seine Zeitgenossen vertragen konnten. Wenn dies wahr ist: so ist es auch wahrscheinlich, daß ihn ein Giftpulver in die andere Welt schickte, wie man erzählt. Er hatte dann das Schicksal, das viele hat, ten, die vor Luthern eine Reformation wünschten, oder vielmehr es wagten, zu reformiren. Die Augen der Völker konnten noch nicht ein helleres Licht ertragen. Es gehört zu dem Plan der Vorsehung, durch eine Reihe von Umständen, zu wichtigen Begebenheiten vorzubereiten. — Eine Tochter Elger, des Dritten, ist als eine berühmte Stickerin in dem Kloster Rohr, im Hennebergischen, bekannt. Die zweite Bertradis erscheint im Jahr 1242, unter dem Namen einer Gräfin von Beltiz.

Dietrich, der Zweite, Eilger des Dritten, erster Sohn, hat den Stamm fortgesetzt. Er war mit einer Gräfin von Arz, Hedwig, vermählt. Einige wenige Begebenheiten sind von ihm zu finden. Er machte sich, wie mehrere Grafen, um ihrer Seelen-Heil zu gründen, um die Klöster verdient: besonders hat Walfenried manches von ihm erhalten. Im Jahr 1242 beliehe ihn der Erzbischof in Maynz, Siegfried, mit sieben Hufen Landes in Oberspira erblich. Hierauf erscheint er als Friedensrichter zwischen den Herrn von Klettenberg, und dem Kloster Walkenried. Der Aebtissin in Frankenhausen verkaufte er sein Eigenthum zu Helmbrechtsdorf für vierhundert Mark Silber. Das merkwürdigste ist, daß er Ellrich und Stauffenburg durch Kauf an sich brachte. Das Schloß Staufenburg war sonst ein Witwensitz, und im vierzehnten Jahrhundert residirte hier die Herzogin von Braunschweig, Elisabeth, des Grafen von Stollberg Bodo,

Toch=

des Siebenten, Tochter, und Witwe des Herzogs
Wilhelm, des Jüngern, von Braunschweig. Sie ist
die Mutter der Herzoge Heinrich und Erich, Stifter
der beiden Braunschweigischen Linien *). Wegen Ellrich muß ich noch erinnern, daß man im dreizehnten
und vierzehnten Jahrhundert einige Namen in der Geschichte erwähnt findet, mit dem Zusatz: von Ellrich.
Heinrich von Ellrich (um nur einen statt Mehrere anzuführen) wird 1240 als Zeuge angeführt, als Fi-
mold, Abt des Cisterzienser Nonnenklosters, am Frau-
enberge in Nordhausen, einen Holzfleck zu Salza
kaufte. Ich halte übrigens diese Herren von Ellrich für
bloße Bürger, oder höchstens niedere Adeliche: denn
die Beinamen von Städten, Schlössern und Dörfern,
waren üblich und zur Unterscheidung nothwendig. Nun
ist aber die Frage: von wem hat Dietrich diese Güter
gekauft? Nach mehrern Umständen zu schließen, kaufte
er sie von den Grafen von Beichlingen, die mehrere
Güter in dieser Gegend hatten, als Günzerode, Liben-
rode u. s. w. Sie trugen diese Güter von den Landgrafen in Thüringen zum Lehn, und verkauften sie
wahrscheinlich mit Einwilligung des Lehnsherrn, sonst
würde der Verkauf nicht gültig gewesen seyn.

An das Kloster Walkenried schenkte Dietrich einige Güter und Ländereien in Nohra **). Er starb
1248, und ließ folgende Kinder nach: Heinrich und
Eilger, der Sechste, und eine Tochter, Sophia, Ge-
mah-

*) von Rohr Beschr des Oberharz; S. 342 u. 152.

**) Von solchen Schenkungen, oder Verkauf kommt es her,
daß oft dies oder jenes Gut seine Zinsen an entfernte,
ja oft ausländische Aemter und Stifter entrichten muß.
Ich habe nie Gelegenheit gehabt, von allen die genausten
Nachrichten einzuziehen; von einigen aber ist es mir bekannt.

E

mahlin, Graf Heinrichs zu Schwarzburg, welche im
Jahr 1258 als Witwe, ihrem Bruder Heinrich, ihre
Schlösser Kirchberg und Erich mit den dazu gehörigen, an der Unstrut liegenden Ländereien übergab, ihre übrigen Güter, die sie von den Aebten in Fulda und
Hirschfeld zum Lehn hatte, fielen an die Lehnsherren
zurück. Es ist mir wahrscheinlich, daß selbst Heinrich
diese ihm übertragenen Güter als Fuldaische und Hirsch-
feldische Lehn besessen hat. Von Eilger, den Sechsten
ist nichts merkwürdiges zu finden. Daß er Domprobst des Stifts zum heiligen Kreuz in Nordhausen
gewesen sey, ist falsch. *).

Heinrich, der Zweite, Dietrich, des Zweiten,
ältester Sohn, hat den Stamm fortgesetzt. Zuerst
machte er sich durch fromme Handlungen bekannt, d. h.
er schenkte zur Ehre Gottes und zum Trost der Seele
seines Vaters, und seiner eigenen, dem Kloster Walkenried einige Güter. Von seiner Schwester Sophia,
hatte er einige Güter erhalten, wofür er aber sechshundert Mark Silber bezahlte. Von dem Ritter Ku-
nemund von Sondershausen, brachte er einige Güter
in Eversborn und Leubach an sich; die er aber wieder an Walkenried verkaufte. Im Jahr 1268 verkaufte er noch einige Güter an das Kloster, in der Absicht,
um für das Geld die erkauften Güter, Klettenberg,
Spatenberg, Erich und Kirchberg zu bezahlen. Weil
er es mit Albrecht, dem Unartigen hielt, wie ich nachher erzählen werde: so erlaubte ihm dieser, in Greußen
eine Burg zu bauen, und belehnte ihn mit Spaten-

berg

---

*) Paul Jovius S. 21 irrt hier, denn der Eilger, den er
zum Domprobst macht, war Eilger, der Siebente, ein
Sohn Heinrichs, des Zweiten. Wenn man S. 21 und
25 vergleicht: so widerspricht er sich selbst. — Histor. Nachr
von Nordh. S. 155.

berg *) und andern Gütern 1263. Heinrich vermehrte also sehr die Besitzungen seines Hauses. Merkwürdiger, als dies ist die folgende Geschichte, die uns einen
Weg zeigt, den die Grafen gingen, um sich Ansehn zu
verschaffen. Heinrich lebte zu den Zeiten der großen
Unruhen in Deutschland, in welchen Deutschlands neue
Verfassung gegründet wurde, und die Fürsten ihre all-
mälig angemaßten Rechte, als wirkliches Eigenthum
von den Königen bestätigt erhielten. Auch Heinrich
vergas sich nicht. Die neuerlangten Rechte werden
bald sichtbar werden. Kaiser Friedrich, der Zweite,
der sich meistentheils in Italien aufhielt, wo der Schauplatz seiner Handlungen war, überließ die Regierung in
Deutschland, seinem Prinzen Konrad, den Vierten,
unter der Aufsicht einiger Minister. Daraus entstanden große Unruhen, die allgemeines Misvergnügen ver-
breiteten, das durch die Ankunft der Tatarn in Schlesien **) und ihre Drohungen noch vergrößert wurde.
Pabst Klemens, der Vierte, verschafte sich endlich die
grausame Freude, den letzten Zweig des mächtigen Hohenstaufenschen Hauses, Konradin, für die Fehler seiner Väter, da er selbst noch keine begangen hatte, blu-

E 2

ten

*) Spatenberg ist ein Berg bei Sondershausen. Hier stand
ein Schloß gleiches Namens, vom Kaiser Heinrich, den
Vierten, im Jahr 1073 erbauet, das oft zerstöhrt und oft
erneuert wurde. Zu Kaiser Adolfs Zeiten 1293 ist es zum
letztenmale erneuert. Jezt sind nur noch einige Rudera
zu sehen. — Kirchberg lag zwischen Lohra und Straußberg, und hatte seine eigene Grafen, die man aber nicht
mit den Burggrafen von Kirchberg verwechseln muß, die
bei Jena ihren Sitz hatten. Das alte Schloß Straußberg gehört nebst dem Amte nach Rudelstadt. Es liegt
zwei Meilen von Nordhausen. Es gehören dazu Wolf-
ramshausen, Steinbrücken u. s. w.

**) Geschichte von Schlesien, vor 1740 und nach 1740 im
ersten Theil.

ten zu sehen. Wilhelm, von Holland, der Erste, bestieg den Thron. Er war in derselben Lage, worin sein
Nachfolger Richard von England gewesen ist. Beide
mußten, um ihren Thron zu behaupten, sich um die
Gunst der großen Vasallen bewerben, und sie durch Freiheiten und Privilegien zu gewinnen suchen. Ein schädlicher Zustand für die Verfassung eines Landes! Jezt
griff jeder um sich, und nahm, was er konnte. Da
jeder seine Dienste verkaufte: so bot er sie dem an, der
am besten bezahlte. Die Könige schienen zu wettei-
fern in Absicht dieses Kaufs. Graf Heinrich spielte
hierbei seine Rolle so gut, als ein kleiner Reichsstand
es kann. Gewöhnlich hielt er sich zu der Partei, die
die Landgrafen in Thüringen ergriffen. Hierdurch erhielt er manche Vortheile, die zu klein sind, um sie namentlich anzuführen; aber groß genug, um ihren Einfluß auf das Ländchen unverkennbar zu machen.

In dem bekannten thüringischen Erbfolge-Kriege
hielt es Heinrich mit dem Markgrafen in Meißen, Heinrich, dem Erlauchten. Heinrich Raspo, der letzte von
der ersten landgräflichen Linie, ließ sich von dem Pabst
für fünf und zwanzigtausend Mark Silbers *) erkaufen, einen Gegenkönig Friedrich, des Zweiten, abzuge-
ben. Sein Ehrgeiz verwickelte ihn in einen Krieg, der
ihm das Leben kostete. Er starb den 17. Febr. 1247.
Mit ihm erlosch sein Stamm. Die Grafen von
Hohenstein, die wegen einiger Güter, Vasallen der
Landgrafen waren, hatten besonders Antheil an dem
Streite. Heinrich, der Erlauchte, der vorzüglichste
Prätendent der Erbschaft, hielt 1250 zu Buttstedt einen

*) Becherer Thür. Chr. S. 273. saat funfzigtausend Thaler;
es müste also die Mark zu zwei Thaler gerechnet werden.
Merkwürdig ist, daß hiebei das Wort: Wexil — Wechsel —
vorkommt.

nen Landtag, wo auch unser Heinrich erscheint, und ihm Treue und Beistand zur Behauptung seiner Rechte gelobt a). Thüringen kam jezt an Meißen, und Hessen an Heinrich, das Kind, der Sophie von Brabant, Raspo's Bruders Tochter Sohn, der, vielleicht wegen seiner Ansprüche auf Thüringen, den landgräflichen Titel auf Hessen brachte, der aber erst unter Rudolf von Habsburg allgemein wurde. Weil die neue landgräfliche Linie in der Folge die Kurwürde erlangte: so ist es begreiflich, wie die Kurfürsten von Sachsen in der Folge bei der Hohensteinschen Geschichte interessirt sind. — Ich habe schon oben erwähnt, daß die Landgrafen in Thüringen seit dem Herman auch die Pfalzsachsen in Astädt besessen haben, und also auch die davon abhängenden Rechte und Lehen. Die Grafen von Hohenstein waren wegen einiger Güter in der goldenen Aue, Vasallen dieser Pfalzgrafen. Kaiser Friedrich, der Zweite, hatte Heinrich, dem Erlauchten, die eventuelle Belehnung über Thüringen, schon längst ertheilt, jezt, da er den wirklichen Besitz erlangte, mußten die Grafen von Käfernburg, Hohenstein, durch einen ausgestellten Revers *) ihn für ihren Herrn erkennen, und versprechen, ihm treu zu seyn, und ihn zu schützen **). Sie mußten die Lehen, die sie von der vorigen landgräflichen Linie gehabt hatten, auch wieder von ihm nehmen.

E 3

Von

a) Heinrich, der Erlauchte, hielt 1248 ein sehr prächtiges Tournier bey Nordhausen, wozu er alle benachbarte Grafen einlud. Er ließ in einem dazu zubereiteten Garten einen Baum aufrichten, mit goldenen und silbernen Blättern als Belohnungen. Diesen Ueberfluß an Golde gaben ihm die Bergwerke in Freiberg.

*) Heldenreich Schw. Gesch.

**) Heinrich Sächs. Gesch.

Von Albrecht, dem Unartigen, der seinen Söhnen, Friedrich mit der gebißnen Wange, und Diezman zum Aerger, manches Gut verschenkte, erhielt er Greusen, wie oben gesagt ist, und beschenkte so gleich Ilfeld mit dem Patronatrecht der Kirche daselbst. Es findet sich noch ein Originalschreiben des Erzbischofs Gerlach von Maynz, in Heiligenstadt auf dem Eichsfelde abgefaßt, worin er diese Schenkung bestätigt. Die Aebte in Ilfeld übten auch das Patronatrecht aus, bis es an die Fürsten von Schwarzburg Sondershausen gekommen ist, die es noch jezt besitzen. In den Unruhen Albrechts mit seinen Söhnen hielten es die Grafen von Hohenstein, Schwarzburg, Stollberg anfangs mit Albrecht, hernach aber mit Friedrich dem Gebissenen *). Denn als König Adolf von Naßau, Thüringen für zwölfhundert Mark Silbers von Albrecht kaufte: so widersprachen nicht blos Albrechts Prinzen, sondern auch Städte, Ritterschaft und Vasallen, die sich bei einem kleinen Herrn besser befanden, als bei einem Großen. Heinrich, der Zweite, wurde also von seinem eigenen Interesse aufgefordert, mit andern Grafen die beiden Brüder zu unterstützen. Sie betrachteten diese Prinzen als wirkliche Erbherren. Ueberdem waren sie ihres Vasalleneides noch nicht entlassen. Sie hielten deshalb mit dem Herzog, Heinrich von Braunschweig, eine besondere Zusammenkunft. Adolf rückte mit seinem Heer in Thüringen ein, nahm Eisenach weg, und verheerte die Güter der Adelichen. Hierauf ging er nach dem Harzwalde zu, eroberte Eisleben, und griff dann die Grafen von Stollberg, Hohenstein und Schwarzburg an, und plünderte acht Tage hintereinander ihre Länder. Ein gleiches Schicksal hatte Beichlingen, Heldrungen und Schlotheim. Adolfs Soldaten waren so ungezogen, daß sie die ärgsten Schandthaten

*) Sinhard Thür. Chr. S. 276.

thaten ungestraft begingen. Kein Stand, kein Alter war für sie zu heilig. Zu Gangloff Sömmern fanden sie ein altes Weib, welches sie nackt auszogen, mit Wagentheer beschmierten, in Federn herumwälzten, und in dieser Gestalt an einem Strick als ein ausländisches Thier umher führten, und so lange neckten, bis das arme Weib entkräftet dahinsank.

Einige Große, besonders Dietrich, der Dritte, von Hohenstein, der mit seinem Vater gemeinschaftlich regierte, that zwar dem Adolf Vorstellungen dagegen, erhielt aber zur Antwort: er könne seine Soldaten nicht im Sacke haben. Adolf mußte freilich seinen Soldaten schon einige Ausschweifungen zu gute halten: denn treue Diener bei einer wenig gerechten Sache zu haben, erfordert Gelindigkeit und Nachsicht. Die Hohensteiner sowol, als andere Uebelbehandelte griffen daher die Kaiserlichen an, wo sie sie fanden, und nachdem sie dieselben entmannt hatten, sangen sie allerlei lustige Lieder auf sie. Adolf bestellte einen gewissen Herrn von Bremberg, der die Grafen in Zaum halten sollte; diese aber verbanden sich gegen ihn, richteten jedoch nichts aus, bis endlich die Unruhen beigelegt, und Friedrich, der Gebissene, Besitzer seiner Länder ward.

Heinrich, der Zweite, fing im Jahr 1248 mit Albrecht, dem Zweiten, von Schwarzburg, eine Fehde an, die nichts geringeres zur Absicht hatte, als die Besitznehmung von Sondershausen. Doch dies war seinem Sohn, Dietrich, vorbehalten.

Die Herren von Klettenberg waren damals ausgestorben, und Heinrich, als Mitbelehnter von Halberstadt, brachte diese Herrschaft 1260 an sein Haus. Von dieser Zeit an, spielten nun die Grafen von Ho-

hen-

henstein eine ansehnliche Rolle. Verändertes Verhältniß verändert auch das Interesse. Nunmehr nannten
sie sich Grafen von Hohenstein, und Herren von Klettenberg , und übten die Rechte über Walkenried, in deren Besitz dies Herren von Klettenberg waren. Der
Kloster-Convent erkannte Heinrichen für den Schutz-
Vogt, und bat um die Bestätigung der Güter, die bis
jezt an das Kloster geschenkt worden waren. Ich werde zu seiner Zeit in einem besondern Kapitel von
Klettenberg handeln. Das Ende seines Lebens bezeich-
nete Heinrich mit Wohlthaten gegen die Klöster, und
hofte durch das Gebet der Cisterzienser Nonnen in
Kelbra, denen er 1277 einige Revenüen geschenkt
hatte *), und durch die Messen der Walkenriedischen
Mönche einen ruhigen Uebergang in die Ewigkeit. Er
starb 1283 in einem hohen Alter.

Heinrich hatte mit seiner Gemahlin Mechtilde, einer Tochter Graf Ulrichs von Reinstein, oder wie
andere sagen, Burkhards von Lutterberg, fünf Söhne
und fünf Töchter erzeugt. Man sehe die Tabelle. Ich
nehme die minder merkwürdigen Söhne zuerst. Eilger, der Siebente, war Domprobst in Nordhausen **).
Eilger, der Achte, war Canonikus in Magdeburg, und
nachher Abt in Ilfeld. Ulrich ist nur dem Namen nach
bekannt.

Die beiden Brüder, Dietrich der Dritte, und
Heinrich, der Dritte, blieben allein in dem Besitz der
väterlichen Güter, die sie ungetheilt regierten. Es ist
wahrscheinlich, daß Heinrich, der Zweite, diesen beiden
Söhnen Spatenberg, Erich, Kirchberg und Greußen
noch

*) Leuff. Hist. Beschr. einiger in der goldenen Aue gelegenen
Orte, C. 4. §. 6.

**) Hist. Nachr. von Nordh. S. 155.

noch bei seinen Lebzeiten abgetreten hatte. Sie scheinen es, wenigstens im Anfange, wie ihr Vater mit
Albrecht dem Unartigen, gehalten zu haben, weil er sie
zu Tullstädt, ohnweit Tonna, mit diesen Gütern, wegen ihrer treuen Dienste beliehen hat. Seit der oben
(1282) erwähnten Zusammenkunft aber mit dem Herzoge von Braunschweig verließen sie Albrechts Partei,
wie schon oben gesagt ist. In allen folgenden Handlungen erscheinen beide Grafen zusammen: nämlich,
als sie einen Streit zwischen dem Kloster Walkenried,
und dem Herrn von Tettenborn beilegten; als der
Domprobst Eberwin in Jechaburg ihnen fünf Hufen
landes vor dem Dorfe Hausen für drei Hufen vor
Hohenebra gab; als 1298 Mechtild von Witzleben ihnen ihre Güter in Nohra übergab, und sie wiederum für sich und ihre Söhne, von ihnen zum Lehn
nahm; als sie 1305 von dem Prior des Klosters Gerrode zu Schutzherren gewählt wurden.

Heinrich, der Dritte, ist noch wegen einer Fehde
bekannt, die er, und sein Schwiegersohn, Heinrich, der
Erste, von Beichlingen mit dem Abt von Fulda, Heinrich von Wildenau führte *). Sie fielen in das Fuldaische ein, und plünderten nach Fehdenrecht manches
Dörfchen. Allein der Abt hatte sich so gut gerüstet,
daß sie übel empfangen wurden. Beide Grafen geriethen nebst mehreren vom Adel, in die Gefangenschaft,
und musten ihre Freiheit für ansehnliche Summen erkaufen. Der Graf von Beichlingen verkaufte daher
seinen bisherigen Antheil an der Herrschaft Lohra
an die Grafen von Hohenstein. Die Adelichen, die
sich ihre Freiheit auch hatten erkaufen müssen, nahmen
E 5 dies

*) Becherer Thür. Chr. S. 316. Jovius 28, u. Script. rer.
Brunf. 2. Tom. p. 1124.

dies so übel, daß sie nun den Graf Heinrich, als den Urheber ihres Unglücks befehden wollten: vermuthlich hatte er die Fehde angefangen. Heinrich von Beichlingen, der jezt auch seinen Verlust fühlte, trat zu der Partei der Adelichen. Diese Fehde wurde endlich durch den Ausspruch des Grafen Friedrich von Ravenswalda und Bertoch von Schlotheim so beigelegt, daß Graf Heinrich den Rittern den Schaden zu ersetzen versprach. Heinrich, der Dritte, starb 1306, und ließ seine Gemahlin, Jutta von Ravensberg, mit zehn Kindern nach. Siehe Tab. Weil Heinrich, des Dritten, Stamm in seinen Söhnen ausgestorben ist: so will ich ihre Geschichte zuerst erzählen, und dann das übrige von Dietrich, dem Dritten, der den Stamm fortgesetzt hat, nachholen. Von den Töchtern ist wenig bekannt, so, wie von dem jüngsten Grafen Otto, der als Mönch in das Kloster Walkenried ging. Dietrich, der Vierte, wird nur einigemale als Zeuge, bei unbeträchtlichen Handlungen angeführt. Sein Tod wird eben so unzuverläßig in das Jahr 1329 gesezt, als unzuverläßig ihm eine Gräfin von Waldeck zur Gemahlin beigelegt wird. Er starb ohne Erben. Sein Bruder Heinrich, der Fünfte, nahm die Länder an sich. Beide Brüder hatten sich 1312 von ihren Vettern erblich abgetheilt, und in dieser Theilung Kirchberg, Straußberg, Sondershausen, Erich, Greußen, und was sonst diesseits der Wipper lag, mit allen Zubehörungen erhalten. Alles dies bekam nun Graf Heinrich, der Fünfte, allein.

Nach der oben angeführten Erbabtheilung residirte Heinrich, der Fünfte, zu Straußberg, und erscheint nun unter dem Namen Graf von Hohenstein und Herr zu Straußberg. In der Folge verlegte er seine Residenz nach Sondershausen, und von da nannte er sich oft schlechtweg Herr von Sondershausen. In Rücksicht

sicht seines Vettern, Heinrich, des Vierten, wird er Heinrich der Jüngere, genannt.

Heinrich, der Fünfte, hatte mit ben Herren von Furra wegen der Gränze und der Gerichte einen Streit, den der Landgraf Friedrich, der Freudige, auf einem dazu angesetzten Tage in Eisenach entschied, so, daß Heinrichs Gränze und Gerichte sich bis an das Dorf Furra erstrecken sollten, weil sein Recht das gegründeste sey. J. J. 1317 kaufte er einige Güter in dem Dorfe Trebern. In dem Streit Albrecht, des Unartigen, mit seinen Söhnen scheint Heinrich und sein Bruder auch auf des erstern Seite gewesen zu seyn: denn Friedrich weigerte sich, ihnen einige Lehngüter aufs neue zum Lehn zu geben, und nur durch Vermittelung einiger Grossen, ließ sich Friedrich 1319 zu Gotha willig finden, ihnen die streitigen Lehngüter, besonders Almenhausen, das Hals- und Vehmgericht zu Wechmar *), Arnsburg, die Wildbanen auf der Hainleiten, Spatenberg u. s. w. aufs neue zu geben. Dagegen trugen sie dem Landgrafen das Schloß Wallhausen, Dennstedt, ihre Schlösser und Häuser zu der Sachsenburg auf, und nahmen sie wiederum von ihm zum Lehn. Von dieser Zeit an hielt sich Heinrich beständig zu den Landgrafen, und hatte daher manche kleine Vortheile: denn sein Theil an der Grafschaft, lag ben Ländern des Landgrafen

*) Feimstadt oder Vehmgericht war eine besondere Gattung von peinlichen Gerichten, die wahrscheinlich Karl, der Große, angeordnet hatte. Sie waren eine Art von Inquisitionsgerichten. Ihr Endzweck war die Ausbreitung und Erhaltung der christlichen Religion, und die Bestrafung der gegen dieselbe begangenen Verbrechen. Die Mitglieder und die Verfassung war ein Geheimniß, und nur die Könige und einige ihrer Bedienten waren davon unterrichtet. Das Verfahren war oft sehr summarisch. Von Günderode 1 B. S. 227. von Posselt.

sen am nächsten, und war meistentheils ein Thüringisches Lehn. Heinrich vermehrte seine Besitzungen durch Ankauf einiger Ländereien von den Herren von Helbrungen, z. E. Hermanstadt, Gelling und Hachelbach; 1328 kaufte er von Günther von Wullerstedt dessen Antheil an Schlotheim. Schlotheim gehörte größtentheils den Herren von Schlotheim oder Schlune, die es von Fulda zum Lehn trugen: auch diese Herren verkauften unter gewissen Bedingungen das, was ihnen an der Stadt zustand, an den Graf Heinrich. Zur Sicherheit der Zahlung setzte Heinrich das Gut Alerberg zum Unterpfande.

Heinrich, der Fünfte, wurde 1335 in eine Fehde verwickelt, die aber zu seinem Unglück ausfiel. Der damalige Erzbischof von Maynz wollte die Stadt Erfurth züchtigen, weil sie sich seiner Wahl widersetzt hatte, und ihn nicht huldigen wollte. Der Erzbischof Balduin zog mit Hülfe des Landgrafen Friedrich, des Strengen, vor die Stadt. Die Erfurther aber fanden Mittel, sich mit dem Erzbischof auszusöhnen. Weil Heinrich die Erfurther gegen den Erzbischof unterstützt hatte, so zog nun dieser in seine Länder, und that viel Schaden, indem er manches Dorf abbrannte *). Durch diese Fehde gerieth Heinrich so in Schulden, daß er seinen Vettern von Hohenstein und Konraden von Wernigeroda das Schloß und die Stadt Blankenberg, Greußen u. s. w. für zweitausend siebenhundert sieben und siebzig Mark Silbers verpfändete. Ueberdem überließ er Schlotheim an die beiden Grafen von Schwarzburg, Günther und Heinrich, wiederkäuflich für zweitausend und zweihundert Mark, um eine Fehde führen zu können, wozu er sich mit dem neuen Erzbischof von Maynz, Heinrich, und den beiden Grafen von Schwarzburg anheischig gemacht hatte. Diese Fehde
galt

*) Erangenb. Mansf. Chr. S. 333.

galt den Eichsfeldern. Im Jahr 1347 gab ihm Friedrich von Beichlingen die Schlösser Rothenburg, Kif-
hausen, Wallhausen u. s. w., auf lebenslang.

Merkwürdiger, als dies, ist d e r E r b v e r e i n
und E r b v e r b r ü d e r u n g , welche, Heinrich, der
Fünfte, mit seinen beiden Schiegersöhnen, Heinrich
und Günther von Schwarzburg im Jahr 1347, den
11ten April errichtete. Schon 1325 hatten sie sich
verglichen, daß die beiden Grafen von Schwarburg die
Hälfte von Heinrichs Gütern nach seinem Tode erben
sollten. Jezt erkannten die Grafen von Schwarzburg
ihren Schwiegervater für ihren Vormund, und setzten
alle ihre Güter in die Verbrüderung; ein gleiches that
Heinrich. Besonders kam hier die Herrschaft Sondershausen in Anspruch, die seit Dietrich, dem Zweiten
an die Grafen von Hohenstein gehörte. Der landgraf, Friedrich, bestätigte diese Erbverbrüderung zu
Eisenach, und um völlige Sicherheit zu haben, wandten sich die Vereinten an Kaiser Karl, den Vierten,
dessen Partei sie ergriffen hatten, wie ich hernach erzählen werde, und erhielten von ihm die Bestätigung im
Jahr 1349. Als nun Heinrich 1356 starb, so nahmen die Grafen von Schwarzburg und Arnstadt Sondershausen im Besitz. Die andern Grafen von Hohenstein waren darüber höchst unzufrieden, und wollten ihre Rechte nicht aufgeben. Es entstand eine Fehde, die aber noch bei Zeiten durch die landgrafen Friedrich und Balthasar zu Weißensee beigelegt wurde.
S o n d e r s h a u s e n blieb a n S c h w a r z b u r g,
nebst einigen Dörfern in der goldenen Aue; das
Uebrige fiel an seine Vettern von Hohenstein. Die Güter des Klosters Ilfelds, die disseits der Wipper lagen,
blieben mit der Jagd auf der Hainleiten an Schwarzburg. Die Vogtei über Ilfeld und Nordhausen aber,
nebst den Jagden am Harze fielen an die Grafen von
Hohenstein.

Von

Von dieſer Zeit an findet man Heinrich, den Fünften, in Kaiſerlichen Dienſten. Er war Geheimder=Rath mit einem Gehalte von dreyhundert Schock Prager Groſchen. Er heißt daher oft Kaiſer Karls Voigt. In den Unruhen, die aus der Wahl Günthers, des Ein und zwanzigſten, von Schwarzburg zum römiſchen König, gegen Karl, den Vierten, entſtanden, hielt es Heinrich, der Fünfte, nicht nur mit Karln, ſondern er brachte auch ſeine beiden Schwiegerſöhne, Günther und Heinrich von Schwarzburg, des neuen römiſchen Königs nächſte Unverwandte, auf Karls Seite. Dieſe drei Grafen hatten ein von den übrigen Grafen von Hohenſtein und Schwarzburg, ganz verſchiedenes Intereſſe; und dies allein nur mag ſie rechtfertigen, wenn ſonſt in einem ſolchen Falle eine Rechtfertigung ſtatt findet. Heinrich, der Fünfte, war in Karls Dienſten; überdem hatten ſie die Beſtätigung der oben angeführten Erbverbrüderung vom Kaiſer noch nicht erhalten: und dieſe zu erhalten ſcheint vorzüglich ihre Abſicht geweſen zu ſeyn: denn die übrigen Grafen, ſowol von Hohenſtein als Schwarzburg waren mit der Erbverbrüderung nicht zufrieden, und der Haß, der hernach in eine Fehde ausbrach, glimmte ſchon. Karl bezeigte ſich gegen dieſe Verbrüderten ſehr gnädig — er ſelbſt mochte ſich gern verbrüdern, wie Brandenburg und Deſtreich ausweiſen. — Er erneuerte nicht blos das Lehn, ſondern ließ ihnen noch ein beſonderes Dekret einhändigen, worin er ihnen die wechſelſeitige Beerbung erlaubte. Auch gab er ihnen und allen ihren Erben die Reichsſtraßen in allen ihren Gerichten und Herrſchaften, wo ſie auch gelegen ſeyn möchten. Ein nicht geringer Vortheil, wenn man damals Zölle und Weggeld ſo zu nutzen gewußt hätte, als jezt. Bald darauf erhielten dieſe drei Grafen wegen ihrer treuen Dienſte das Verſprechen, daß ihnen der Kaiſer allen Schaden erſetzen wollte, den ſie ſeinetwegen erlitten,

und

und den sie redlich angeben sollten. Vermuthlich mußten sie viel leiden von ihren Anverwandten, die es alle
zusammen mit Günthern hielten, wie ich unten anführen werde. Hierauf scheint auch die Verbindung dieser drei Grafen mit den Landgrafen Friedrich, dem
Ernsthaften, und seinen Söhnen Friedrich, und Bal-
thasarn auf der Wartburg 1349 gezielt zu haben.
Günther beschämte unsern Heinrich auf eine edele Art.
Heinrich, der Fünfte, berathschlagte schon mit seinen
Schwiegersöhnen wie es gehalten werden sollte, wenn
Günther, oder dessen Sohn Heinrich stürbe. Günther vernahm es, und bestimmte so gleich Heinrichen,
nebst den übrigen Grafen von Hohenstein, zum Administrator seiner Güter und zum Vormund seines un-
mündigen Sohns. Das weitere von diesen Unruhen
gehört in Heinrich, des Vierten, Geschichte. Hier er-
wähne ich nur noch einer Fehde, die sich über ganz Thüringen verbreitete, und woran Heinrich, der Fünfte,
Antheil hatte.

In Mänz war der Erzbischof, Johann, mit
Tode abgegangen. Die Wahl eines neuen Erzbischofs
war sehr unruhig. Die Stimmen waren getheilt.
Das Domkapitel wählte den Bischof von Speyer,
Adolf von Nassau. Pabst Gregor, der Zweite, verwarf die Wahl und bestimmte den Ludewig, einen
Bruder Friedrich, des Ernsthaften, der Bischof in Halberstadt und hernach in Bamberg war, zum Erzbischof. Der Landgraf Friedrich wußte zum Besten seines Bruders, Kaiser Karln, den Vierten, zu gewinnen. Bei einem solchen Anhange und solcher Unterstützung hatte Ludewig die besten Aussichten. Adolf hatte
die Städte Nordhausen, Erfurt, Mühlhausen, den Grafen, Ernst von Gleichen, und den Eichsfeldischen Adel, so
wie auch den Landgrafen von Hessen auf seiner Seite.
Andere thüringische Vornehme, und namentlich Heinrich

rich, der Fünfte, von Hohenstein mit seinen Schwieger‑
söhnen, den Grafen von Schwarzburg traten, vermöge
ihres Bündnisses, auf ludewigs Seite. Die Fehde
nahm ihren Anfang. ludewigs Partei siegte bei
Salza und auf dem Eichsfelde. Adolf mußte zurück
stehen, und ludewig wurde Erzbischof. Pabst Gregor,
der Zweite, investirte ihn. Heinrich, der Fünfte, und
seine Schwiegersöhne erhielten statt ihrer Besoldung von
tausend und siebenhundert Mark, vom landgrafen die
Versicherung, daß sie das Schloß Stalheim zum Un‑
terpfande haben sollten, bis sie ihre Forderung erhal‑
ten hätten.

Im Jahr 1354 zerstörte Heinrich auf des Kai‑
sers Befehl das Raubschloß Elsterburg, ohnweit Graiz,
mit Hülfe der Nordhäuser und Mühlhäuser, und ließ
die Räuber hinrichten. Noch ist merkwürdig, daß un‑
ter ihm von dem Jahre 1347 bis 49 eine große epi‑
demische Krankheit in Deutschland wüthete, die sich fast
über ganz Europa verbreitete. Man beschuldigte fälsch‑
lich die Juden, daß sie durch Vergiftung der Brunnen
dieselbe veranlaßt hätten. Unbarmherzig fiel man über
sie her, und würgte sie, wo man sie fand. Die Son‑
dershäuser und Hohensteiner zeigten sich hierbei sehr ge‑
schäftig. Die Grafen von Stollberg verjagten alle
Juden aus ihrer Stadt *).

Graf Heinrich, der Fünfte, starb kurz vor Ostern,
1356 **). Er war zweimal vermählt; erstens mit ei‑
ner Gräfin von Beichlingen, deren Namen ich nicht
habe finden können. Die Grafen Heinrich und Frie‑
drich von Beichlingen, nennen ihn 1331 ihren Soro‑
rium,

*) Zeltfuchs Stollb. Gesch. S. 23.

**) Er war ein Vasall der Aebtissin in Gandersheim. Siehe
Harenberg, S. 841.

rium, Schwestermann; — zweitens, mit Mechtild, Herzog Albrecht, des Feisten, von Braunschweig Tochter, mit welcher er drei Töchter zeugte; Richza, die mit Friedrich von Beichlingen vermählt war, Anna mit Heinrich, und Elisabeth mit Günthern von Schwarzburg.

Hier sind alle Schriftsteller, die ich nachgeschlagen habe, nicht einig, in Absicht der Genealogie. Einige nennen diesen Heinrich, den Dritten, andere den Vierten, und noch andere den Fünften. Ich bin den letzten gefolgt, weil ich gefunden habe, daß es immer derselbe ist. Diejenigen, die ihn den Dritten nennen, zählen Heinrich den Ersten, nicht mit, und die ihn den Vierten nennen, verwechseln nur die Zahl. Weil aber in der gräflichen Familie selbst der Graf, der der ältere war, die frühere Zahl führte, undHeinrich, der Sohn, Dietrichs, des Vierten, eher gebohren war, als dieser Heinrich: so nenne ich jenen den Vierten, und diesen den Fünften. S. die Tab. Am meisten aber macht die Vermählung der beiden Gräfinnen Elisabeth, Heinrichs des Dritten, und Heinrichs des Fünften, Töchter, hier Verwirrungen. Einige Schriftsteller, und selbst Heidenreich, geben dem Römischen König, Günther, die Elisabeth, Tochter Heinrich, des Dritten, zur Gemahlin, und verstehen also darunter Heinrich des Fünften, Tochter. Dies ist aber sehr unwahrscheinlich: denn der Römische König erwähnt nie seiner Gemahlin, und dann, was würde das Betragen Heinrichs gegen Günthern für ein Ansehen gewinnen, wenn er nach ihrer Meynung der Schwiegervater war? Bedenkt man nun noch die Jahre, so, daß Günthers Brudernsöhne der Elisabeth Schwestern sollen geheurathet haben: so wäre es wol natürlicher gewesen, daß sie Günther auch für seinen Sohn aufgehoben hätte. Hübner in seinen genealogischen Tabellen widerspricht

F

sich

sich selbst, und verdient daher keine Widerlegung. Der Römische König, Günther, war mit einer Bayerschen Prinzeßin vermählt. Struve *) behauptet, sie sey Anna, Kaiser ludewigs von Bayern Tochter gewesen. In den Tabellen des Bayerschen Hauses, die bei der Succeßion des jetzigen Kurfürsten aus dem Sulzbachischen Hause herauskamen, finde ich Struvens Behauptung bestätigt Kaiser ludewig hatte nämlich mit seiner dritten Gemahlin, Margaretha, Wilhelm, des Dritten, von Holland Tochter, eine Prinzeßin Anna erzeugt, und diese Anna war Günthers Gemahlin. Man kann sich hieraus das Betragen der Fürsten aus dem Bayerschen Hause bei Günthers Wahl erklären. Da die Fürsten, wie Johann von Böhmen, und mehrere ludewigen ins Gesicht sagten, daß sie keinen Bayer zum Kaiser haben wollten: so war ihre Bemühung dahin gerichtet, die Krone auf die weiblichen Descendenten zu bringen. Warum fallen sie auf Günthern, und warum nimmt Günther, als ein des laufs der Dinge erfahrner Mann die Krone an, wenn er sich nicht auf die Bayerschen Prinzen, die durch Verwandschaft und Interesse mit ihm verbunden waren, verlassen konnte? Die Zeiten waren nicht mehr, da ein länderarmer Graf, sich mit Ehren auf dem Thron erhalten konnte. Die Geschichte Adolfs von Nassau bewieß auch, daß es nicht tauge, wenn das Oberhaupt ganz von den Vasallen abhängen müsse. Geschicklichkeit und Kaiserliche Eigenschaften waren allein nicht mehr hinreichend, den Monarchen zu machen. So gern ich auch die Elisabeth von Hohenstein als Kaiserin aufführen möchte; so sind doch der Schwierigkeiten zu viele, als daß ich sie aus dem Wege räumen könnte. Das Resultat ist also: Günther, der Römische König, war mit der Anna von

Bay-

*) Syntagm. hist. Germ. per. 9. Sect. 6. §. 7.

Bayern; seines Bruders Sohn, Günther, mit der Elisabeth von Hohenstein, Heinrich des Fünften, Tochter; und dieser Elisabeth Schwester, Agnes mit Heinrich von Schwarzburg, Bruder des vorigen vermählt. Elisabeth, Heinrich, des Dritten, Tochter, war an Bruno von Querfurt verheurathet; Dietrich, des Fünften, Tochter, Elisabeth, wenn er anders eine Tochter, gehabt hat, woran ich zweifle, mag an einen andern Grafen Günther vermählt gewesen seyn. Vielleicht ist sie dieselbe Elisabeth, die Heinrich, des Fünften Tochter genennt wird, und 1280 noch gelebt haben soll. Die Witwe Heinrich, des Fünften, Mechtild, bekam von den beiden Schwiegersöhnen einen wolgebaueten Hof in Sondershausen, mit hundert Mark jährlichen Einkommens; muste aber dafür Verzicht auf die Verlassenschaft thun. Heinrich, des Fünften, Stamm ist erloschen, und wir müssen nun zu Dietrich, dem Dritten, Heinrichs des Dritten, Bruder, zurück kehren, der allein männliche Nachkommen hinterlassen hat.

Die Geschichte Dietrich, des Dritten, ist in die Geschichte seines Bruders verwebt: es ist also nur noch etwas weniges von ihm nachzuholen. Daß er es anfangs mit Albrecht, dem Unartigen, gegen seine Söhne gehalten hat, ist schon oben erwähnt worden: hier setze ich noch hinzu, daß ihn Albrecht eben deswegen mit der Vogtei über Dietenborn 1299 belehnte. Im Jahr 1307 übergaben ihm und seinen Vettern, die Herren von Kranichfeld, alle ihre Lehne und Allodia, die sie in den Herrschaften Lohra, Klettenberg, Rockstedt und Winkeln besaßen *). Zuletzt hat er sich durch einige Schenkungen um Walkenried verdient gemacht:

F 2

*) Jovius, S. 48.

macht, was ihm aber seine Kinder, die alle namentlich angeführt werden, wol nicht recht Dank wissen mochsten *). Seine Gemahlin, Sophia von Anhalt, hat ihn zum Vater von eilf Söhnen, und vier Töchtern gemacht. Dietrich, der Dritte, starb 1309.

Heinrich, der Vierte, und Dietrich, der Fünfte, besaßen die väterlichen Länder, ihr ganzes Leben hindurch ungetheilt. Sie waren in dem Besitz der Länder jenseits der Wipper am Harze, da Heinrich, der Dritte, die andere Hälfte besaß. Diese Theilung wurde 1312 aufs neue bestätigt, wie schon oben gesagt ist. Heinsrich, der Vierte, war im Jahr 1300 mit der Abelheid, Graf Günthers zu Käfernburg, Tochter, vermählt. Günther hatte keine männlichen Erben, und vermachte daher bei seinem Tode, 1302, unserm Heinrich, und dem zweiten Schwiegersohne, Otto von Orlamünde, mit Bewilligung der übrigen Grafen von Käfernburg, und unter Bestätigung der Lehnsherren Albrechts, Landsgraf in Thüringen, und des Abts zu Hirschfeld, seine Güter, nämlich Arnstadt, Wassenburg, Ichstershausen, Schwarzwald, Ilmenau u.s.w. Der Landgraf ertheilte ihnen auch zu Gotha die Lehn darüber **).

Im Jahre 1304, wurden diese beiden Brüder mit in die Fehde, welche Heinrich, der Zweite, und der Graf von Beichlingen mit dem Abt in Fulda führten, verwickelt. Die Fehde lief unglücklich ab, wie wir schon oben gesehen haben, und die Grafen geriethen in die Gefangenschaft, musten Urfehden schwören und sich mit Gelde lösen. Weil die Grafen von Hohensstein insgesammt für die Urheber angesehen wurden:
so

*) Eckstorm S. 119.

**) Olear. hist. Arnst. p. 246.

so mußten sie den übrigen Mitgefangenen den Schaden ersetzen, um einer neuen Fehde zu entgehen. Sie verkauften daher neun Hufen Landes zu Ichtershausen, die sie kaum geerbt hatten. Weil Arnstadt und die dahin gehörigen Aemter zu weit von Hohenstein entlegen waren: so verkauften sie diese Herrschaft 1306 an die Grafen von Schwarzburg erb- und eigenthümlich. Von dieser Zeit an, gehört Arnstadt, das vorher an die Grafen von Käfernburg gehörte, und durch Erbschaft an Hohenstein kam, an das Haus Schwarzburg. Man sieht also, daß Schwarzburg aus Stücken der alten Grafschaft Hohenstein entstanden ist; und wäre die nachher geschlossene Erbverbrüderung gehalten worden: so würde auch Lohra und Klettenberg dazu gekommen seyn.

Heinrich, der Vierte, und sein Bruder waren, wie schon oben erwähnt ist, auch mit in die Gränzstreitigkeit verwickelt, die Heinrich, der Fünfe, mit den Herren von Jurra führte. Dietrich, der Fünfte, starb 1329. Seine Gemahlin war Irmengard, eine gebohrne Gräfin von Käfernburg. Heinrich, der Vierte, hingegen lebte bis in das Jahr 1339. Mit seiner zweiten Gemahlin, Elisabeth, einer Gräfin von Waldeck, hatte er zwei Söhne, Heinrich, den Sechsten, und Bernhard: diese haben nach einigen Urkunden zu schließen, die väterlichen Güter gemeinschaftlich besessen. Bernhard ist entweder unverheurathet oder wenigstens ohne Kinder gestorben. Nach dem Jahre 1356 wird weiter nichts von ihm erwähnt. Man schreibt Heinrich, dem Vierten, noch einen Sohn, Günther, den Ersten zu; allein dieser Günther ist Heinrich, des Achten, Sohn.

Heinrich, der Vierte, hat übrigens um die Vergrösserung Hohensteins ein großes Verdienst: denn er

be-

bereicherte es mit dem Besitz von Scharzfeld
Lohra, Bleicheroda, Artern Bennickenstein und
Heeringen. An diesem letztern Orte bauete er 1327
das Schloß. Auch bekam er nebst seinem Bruder Dietrich, dem Fünften, und seiner Mutter Bruder Bernhardt, dem Zweiten, von Anhalt, von den Grafen
Heinrich, Friedrich und Gebhard von Beichlingen die
Schutzgerechtigkeit über das Benediktinerkloster zu Ol-
disleben für zweyhundert Mark Silber *). Bald hernach tritt er nochmals in einer Fehde auf, die Günther und Hermann von Orlamünda, und der Erzbischof
von Maynz, gegen den Landgraf, Friedrich den Ernsthaften führten. Die Ursach der Fehde war jenen Zeiten angemessen. Die Grafen, und besonders Hermann hatten verkleinerlich von dem Landgrafen, ihrem
Lehnsherrn gesprochen. Die Sache ward ernstlich;
und bei Eckstädt kam es zu einem Treffen a). Günther und sein Sohn wurden gefangen, und Hermann
seiner Güter entsetzt. Günthers Gefangenschaft war
von kurzer Dauer, und mit seiner Befreiung ging auch
die Fehde wieder an, bis endlich Kaiser Ludewig Frieden stiftete. —

Von den übrigen Söhnen, Dietrich, des Dritten, ist noch folgendes zu merken: Ludewig war Probst
bei dem Kreuzstift in Nordhausen **), und wurde nebst
dem Abt, Alexander von Ilfeld, 1365 zum Schiedsrichter erwählt, um einen Streit zwischen den Alt- und
Neustädter Bürgern und dem Magistrat beizulegen.
Die Ursach dieses Streits wird unten erzählt, wo
Alexanders Nachfolger, Hermann, unter Graf Ulrichs
Re-

---

*) Das Diplom steht bei dem Schamelius in der Beschr. dieses
Klosters S. 30.

a) Fabricius orig. Sax. l. 6. p. 746.

**) Hist. Nachr. v. Nordh. S. 156.

Regierung den ganzen Streit endigte. Ein anderer
Bruder, Otto, wählte gleichfals den geistlichen Stand.
Seine Brüder glaubten, es sey nichts leichter, als ihn
zur Abtei Walkenried zu verhelfen, worüber sie Schutzvögte waren. Ueberdem hatten sie dieser Abtei so
manches geschenkt, und noch vor kurzer Zeit hatten
sie in einem Streite, der zwischen den Klosterleuten und
den gräflichen Officianten, wegen des Klosterholzes entstanden war, zu ihrem Nachtheil für das Kloster erkannt, ja, sie traten ihm noch obendrein die Fisch e-
rei in der Helm ab *). Die Konventualen aber
verwarfen den Otto, und blieben bei ihrem einmal ge-
wählten Abt Konrad, den Zweiten, von Duderstadt.
Die Grafen setzten indeß ihren Bruder mit Gewalt
ein. Konrad klagte bei dem Pabst, und dieser that
die Grafen mit ihren Helfern bis in die vierte Gene-
ration in den Bann. Die Unruhen gingen so weit,
daß sich beide Theile Bundesgenossen suchten, und Heinrich, der Vierte, das Schloß in Heeringen zur Vestung
machte. Die Grafen von Reinstein, die mit dem
Kloster wegen einiger Rechte in Schauen zerfallen waren, unterstützten die Grafen von Hohenstein. Der
Abt hingegen bewog die Grafen von Wernigeroda,
für eine Summe Geld, gegen die von Reinstein zu
fechten. Ein neuer päbstlicher Ausspruch legte endlich diese doppelte Fehde bei. Otto soll von den Mönchen in Walkenried, wegen seines Stolzes erschlagen
seyn, da er einst des Nachts in sein Schlafzimmer gehen wollte. — Elger, der Neunte, war Probst des
Klosters zum heiligen Kreuz in Nordhausen **).

F 4

Das

*) Eckstorm S. 127.

**) Hist Nachr. von Nordh. S. 156, wo er fälschlich Eilger,
der Siebente, genannt wird.

Das Resultat aus dem, was bisher erzählt worden, ist folgendes: Eilger, der Zweite, ist der erste Graf von Hohenstein, ihm folgt sein Sohn Eilger, der Dritte, und diesem Dietrich, der Zweite, diesem Heinrich, der Zweite, mit dessen Söhnen Dietrich, den Dritten, und Heinrich, den Dritten, zwei besondere Linien entstehen, die gewisse Güter zu ihrem Unterhalt abgesondrrt, von einander besaßen, die Regierung und den Namen gemeinschaftlich führten. Ihre Nachkommen theilten sich förmlich in einer Versammlung von gültigen Zeugen, im J. 1312 in die Länder. Heinrich, der Fünfte, bekam den Theil disseits der Wipper, wozu Sondershausen gehörte. Dieser Theil war der Beste. Nach seinem unbeerbten Tode fiel Sondershausen vermöge der Erbverbrüderung an die Grafen von Schwarzburg. Die zweite Linie, Dietrich, des Dritten, Nachkommen, bekam in der Theilung die Länder jenseits der Wipper am Harz. Aus der Erbschaft ihres Vetters erhielten sie das Uebrige, was nicht zu Sondershausen gehörte. Sie vermehrten ihre Besitzungen durch mehre Ländereien in der goldenen Aue bis Artern herunter, und jenseits des Kifhäuser Berges bis nach Erfurth hin, auf der Westseite durch Klettenberg, Scharzfeld, und auf der Nordseite durch Benneckenstein. Hohenstein war also eine der angesehensten Grafschaften Deutschlands. Noch muß man bemerken, daß nach der Theilung der Grafschaft die Brüder und Herren einer Linie gemeinschaftlich regierten. Fielen Begebenheiten vor, die die ganze Grafschaft betrafen; so mußten beide Linien Antheil nehmen, als z. B. solche Belehnungen, wie die des Landgrafen Friedrich, des Ernsthaften, waren. Hingegen findet man, daß eine Linie gewisse Stücke ihres Antheils verkauft oder verpfändet, ohne die Einwilligung der andern, daß sie Erverbrüderungen macht zum Nachtheil der andern. Dies war ihnen erlaubt, wenn solche

Stücke

Stücke nur allein etwa als Lehn an eine Linie gehörten, wie z. E. Sondershausen, Arnstadt, Schlotheim u. s. w. Auf diese Art hat die Grafschaft niemals eine bestimmte Gränze gehabt. Die Linie Heinrich, des Fünften, starb aus, und die erste Linie, nämlich Heinrich, der Vierte, und Dietrich, der Fünfte, erbte
die Verlassenschaft. Mit diesen beiden Brüdern entstehen nun wieder zwei Linien. Heinrich, der Vierte, ist
der Stifter der Hohenstein-Klettenbergischen,
und Dietrich, der Fünfte, der Stifter der Hohen-
stein-Helbrungischen, hernach Vierrapischen
Linie, die späterhin durch eine Erbabtheilung sich völlig auseinander gesetzt haben. Ehe ich die Geschichte
dieser beiden Hauptlinien erzähle, muß ich zuvor eine
kurze Geschichte der Herrschaften Lohra, und Klettenberg einschalten.

Siebentes Kapitel

enthält die Geschichte von Klettenberg, Lohra, Scharzfeld,
Lutterberg, vor der Vereinigung mit Hohenstein.

Daß die Gegend, wo jetzt Klettenberg liegt, ehemals
zu einer Dynastie gehörte, ist gewiß. Unnütz aber würde es seyn zu untersuchen, wer diese Dynasten waren.
Da die Dynastische Verfassung aufhörte, war Klettenberg ein Allodium der sächsischen Herzoge, wie ich
oben schon gezeigt habe. Heinrich, der erste König
aus der sächsischen Linie, soll dies Schloß bei dem Anfange seiner Regierung haben aufbauen lassen, als eine
Bestung gegen die Feinde, wahrscheinlich gegen die Ungarn, die kurz vorher das alte Schloß Sachsenberg,
wovon noch einige Ueberbleibsel auf dem Kalkberge,
jetzt Sachsenstein genannt, nicht weit von dem Städtchen Sachsa, vor dem Harz, zu sehen sind, ganz zer-
F 5

stört

stört hatten *). Wie Klettenberg an Magdeburg und
hernach an Halberstadt gekommen ist, habe ich im
eilften Kapitel gezeigt. Hier erzähle ich blos eine kurze
Geschichte der Besitzer desselben, die Magdeburgische
und Halberstädtische Vasallen waren.

Um das Jahr 933 wird, eines gewissen Balduin
von Klettenberg, Günzel von Lutterberg, und Bodo
von Scharzfeld erwähnt **). Diese drei waren Söhne eines gewissen Werner. Werner nennt sich Graf
von Lutterberg, auch seine Söhne nennen sich Grafen
nach ihren Schlössern. Wie können diese Schwierigkeiten gehoben werden? Folgendes ist mehr als historische Wahrscheinlichkeit. Heinrich, der Vogelsteller,
dem diese Gegend als Allodium gehörte, beliehe den
Werner, der vielleicht auch einige Allodialgüter hier
besaß, und ein angesehener Dynaste war, mit der Jurisdiktion, und machte ihn zum Richter oder Grafen.
Werners Söhne sind in des Königs Diensten, der den
einen nach Klettenberg, den andern nach Scharzfeld setzt, damit sie die Aufsicht über diese Schlösser
haben, und im Nothfall sie vertheidigen sollten. Heinrich mag sie auch wol mit diesen Gütern beliehen haben, wenigstens ist dies von Otto, dem Ersten, erweis-
lich. Die Jurisdiktion in den zum Schlosse gehörigen Gütern, gehörte den Grafen. Als in der Folge
die

*) Anmerk. Ob Harenberg in s. Gandersh. Gesch. S.
228 Recht hat, wenn er bei der Erklärung einer Stelle
des Lambert von Aschaffenburg, sagt, daß die Sachsen in
dem Kriege mit Heinrich, den Vierten, den Sachsenstein
zerstört hätten, wage ich nicht zu entscheiden. Es kann
seyn, daß Heinrich, der Vierte, die in ihren Ruinen liegende Burg, wieder aufgebauet, und sie eben so wie Spar-
tenberg, als eine Vestung gegen die Sachsen gebraucht hat.

**) Leuckf. Beschr. des Klosters Pölde. S. 9.

die Grafschaften erblich wurden: so behaupteten sich
die Herrn von Klettenberg, die sich indeß ansehnliche
Güter hier erworben hatten, bei der Reichsunmittelbarkeit, und ihr Land, daß sie seit Otto, des Zweiten,
Zeit, von Magdeburg zum Lehn nehmen mußten, war
nichts weiter als eine edle Herrschaft. Die Herrn dieser
Herrschaft nennen sich Grafen, ob ihnen gleich nie dieser Titel bestätigt ist. In den Westphälischen Frieden
wird Klettenberg eine Dynastie oder edle Herrschaft genannt.

Zu der Zeit, wo eigentlich die Erblichkeit der
Grafschaften überall sichtbar wurde, starben die Herren von Klettenberg aus, im J. 1260 — 80. Ihr Land
fiel an die Grafen von Hohenstein. Vor dem eilften und
zwölften Jahrhundert wird man also schwerlich etwas ge-
wisses von den Besitzern dieses Schlosses herausbringen,
da selbst das, was man im zwölften und dreizehnten
Jahrhundert findet, so wenig ist.

Weil die ersten Herrn von Klettenberg von den
Grafen von Lutterberg abstammen: so ist hier der Ort,
von diesen Grafen etwas einzuschalten, zumal da Lutter-
berg nach Abgang derselben an Hohenstein kam. Dieses alte Schloß liegt vor dem Harzwalde, ohnweit dem
Flecken Lutterberg in seinen Ruinen. Es war ein
Braunschweigisches Lehn. Ich will mich hier nicht aufhalten bey den Besitzern desselben vor dem dreizehnten
Jahrhundert, wovon ich beinahe nichts habe finden
können. Was helfen so viele Muthmaßungen? —
Zu Anfange des dreizehnten Jahrhunderts lebte in
Scharzfeld ein gewisser Burchhard, welcher
zwei Söhne hatte, von denen der erste Burchhard
Scharzfeld, der zweite Heinrich Lutterberg erhielt. S. d. Tab. Beide hielten es im J. 1204 mit
dem Otto von Braunschweig ihrem Lehnsherrn gegen
Philipp von Schwaben. Burchhard war wenigstens
mit

mit in dem Lager vor Weißensee *). Heinrich von
Lutterberg scheint ohne männliche Erben gestorben zu
seyn. Seines Bruders Söhne Burchhard der Weißkopf, und Burchhard der Krauskopf, bekamen seine
Länder, welche sie ungetheilt regierten. Beide erscheinen als Schutzvögte des Klosters Pölde 1241. Ihr
Todesjahr ist unbekannt; Burchhard lebte noch 1268,
und hat mit seiner Gemahlin einer gebohrnen von Had-
mersleben vier Söhne erzeugt, nämlich Otto, Heidenreich, Heinrich und Werner. Otto hielt sich zu Albrecht dem Unartigen, in Thüringen. Im Jahr 1279,
war er auf einem Landtage zu Tullstädt, bei Tonna **).
Er ist mit seinem Bruder Heidenreich nach dem Jahre
1290 gestorben, und hinterließ einen Sohn, Otto, den
Jüngern. Heinrich scheint ein Geistlicher gewesen zu
seyn; Werner hingegen regierte noch mit dem jungen
Otto einige Zeit zugleich. Otto, der Jüngere, erbte
nach Abgang der Scharzfeldischen Linie, diese Länder,
und nennt sich daher bald Graf von Scharzfeld, bald
Graf von Lutterberg. Im Jahr 1311 residirte er zu
Scharzfeld. Seine Gemahlin hieß Jutta. Sie starb
1327, und liegt in Walkenried begraben Otto's
Todesjahr ist unbekannt. Er hat drei Söhne hinterlassen. Der Aelteste, Otto, machte den Krieg zu
seiner Lieblings-Beschäftigung und trat deswegen in den
deutschen Orden in Preußen, wo er in dem Clumer-
lande eine Comturei erhielt. Die beiden andern Söhne, Otto und Heise, lebten noch 1372. Mit ihnen ist
der Stamm ausgegangen †). Nach dem Tode dieser
bei-

---

*) Leuff. antiq. Poeld. S. 55. und Harenberg Gandersh. Gesch.
S. 320.

**) Sagittar. hist. Gothan. p. 87.

†) Letzner Dasselsche Chronik 4. B. 29. K. S. 177.

beiden Grafen machte der Erzbischof von Maynz, der
Bischof von Hildesheim, die Aebtißinnen von Quedlinburg und Gandersheim Ansprüche auf diese Grafschaft.   Allein, der tapfere Ritter, Hans von Minnigerode nahm sie für den Herzog Friedrich von Braunschweig in Besitz *).   Lutterberg sowol als Scharzfeld
wurden 1402 an den Grafen Heinrich, den Achten,
von Hohenstein für eilftausend Mark Silber verpfändet, und 1456 völlig als ein erbliches Lehn überlassen,
weil sie nicht eingelöst werden konnten.   J. J. 1530
ertheilte Philipp von Grubenhagen den Grafen von
Hohenstein die Lehn über Lutterberg, nachdem er
sich vorher wegen der Gränzen mit ihnen verglichen
hatte.   Nach dem Absterben des Hohensteinschen Hauses 1593, zogen die Herzoge von Braunschweig, Grubenhagen, Wolfgang und Philipp, diese Länder als eröfnete Lehn, wieder ein, so wie auch die Bergwerke
anf dem Andreasberge.

    Scharzfeld liegt zwischen Klettenberg und Lutter-
berg, in dem Fürstenthum Grubenhagen.   Kaiser Otto,
der Erste, gedenkt desselben in einem Briefe, worin er
nebst andern Gütern auch Scharzfeld an das Kloster
Pölde schenkte **).   Der schon oben genannte Bobo,
war gewiß, wenn er existirt hat, nichts weiter, als ein
von dem Kaiser bestallter Aufseher dieses Schlosses, dem
vielleicht auch die Schutzvogtei über das Kloster Pölde
anvertrauet war.   Durch den Kaiser Otto, den Zweiten, kam es an Magdeburg.   Im Jahr 1130 tauschte
es der Kaiser Lothar von dem Erzbischof Norbert, gegen

*) Versuch einer pragmatischen Geschichte von Braunschweig,
    S. 147. 164.

**) Placuit scripto nostro confirmare praedia — in his
    scilicet locis Schartfelde.

gen das Kloster Alsleben an der Saale ein, und machte
es zu einer Reichsvestung *).   Heinrich der Löwe erhielt es wieder von dem Kaiser durch einen Tausch gegen die Zäringischen Erbgüter in Schwaben, die seiner
ersten Gemahlin, Clementia, gehört hatten.   Seit
dem Lothar erscheinen nun wieder Herren von Scharzfeld, die sich Grafen nennen.   Der erste ist Sigbode.   Vielleicht hat ihn Lothar zum Grafen gemacht.   Er lebte von 1130 bis 1150, und hat drei
Kinder nachgelassen, eine Tochter, die er an Heinrich
von Buch vermählte, Sigbode den Jüngern, und
Burchard.   Der erste starb ohne Erben, Burchard
hingegen hatte zwei Söhne, von welchen der erste, Heinrich, Lutterberg; der zweite, Burchard, Scharzfeld bekam.   Der letzte war 1212 in Nordhausen
auf Ottos Beilager, mit dem er es auch gegen Philipp
gehalten hatte.   In der Folge erscheint er als ein Anhänger Friedrich, des Zweiten, gegen den Otto.   Er
starb um das Jahr 1221, und hinterließ drei Söhne,
die alle den Namen Burchard führten.   Burchard,
der Aeltere, bekam Scharzfeld, die beiden andern, der
Weißkopf und Krauskopf, bekamen nach ihres Vetters
Heinrichs Tode, Lutterberg.   Burchard, der Aeltere,
hat von seiner Gemahlin Abalana, zwei Söhne hinterlassen **), nämlich Sigbode, der als ein Avantürier
ohne Erben gestorben ist; der andere Burchard, hat
von seiner Gemahlin, einer Gräfin von Eberstein sechs
Söhne hinterlassen, Heidenreich, Sigbode, Burchard,
Ernst, Herman und Heinrich.   Von diesen sechs Söhnen ist nichts zu finden, sie sind entweder jung, oder
ohne Erben gestorben.   Scharzfeld fiel zu Anfang des
vierzehnten Jahrhunderts an Lutterberg, kam dann an

Ho-

---

*) Die Urkunde steht in Leuff. ant Poeld. S. 11.

**) Leukf. Poeld. p. 62.

Hohenstein, und 1593 wieder an Braunschweig-Gru-
benhagen.

Diese gräflichen Häuser führten ein Wappen, welches nach ihrer Erlöschung an Hohenstein, und hernach
an Braunschweig gekommen ist.   Es war ein im silbernen Felde fortschreitender Hirsch.   Einige Grafen
führten auch drei gespitzte Balken, oder auch einen ge-
krönten Löwen.   Eckstorm sagt, es sey ein fortschreitender goldener Löwe, auf goldenen Balken im rothen Felde
gewesen.   Nach den Siegeln zu urtheilen, die von Albrecht und Konrad von Klettenberg noch übrig sind,
so ist die erste Meinung die richtigste*).   Lohra führte
ein Hirschgeweihe, dessen eine Stange roth, die andere
weiß war.   Hohenstein hatte das zwölffeldige rothe und
weiße Schachspiel, wie es in dem Siegel und Epi-
taphium des Ilfeldischen Klosterstifters noch zu sehen
ist. —   Die Grafen von Hohenstein siegelten sonst
mit grünem, hernach aber durch Kaiserliche Erlaubniß,
mit rothem Wachs.   Ellrich siegelt noch grün.

Ich komme nun zu den Herren von Klettenberg
zurück, mit Uebergehung alles dessen, was fabelhaft ist.
Zu Anfange des zwölften Jahrhunderts lebten hier
zwei Brüder, Volkmar und Ludewig.   Der letzte hielt
sich mit seiner Gemahlin Kunigunde von Baldenrode
eine Zeitlang in Ellrich auf, wo sie der Kirche einen
Kelch geschenkt haben soll.   Volkmar residirte zu Klettenberg, und war mit der Adelheid, Ludewigs von Lohra
Tochter, vermählt, mit welcher er einen Sohn, Namens Ludewig zeugte.   Volkmar ging in das Benediktinerkloster Huisburg, in dem Fürstenthum Halberstadt, und vermachte demselben einige Güter in seiner
Herrschaft z. E. Immenrode, Schwaberesdorf, Walkenried.   Seine Gemahlin, tauschte hernach diese Güter

*) Harenberg Gand. Gesch. liefert mehreres zu der Heraldik.

ter ein gegen andere beſſere, und bauete das Ciſter/
zienſerkloſter Walkenried, wohin ſie ſich mit ihrem Soh/
ne Ludewig begab, und nach ihrem Tode hier ihre
Ruheſtädte fand. Nachdem Volkmar in das Kloſter
gegangen war; ſo bekam ſein Bruder Ludewig die Re/
gierung *).

Ludewig hinterließ zwei Söhne, Konrad und Al/
brecht. Ihrer wird im Jahr 1134 gedacht. Der
letzte ſtarb ohne Erben, Konrad hingegen hat einen
Sohn nachgelaſſen, Albrecht den Aeltern. Dieſer Al/
brecht, hatte im Jahr 1190 einen heftigen Streit
mit dem Gerhard, Freiherrn von Werthern zu
Werthern, der ſein Schloß und Stammhaus mit
dem damaligen dabei liegenden Flecken Werthern nicht
von ihm zum Lehn nehmen wollte, ſondern behauptete,
daß er mit dieſen Gütern wegen des H. R. Reichs
Erb/Kammer/Thürhüter/Amte unmittelbar von dem
Kaiſer beliehen ſey. Hieraus entſtand eine Fehde, die
für den Herrn von Werthern unglücklich ausfiel. Er
wurde gefangen und nach Klettenberg gebracht, ſein
Städtchen zerſtört. Das, was übrig blieb, iſt jezt
das Dorf Klein/Werthern. Die ganze Herrſchaft
Werthern kam an Klettenberg, und obgleich in der
Folge Gerhard Manches wieder erhielt: ſo mußte er
doch das, was ihm Albrecht zurück gab, von Kletten/
berg zum Lehn nehmen **). Einer ſeiner Nachfolger
Anthon von Werthern bauete das Dorf Großen/Wer/
thern. Seine Familie blühet noch.

Albrecht, der Aeltere, hinterließ drei Söhne,
1) Albrecht, den Mittlern, der es mit Philipp von
Schwa/

**) Leukf. ant. Poeld. p. 116.

***) Peter Albinus Geſch. der H. v. Werthern, S. 16.

Schwaben hielt, gegen Otto, den Vierten, von Braunschweig, und 1204 in der Belagerung der Stadt
Weißensee sich als einen tapfern Soldaten zeigte. Im
Jahr 1209 nahm er das Kreuz, und ging nach Pa-
lästina, um für seine Sünden Ablaß zu erhalten. Im
Jahr 1211 erscheint er auf der Versammlung zu Würzburg, die der Kaiser Friedrich, der Zweite, hielt. Im
Jahr 1215 wird er, nebst Burchhard von Scharzfeld,
und Heinrich von Lutterberg, in einer Urkunde als Zeuge angeführt, da Kaiser Friedrich, der Zweite, dem Kloster Walkenried ein Privilegium gab. Er war mit der
Adelheid, Friedrich, des Dritten, von Beichlingen und
Lohra Tochter vermählt, die ihm vier Söhne und zwei
Töchter gebohren hat. Sie starb 1229; Albrecht
ließ sie in Walkenried begraben, schenkte dem Kloster
einige Ländereien in Ballenhausen für die Seelmes-
sen, die ihr gelesen werden sollten. Albrecht ging endlich 1230 selbst in dies Kloster, und starb als ein Laien-
bruder in einem hohen Alter. Er schenkte diesem Kloster, für die Ruhe seiner Seele, sieben Hufen Landes
vor Makkenrode und Liebenrode.

2) Konrad besaß Klettenberg mit seinem Bruder gemeinschaftlich: Er verkaufte seine Güter in Fla-
defendorf und Bodenrode an Walkenried für hundert
und achtzig Mark. Den Mönchen war er sonst nicht
sehr günstig, beleidigte sie oft, weswegen sie ihn auch
einmal bei dem Landgraf Herman verklagten. Vor dem
Fegefeuer muß er sich nicht sehr gefürchtet haben.

3) Berthold, der Dritte Sohn Albrecht des Aeltern, war ein desto größerer Liebhaber des geistlichen
Standes, den er selbst sehr jung erwählte; und in
Walkenried 1216 endlich Sub-Prior wurde, wo er
das Leben seiner ältern Großmutter, Adelheid, die das

G

Kloster

Kloster gestiftet hat, beschrieb *).   Hernach wurde er
1225 Abt nach Heinrich, des Dritten, Tode.   Er
hat auch seinen Vater beredet, in das Kloster zu gehen. Berthold starb im Jahr 1237.

Albrecht, der Mittlere, hat allein den Stamm
fortgesetzt. Er hatte außer einer Tochter, Elisabeth,
die in das Stift Gandersheim ging, noch drei Söhne,
nämlich Albrecht den Jüngern, Friedrich und Konrad.
S. d. Tab. Albrecht der Jüngere, hatte drei Söhne,
Friedrich, Konrad und Berthold.   Sein Bruder Friedrich hingegen, diente bald diesem bald jenem Herrn im
Kriege, und starb ohne Erben.   Konrad hatte vier
Söhne, Friedrich, Konrad, Heinrich und Volrad, so
nennt sie der Vater, als er die Kirche in Mackenrode
an Walkenried schenkte.   Heinrich hat einen Sohn gehabt, der gleichfals Heinrich hieß, und Abt in Ilsen-
burg (1309) gewesen seyn soll **).

Albrecht, des Jüngern, Söhne, waren Friedrich, Konrad, Berthold, der Erste lebte noch 1279,
und starb ohne Erben.   Konrad war mit einer Gräfin
von Kirchberg vermählt, mit welcher er einen Sohn
zeugte, Namens Christian, der aber bald nach seines
Vaters Tode 1275, in seiner Minderjährigkeit starb.
Berthold war Kanonikus in Halberstadt, von ihm ist
noch eine Urkunde übrig, worin er auf die von Christian und seinem Vater an Ilfeld geschenkten Güter Verzicht thut. Er sagt hierin ausdrücklich, er begebe sich
seiner Ansprüche, jedoch solle Christians Mutter, die
Gemahlin seines Bruders Konrads, auf lebenslang
diese Güter ruhig und ungestört besitzen. — Berthold

____

*) Hoffmann Walkenr. Alterth. 3ter B. K. 23.

**) Script. rer. Brunf. T. 3. p. 687.

thold war der letzte des Geschlechts. Klettenberg fiel an den Mitbelehnten Heinrich, den Zweiten, von Hohenstein, der aber eine Summe Geldes dafür erlegen mußte, wie man aus mehrern Umständen schließen kann, besonders aus den Mitteln, wie er Geld aufbrachte. Albrecht, der Jüngere, hatte seinem Sohne, Konrad, und Dietrich, den Zweiten, von Hohenstein, den Besitz von Klettenberg zur gesammten Hand gegeben. Bei dieser Gelegenheit kam Ellrich zwischen 1240 und 50 an Dietrich. Konrad trat 1260 alle seine Rechte an Heinrich den Zweiten ab, vielleicht weil sein Sohn Christian schwächlich war, oder weil er Geld nöthig hatte. Die wirkliche, von dem Bisthum Halberstadt, als Lehnsherrn genehmigte Besitznehmung, geschahe erst nach Christians und seiner Mutter Tode. —

Von der Erbauung des Schlosses Lohra läßt sich nichts bestimmtes angeben. Man könnte vermuthen daß es Heinrich der Vogelsteller gegen die Ungern erbauet hätte; denn daß Lohra eine Vestung war, dafür bürgt die Lage und die Ueberbleibsel. Allein eben so gut könnte man auch annehmen, daß es den Kaiser Heinrich, den Vierten, zum Erbauer gehabt habe, der alle Hügel in Thüringen und Sachsen mit Schlössern und Vestungen bepflanzte; alsdenn würde das Ende des eilften Jahrhunderts die Zeit der Erbauung seyn. — Aber auch Edelleute baueten solche Burgen, versahen sie mit Mauern und Graben, um darin den Raub sicher verzehren zu können, den sie nach der Fehden Sitte den Reisenden nahmen. Ein Leben vom Steigbügel erforderte einen solchen Sicherheitsplatz. — Von einer adelichen Familie ist Lohra gewiß angelegt; vielleicht aber in einer andern Absicht. Ich bin der Meinung, daß Lohra von einem gewissen Ludewig, Urenkel Ludewigs, des Bärtigen, erbauet oder erneuert

G 2

seyn.

sey. Johann Bange in seiner Thüringischen Chronik S. 44 sagt: Ludewig des Springers Schwester Jutta, habe mit ihrem Gemahl Ludewig von Linderbeck und
Bielstein, einen Sohn Beringer erzeugt, dieser habe
drei Söhne hinterlassen, der eine Ludewig bauete Lohra
oder Lahra; der zweite Konrad, war in Hohenstein u.
s. w.   Es waren also die Herrn von Lohra eine Ne-
benlinie der Herrn von Bielstein.

Lohra oder Lahra hat seinen Namen von der Göttin Lahra, die hier ihren Stand hatte, und von dem Bonifaz zerstöhrt wurde.   Es hat eine äußerst angenehme Lage, auf einem sehr hohen Berge, von welchem
man die reizendste Aussicht hat,   und die ganze Grafschaft überschauet.   Die verwüstende Hand bigotter Katholiken und feile Söldner Ferdinands, zerstöhrten dies
Schloß im dreißigjährigen Kriege.   Die Graben sind
verschlemmt, und die Mauern nur noch in ihren Trüm-
mern übrig.   Alles, was das Alterthum verehrungs-
werthes hat, ist dahin, die Hand der Vergessenheit hat
alles weggewischt.   Jezt ist Lahra weiter nichts, als ein
Amt,   wozu die Hälfte des Brandenburgischen Antheils an der Grafschaft gehört.   Ehemals mußte eine
Heerde Esel das Wasser in Tonnen auf die Burg tragen, jezt ist diesem Mangel zum Theil durch ein Kunst-
werk abgeholfen.

Was die Geschichte von Lohra anbetrift,   so ist
folgendes zu bemerken: Ludewig war der erste bekannte Besitzer, der 1101 auf dem Beilager Kaiser
Lothars in Nordheim zugegen war.   Ob er sich Graf
von Lohra genannt, ist ungewiß.   Ueberhaupt gilt hier
das, was ich von Klettenberg gesagt habe.   Ludewig
wurde hernach 1126 in dem Kriege, welchen Ulrich,
Markgraf in Mähren,   gegen seinen Vetter,   den
Böhmischen Fürsten Boritzwoge führte, erschlagen.

gen *). Er hinterließ einen Sohn, Ludewig, und eine Tochter, Adelheid, Gemahlin Volkmars in Klettenberg. Ludewig beschenkte 1152 das Kloster Georgenthal mit einigen Gütern zu Mölburg und Sebeleben. Nach ihm wird der Herrn von Lohra nicht wieder gedacht bis 1184. Damals lebten zwei Brüder, Ludewig und Beringer, die vielleicht Söhne des vorigen waren. Beide Brüder waren in diesem Jahre auf einem Landtage in Erfurth, und 1188 in Altstädt, wohin der Kaiser Friedrich, der Erste, verschiedene Bischöfe und Grafen gefordert hatte. J J. 1197 erscheint Ludewig noch einmal bei einer Tageleistung zu Naumburg mit dem Landgraf Hermann, dem Ersten. Sein Sohn, der auch Ludewig hieß, zog 1227 mit dem Kreuz nach Palästina, woher er nie wieder zurück gekommen ist. Er war der letzte seines Geschlechts. Lohra fiel an die Grafen von Beichlingen, auf welche Art aber, weiß ich nicht; ich vermuthe, daß sie es als Lehn von den Landgrafen in Thüringen erhielten. Vielleicht hat Ludewig eine Tochter gehabt, die an den Grafen von Beichlingen vermählt gewesen ist, daher es denn leichter war, das Lehn zu erhalten **). Friedrich, des Vierten von Beichlingen, ältester Sohn ist der Erste, der sich von Lohra schrieb, und 1253 als junger Ehemann, abgesondert von seinem Vater, hier residirte. Nach seines Vaters Tode 1255 gab er Lohra seinem jüngern Bruder, Friedrich, dem Fünf-

G 3

ten,

*) Paul Jovius S. 742.

**) Harenberg Gandersh. Gesch. S 1437 hat eine falsche Genealogie.

Anmerk. Beichlingen ist eine alte Grafschaft in Thüringen an der Unstrut. Sie wird von dem Lossa-Fluß, der hinter Leubingen in die Unstrut fällt, fast rings umschlossen. Das Schloß Beichlingen liegt nicht weit von Heldrun-

gen,

ten, er selbst behielt Beichlingen und Rothenburg *).

Heinrich, der Vierte, von Hohenstein,
brachte Lohra an sein Haus. In der Folge
wurde es mit in die Erbverbrüderung gebracht, welche die drei gräflichen Häuser, Schwarzburg,
Stollberg und Hohenstein schlossen. Die Lehnsherrn gaben ihre Einwilligung dazu. Was Lohra,
Bleicheroda und Ellrich betrift, die Sächsische Lehn waren, so bestätigte der Landgraf Friedrich diese Erbvereinigung, so, daß Schwarzburg und Stollberg die Ge-
sammtbelehnung erhielten. Diese Verbrüderung ist
von allen Herzogen in Sachsen, von Wilhelm an
1461, bis auf den Kurfürst August 1573 bestätigt
worden: August vertauschte in diesem Jahre die Herrschaft Lohra mit allen Pertinenzien an das Domkapitel
zu Halberstadt (während der Vakanz) für andere
Mansfeldische Güter, doch aber mit dem Vorbehalt,
daß dieser Tausch den verbrüderten Grafen nicht
nachtheilig seyn sollte, vielmehr sollte das
Domkapitel dahin sehen, daß die folgenden Bischöfe die Grafen damit beliehen.
Um dies besser zu verstehen, muß ich folgendes ein-
rücken.

Der erste Kurfürst in Sachsen, aus der Alberti-
nischen Linie, Moriz, der 1553 in dem Treffen bei
Sievershausen gegen den Albrecht von Brandenburg-
Culmbach ohne männliche Erben starb, hatte seinen
Bru-

gen, fünf Meilen von Erfurth. Beichlingen kam nach Abgang der Grafen an die Herrn von Werthern.

*) Leukfelds Beschreibung des St. Georgenklosters zu Kelbra,
S. 63.

Bruder August zum Nachfolger *).   Um diese Zeit
ging mit der Grafschaft Mansfeld eine große Veränderung vor.   Diese Grafen, die eigentlich von den edlen Herrn von Querfrrt abstammten, theilten sich in
zwei Linien, in die Vorderortische und Hinterortische.
Die erste Linie war im sechzehnten Jahrhundert so sehr
in Schulden gerathen: daß die Gläubiger anfingen einen Theil nach dem andern an sich zu reißen.   Dies
bewog die Lehnsherrn, Kursachsen, Magdeburg und
Halberstadt, diese mansfeldischen Güter in Sequestration zu nehmen.   Diese Sequestration wurde hernach
auch auf die übrigen Güter ausgedehnt.   Weil aber
unter den verschiedenen Lehnsherrn wegen Vermengung
der verschiedenen Lehnsstücke öfters Irrungen vorgefallen
waren, so bewog dies den Kurfürst August, mit dem
Domkapitel in Halberstadt, den sogenannten halberstädtischen Permutations-Rezeß den 26sten Oct. 1573
zu schließen, worin er seine Lehnsherrlichkeit an der Hohensteinischen Herrschaft Lohra, und den
dazu gehörigen Städten Ellrich und Bleicheroda, nebst der Schutzvogtei über das Kloster
Walkenried an das Bisthum Halberstadt abtrat, und
dafür die halberstädtische Lehnsherrlichkeit an Eisleben, Hettstedt, Polleben, Wimmelburg
u. a. Stücken, welche die Grafen von Mansfeld von
Halberstadt zur Lehn getragen hatten, mit aller landes-
fürstlichen Hoheit erhielt.   Kursachsen und Magdeburg
blieben also die einzigen Lehnherrn von Mansfeld. Dieser Tauschtraktat erhielt 1574 die Kaiserliche Bestäti-
G 4

gung.

*) Anmerk. August hielt 1555 einen Kreistag in Zerbst,
um sich gegen den Albrecht zu sichern. Man wählte ihn
zum Kreisobersten, so sehr sich auch die Grafen von Hohenstein, Stollberg, Schwarzburg, Mansfeld dagegen setzten.
Seitdem ist das Kreisobersten-Amt bei Sachsen geblieben,
obgleich seit 1683 keine Kreistage mehr gehalten werden.

gung.   Die Sequestration der mansfeldischen Güter hat wegen der großen Schulden bis in das Jahr 1780, den 31sten Mai gewähret, wo das gräflich mansfeldische Haus ganz ausstarb. Brandenburg und Kursachsen theilten sich in die Länder.

Es soll bei Lohra ein Kloster gestanden haben, das den Tempelherrn gehörte. Dies würde Mönchelohra seyn, wenn sich anders die Sache so verhält. — Nicht weit von Lohra liegt das in hiesiger Gegend sehr bekannte Dorf Elende, das seinen Namen von dem Märchen mit dem Fuhrmann und Blumenkorbe der Jungfrau Maria haben soll. Richtiger hat es seinen Namen von dem Bonifaz erhalten, der die Bildsäule der Lahra zerstöhrte, und hier am Fuß des Berges eine Kapelle bauete, die er, ich weiß nicht warum, in miseriis — zum Elende, nannte. Der Blumenkorb ist vielleicht eine Reliquie aus Bonifazens Vorrath, und kann einen Krug von der Hochzeit zu Cana bedeuten. Es war hier ehemals ein berühmtes Nonnenkloster, mit einem wunderthätigen Marienbilde, wohin viele Wallfahrten unternommen wurden. Auch zeigt man noch einen Ablaßkasten, worin die Ablaßkrämer den Preiß ihrer Waare verwahrten. In dem Bauernkriege wurde das hiesige Kloster zerstöhrt. Jezt ist hier ein Hospital, zu dessen Unterhaltung durch einen Mann in dem Lohraischen Theil Almosen gesammlet werden.

Ich erwähnte oben der Stadt Bleicheroda, und muß also auch von ihr das aufschreiben, was ich habe finden können. In dem dreizehnten und vierzehnten Jahrhundert findet man oft in alten Chroniken edle Herrn von Bleicheroda erwähnt. Berthold von Bleicheroda, um nur einen statt mehrerer anzuführen, war bei dem Grafen Dietrich in Wernigerode in Diensten, welcher damals die Herrn von Blankenburg und

Rhein-

Rheinstein, mit großen Plakkereien quälte. . Diese klag=
ten bei dem Kaiser Wenzel, der die Entscheidung der
Sache dem Erzbischof von Maynz, dem Herzog Otto,
an der Leine, und Heinrich von Hohenstein auftrug.
Dietrich wurde als ein Landfriedensstöhrer zum Tode
verdammt, und Berthold von Bleicheroda mußte ihm
den ersten Streich über den Kopf geben, worauf die
Umstehenden ihn durchstachen, und dann an einen
Baum knüpften.   Diese Herrn waren aber nichts we=
niger als Eigenthumsherrn von Bleicheroda.   Sie
sind wahrscheinlich Lehnsleute der Stadt gewesen,   die
für sie zu Felde ziehen mußten; denn manche Städte
hatten zu diesem Behuf gewisse Adeliche Familien, die
aber kein ausschließendes Recht zu Aemtern in den
Städten hatten.   Sie für Patricier zu halten, hat
man nicht Gründe genug.   Die Patricier waren noch
zu neu, denn das erste Beispiel von Standeserhöhung
kommt unter Kaiser Heinrich, den Vierten, vor, der
bei einem Tournier in Nürnberg acht und dreißig Fa=
milien in den Adelstand erhob.   Eigentlicher Städte=
Adel möchte vor dem Ausgang des zwölften Jahrhun=
derts gar nicht, oder doch nur selten gefunden werden*).
Im Jahr 1109 gab es Adeliche, die sich Bürger von
Hameln nannten **).   Ein Beispiel beweißt hier
nichts.   Selbst Personen vom hohen Adel bewarben
sich um das Bürgerrecht. Sie verlohren dadurch ihre
adelichen Vorrechte nicht,   wenn sie ihre Landgüter be=
hielten, und sich nicht mit bürgerlichem Gewerbe ab=
gaben.

Die Stadt Bleicheroda hat mit Lohra gleiches
Schicksal gehabt, wozu sie als ein sächsisches Lehn ge=
rechnet wurde.

*) Scheidt S. 183.   **) Götting. Magaz. S. 634.

                          Achtes

Achtes Kapitel.

Kurze Geschichte von Walkenried.

————

Wer mit der Monasteriologie bekannt ist, wird wissen, daß der Name der Klöster von der Gegend, ihre Aufnahme von dem Karakter des Volks mit abhängt. Daß die Mönche und Andere die Klöster baueten, die angenehmsten mit allem, was zum Leben gehört, überflüßig versehenen Gegenden, wenn es möglich war, zur Erbauung ihrer Zellen wählten, ist eben so natürlich als verzeihlich. Walkenried hat eine so schöne Lage, daß sie kaum reizender und geschickter zu einem kontemplativischen Leben wird gefunden werden. Wälder, Wiesen, Aecker, Forellengewässer bieten alles dar, was die, dem Gebet nicht bestimmten Stunden zu den angenehmsten machen kann.

Die Gegend, wo Walkenried liegt, war ein Lehnstück der Kirche in Cöln. Die Gräfin Gertrud von Nordheim, Gemahlin Heinrich, des Fetten, tauschte sie ein, gegen ihr Gut Wiglo*), und gab sie den Herrn von Klettenberg zum Lehn. Ihre einzige Tochter Richenza, Gemahlin Kaiser Lothars, und Erbin der Braunschweigischen Allodien bestätigte diese Belehnung. Das Dorf Walkenried stand schon, ehe das Kloster daselbst gebauet wurde. Volkmar von Klettenberg begab sich, wie oben gesagt ist, in das Kloster Huisburg, und vermachte diesem Kloster zwei und dreißig Hufen Landes, nebst der ganzen Gegend um Walkenried, jedoch unter der ausdrücklichen Bedingung: diese Güter erst nach seiner Gemahlin Adelheid Tode einzuziehen, weil sie

der-

————

*) Leutf. W. Alt. S. 354 u. 384.

derselben zum Leibgedinge angewiesen waren. Der Abt Alfried in Huisburg, setzte der Adelheid sehr zu, daß sie ihm diese Länder noch bei ihren Lebzeiten abtreten möchte. Adelheid weigerte sich, weil sie schon bei sich beschlossen hatte, hier zur Ehre Gottes ein Kloster zu bauen. Sie fing es listig an. Sie bat nämlich den Abt, daß er ihr doch eine Kirche bauen möchte, weil doch nach ihrem Tode ihm alles zufallen würde; die Kosten wollte sie tragen. Anfangs versprach es der Abt, hernach aber, da er die Sache reiflicher überlegt hatte, schlug er es ihr wieder ab. Adelheid nahm dies so übel, daß sie beschloß, sich dafür an ihm zu rächen. Sie begab sich nach Goslar zum Kaiser Lothar und seiner Gemahlin, mit welcher sie verwandt und sonst ihre gute Freundin war. Dieser Besuch half so viel, daß Richenza ihr versprach, sie wollte es bei ihrem Gemahl schon dahin bringen, daß der Abt seine Ansprüche aufgeben sollte. Weiberseelen sympathisiren in diesem Stücke. Richenza hielt Wort. Der Abt mußte sich auf des Kaisers Befehl bequemen, seine Ansprüche aufzugeben, und andere Stücke dafür anzunehmen.

Adelheid, die keine edle Handlung für so verdienstvoll hielt, als die Stiftung eines Hauses, worin man Tag und Nacht sich mit Gott unterhalten, und sich mit Verlassung der Welt, den frommen Empfindungen des Herzens überlassen könnte, entschloß sich eine Reise zu machen, um manches Kloster kennen zu lernen, und das Beste daraus in ihr neues Kloster aufzunehmen. Auf dieser Reise kam sie auch in das neue Cisterzienserkloster zu Campen-Altfeld. — Hier erhielt ihr Enthusiasmus den höchsten Grad. Sie entdeckte den Mönchen die Absicht ihrer Reise, und bestimmte schon diesen Orden zu Bewohnern ihres bald zu stiftenden Klosters. Dies verdienstvolle Werk machte sie den Mönchen doppelt werth. Segenswün-
sche

sche und reicher Ablaß ward ihr zu Theil. Adelheid
nahm sogleich einen Abt und einige Mönche mit nach
ihrem Gute Walkenried. Das Klosterbauen war seit
dem vierten Jahrhundert verdienstlich. Die Aussicht
in die Zukunft, die Hoffnungen ewiger Belohnungen
beflügelten die Arbeiter. Schnell erhoben sich die heiligen Mauern, in denen viele brauchbare Männer, von
der Welt entfernt, ihre Tage verleben sollten. — Walkenried wurde zum gefälligen Wohnplatz der Ruhe um-
geschaffen. Adelheid schenkte nicht blos dies Gut, sondern auch ihr ganzes Vermögen dem aufsteigenden Kloster, und für alles, was sie that, verlangte sie nichts,
als daß sie nach ihrem Tode eine Ruhestädte in den
Mauern desselben finden, und der heiligen Werke ihrer
Mönche theilhaftig werden möchte.

In Absicht des Stiftungsjahres sind die Schriftsteller nicht einig. Leuckfeld behauptet, es sey das Jahr
1127. Seine Behauptung gründet sich darauf, daß
die Mönche selbst dies Jahr in einen Vers gebracht, den
Engelhus in seiner Chronik vom Leben Lothars, wahrscheinlich verändert, anführt. In dem Bauernkriege
sind viele Dokumente und Meßbücher verlohren gegangen, woraus man gewiß das Jahr genau würde bestimmen können. So viel ist gewiß, daß es in den ersten
Jahren der Regierung Kaiser Lothars erbauet ist, also
zwischen 1125 und 29.

Die Mönche, die das Kloster bezogen, waren Cisterzienser, ein Zweig des Benediktinerordens, den Robert, Abt in Molisme in Burgund stiftete. J. J.
1122 gab der Erzbischof von Cöln, Friedrich, diesem
Orden die Erlaubniß, zu Alten-Campen auf den Gränzen der Cölnischen Diöcese ein Kloster zu bauen. Aus
diesem Kloster sind mehrere neue Klöster bevölkert worden. Die Kleidung der Mönche war grau, daher man
sie

sie auch die grauen Mönche nannte. Ueber diesem
grauen Kleide trugen sie noch einen schwarzen Rock.
Das Haupt war ganz geschoren, außer daß sie rings
um dasselbe in Gestalt eines Kranzes einige Haare stehen ließen. Aus Walkenried wurden hernach die Mönche genommen zur Bewohnung des Klosters Sittichen-
bach in der Grafschaft Mansfeld, und der Marien-
pforte im Stift Naumburg. Das letztere ist in der
Folge in eine Fürstenschule verwandelt und heißt jezt
Schulpforte.

Die Päbste sowol als die Kaiser haben dem Klo-
ster Walkenried viele Privilegien ertheilt. Honor, der
Zweite, und sein Nachfolger Innocenz, der Zweite,
genehmigten die Vertauschung, die Adelheid mit dem
Abt in Huisburg traf, ja sie nahmen auf Ansuchen der
Stifterin, in einer besondern Bulle, alle Güter des
Klosters, namentlich Immenrode, Roderode, Kinder-
rode und Verbisleben gegen alle Invasoren in Schuß.
Eugen, der Dritte, bestätigte alle Schenkungen und
Privilegien, so wie auch sein Nachfolger Anastasius,
der sogar denen reichlichen Ablaß versprach, die sich
gütig gegen das Kloster beweisen würden. Innocenz,
der Dritte, gab ihm die Rechte eines Asyls, und sprach
es von allen Zehnten frei. Der Kaiser Lothar gab ihm
die Jagd und Wildbanen, die ihm in dieser Gegend zustanden, und bestätigte auf Bitte seiner Gemahlin Richenza die Schenkungen der Adelheid *).

Hierauf wurde das Kloster 1137 den 2ten May,
eingeweihet. So einfach die Einweihungs-Cerimonien
zu Constantin des Großen Zeiten waren, so prunkvoll
waren sie jezt. Die Einweihung geschahe von dem
Erz-

---

*) Rogante conforte noftra Richenza „duos lucos et
unum pratum adiecimus etc.

Erzbischof in Maynz, Albert, zur Ehre Gottes, der Jungfrau Maria, und des heiligen Martin Bischof. Eine Menge Reliquien prangten in den Händen der zur Weihe geladenen Bischöfe. Sieben Altäre wurden reichlich damit botirt. Das Gebäude selbst war aus den besten ausgehauenen Steinen. Was davon nicht zu andern Gebäuden gebraucht worden ist, liegt noch izt in seinen Ruinen und trotzt dem Ungewitter. Zu den vornehmsten spätern Reliquien in Walkenried gehört ein ganz silbernes Marienbild mit dem Jesus Kinde auf dem Schooße das mit den Fingern der rechten Hand zwei Dornen von der Krone Christi hielt. Der Herzog Heinrich von Grubenhagen hatte sie 1330 von dem Berge Horeb aus Palästina mitgebracht, und dem Kloster geschenkt. Wahrscheinlich sind diese Dornen aus Paris geholt und nicht aus Palästina.

Die Besitzungen des Klosters wurden immer ansehnlicher, so daß ein Dutzend feiste Mönche schon davon leben konnten. Durch Kaiserliche und Päbstliche Briefe war es gegen alle Invasoren geschützt; der Fluch der Adelheid gab dem Kloster einen höhern Grad von Heiligkeit. Schrecklich sind die Worte: Verflucht sollen seyn alle seine Werke — wer das Kloster beeinträchtigt — verflucht, wenn er aus- und eingehet, verflucht sey sein Tod wie ein Hund, wer ihn begräbt, sey vertilgt u. s. w. Wahrlich recht christlich!!

Die vorzüglichsten Güter, die zu Walkenried gehörten, sind folgende; 1) Riethhof; 2) Berbisleben, wel-

---

1) Den Riethhof haben die Walkenrieder selbst gebauet, nicht weit von Heeringen. Sie gaben nämlich ihre Güter in Werthern und Wechsungen an den Eilger in Ilfeld, und erhielten dafür diese sumpfigte Gegend, die sie urbar machten. Der Riethhof war ein Fuldaisches Lehn, daher auch
der

welches Adelheid von dem Ekkard von Almundesleben
gekauft hatte; Wosleben, Sachswerfen. Ueber diese
Güter erhielt das Kloster 1140 von dem Kaiser Kon=
rad, den Dritten eine Bestätigung. Kaiser Friedrich,
der Erste, gab dem Kloster den vierten Theil
am Rammelsberge in Goslar, den jezt
das Haus Braunschweig hat. J. J. 1209
kaufte der Abt von dem Albrecht und Konrad von Klet=
tenberg, Flabekendorf und Bobenrode. Ferner gehör=
ten dazu 3) Nohra, Babera, 4) Günzerode: 5) Ka=
len=

der damalige Abt in Fulda, Marquard, die Erlaubniß zum
Bau gab.

2) Jezt sind diese Aecker an die Einwohner verpachtet.
Schwarzburg und Stollberg bekommen den dritten Schef=
fel der Einkünfte,

3) Nohra kam J. J. 1253, was die Kirche betrift, an Wal=
kenried. Der Graf Heinrich, der Zweite, verkaufte seine
daselbst liegenden Güter an das Kloster für siebzig Mark
Silber. Ernst, der Vierte, verpfändete ihm das ganze
Dorf für tausend zweihundert Mark. Der letzte katholische
Abt, Paul, schenkte sowol das Dorf, als auch die tausend
zweihundert Mark, an Ernst, den Fünften, zurück.

4) Graf Friedrich von Beichlingen, schenkte Günzeroda an die
Abtei, worauf ein besonderer Meßpriester hier angesezt
wurde. Der Unterhalt dieses Meßpriesters kostete dem
Kloster zu viel, daher bat der Abt den Erzbischof Heinrich
in Maynz um Erlaubniß ihn abstellen zu dürfen. Er er=
hielt sie. Nun wurde der Meßdienst daselbst durch ein
Paar Kloster=Pfaffen abwechselnd verrichtet, und Walken=
ried zog die Einkünfte des ganzen Dorfs. Die Einwohner
wurden zum Beichten nach Haferungen, und die von Stein=
see nach Liebenrode gewiesen. Dies ist auch nach der Refor=
mation geblieben. Jezt ist Günzerode ein Domainengut,
und wird zu dem Kollekturamt in Nordhausen gerechnet.

5) Kalenberg lag unter dem Bennekenstein am Harz. Die
Herrn von Spiegel überließen es dem Kloster wieder=
käuflich.

lenberg, 6) Liebenrode, 7) Ratherode, 8) Kinderro-
de, 9) Hillingsborn, 10) Engelharderode, 11) Klein-
wechsungen. — Von allen diesen Gütern gehört,
außer einigen Zinsen, nichts mehr an Walkenried, ja
viele von den genannten Oertern sind nicht mehr vorhanden, die übrigen sind mit dem Walkenrieder Hofe
in Nordhausen an Brandenburg gekommen. —

Das wichtigste von den Gütern, die Walkenried
besaß, ist der sogenannte Walkenrieder Hof in Nordhausen. Das Kloster hatte in Nordhausen die so genannte Margretenkapelle; im Jahr 1293 kaufte der
Abt Hermann von einem gewissen Gasthaus einen Hof
dazu, er mußte sich aber deswegen in einem besondern
Briefe mit dem Magistrat vergleichen, der sorgfältig
für seine Rechte wachte. Dieser Walkenrieder Hof
spielte eine ärmliche Figur, bis der Abt Konrad, der
Dritte, im Jahr 1345 ein prächtiges Gebäude aus
dem alten hervorgehen ließ. Die folgenden Aebte
suchten, so viel sie konnten, diesen Hof durch Einkünfte und Privilegien zu bereichern. Hierdurch geriethen
sie

6) Liebenrode gehörte sonst den Grafen von Beichlingen, Graf
Reinbode gab 1188, fünf Hufen Landes daselbst an Walkenried.

7) Lag b.i Herreden. So weit hatten, nach Kaiser Lothars
Briefe, die Mönche die Jagd. Die Grafen von Hohenstein stritten sich deswegen beständig mit dem Kloster, daher es auch, da es in dem Bauernkriege zerstört wurde,
nicht wieder aufgebauet ist. Die Inhaber der Lehn müssen
die Zinsen nach Walkenried liefern.

8) Kaiser Otto, der Vierte, gedenkt desselben in einem Schutzbriefe des Klosters.

9) Lag nahe bei Immenrode, 10) nahe bei Walkenried.

11) Gehört zum Kollektur-Amt in Nordhausen.

sie aber mit dem Magistrat in einen langwierigen
Streit, der eine solche Wendung nahm, daß 1496
ein förmlicher Vergleich zwischen dem Kloster und dem
Magistrat beider Rechte bestimmen mußte. Der Magistrat hatte ehemals blos erlaubt, das Gebäude zum
Aufschütten des Getraides aufzuführen, welches hier
verkauft werden sollte. Eben einen solchen Hof hatte
Walkenried in Göttingen. Besonders waren die in der
goldenen Aue gelegenen Güter des Klosters angewiesen, ihr Getraide nach Nordhausen zu bringen. Noch
jezt müssen die Zinsen dahin geliefert werden, da der
Hof an Brandenburg gehört. Das, was in dem
damaligen Vergleiche festgesetzt wurde, gilt noch jezt,
die Hauptpunkte waren: "Das Kloster zahlt den Ge-
schoß, ist aber frei von den Wachen, Thorhut; darf
nicht mehr Bier brauen, als die Leute, die auf dem
Hofe sind, verbrauchen. Das weltliche Gesinde ist der
Stadt eidbar; würden sich die Umstände des Klosters
ändern, oder ein anderer, als ein Ordensbruder, den
Hof verwalten, so soll die Stadt das Recht haben,
den Hof wieder einzuziehen."

In dem Bauernkriege 1525, trat der Konvent zu
Walkenried mit Kaiserlicher Genehmigung den Hof an
den Magistrat ab. A. J. 1528 erhielt der Abt Paul
auf vieles Bitten denselben zwar wieder gegen den gewöhnlichen Revers, jedoch nur auf Lebenszeit der Konventualen. Im Jahr 1530 mußte eben dieser Abt einen neuen Revers von sich stellen; worin er bekennt,
daß der Magistrat ihm diesen Hof freiwillig überlassen
habe, und versichert, daß, wenn Walkenried, mit oder
ohne Genehmigung der Konventualen, an einen weltlichen Herrn käme, der Hof mit allem Zubehör, ohne
alle Widerrede an den Magistrat fallen sollte. Nachdem die Reformation im Kloster erfolgt war, und der
Kurfürst August sich dessen anmaßen wollte, wie ich un-

H

ten

ten anführen werde; so gab dies dem Magiſtrat Gelegenheit, nach den verſchiedenen Reverſen den Hof einzuziehen, der jezt prächtiger, als zuvor, durch den Abt
Holtegel aufgebauet war. Der Kurfürſt widerſetzte
ſich anfangs, da er aber genauer von der Sache unterrichtet wurde, ſo ließ er ſich es gefallen, und der Magiſtrat beſaß das Gut vier Jahr. Als hernach der
Abt Adam Goldhorn, nachdem mit dem Kurfürſten bei
dem Kammergericht geführten Prozeß inveſtirt wurde:
ſo gab der Rath ihm den Hof zurück, jedoch nicht anders, als bittweiſe, und gegen den gewöhnlichen Revers. Als der letzte Abt, Georg, ſtarb, und der Pri-
or, Hirſch, die Adminiſtration dem Grafen Volkmar
Wolfgang, von Hohenſtein überließ; ſo wurde dieſem
zwar der Hof, gegen mündliches und ſchriftliches Verſprechen eines Reverſes, überlaſſen; weil er aber darüber ſtarb, und ſein Sohn Ernſt, der Siebente, nichts
erhebliches vorgenommen hatte, ſo zog der Magiſtrat
denſelben wieder ein, und behielt ihn neun Jahr, indem er ſich nicht verbunden glaubte, dem Herzog Heinrich Julius, von Braunſchweig, der Walkenried in Beſitz nahm, dieſe Güter in der Stadt zu überlaſſen.

Der Herzog ſetzte zwar der Stadt ſehr zu, der
Magiſtrat aber war ſtandhaft, bis endlich 1605, aus
erheblichen Urſachen, der Hof ad interim, doch aber
ſalvo iure quaeſito reſtituirt, die cauſa caducitatis aber,
und dominii, bis auf fernere Vergleichung oder recht-
lichen Ausſchlag zweier Schiedsrichter ausgemacht würde *). Hierbei blieb es nun bis auf das Jahr 1629,
wo die Ciſterzienſer das Kloſter Walkenried wieder be-
ſetzten. Dieſe wollten nun auch alle die Stücke wieder
haben, die dazu gehört hatten, und beſonders den Hof
in Nordhauſen. Sie wurden hierin von den Kaiſerlichen

*) Hiſt. Nachr. v. Nordhauſen S. 98.

chen Kommiſſarien, oder gräflich Thunſchen Stadt⸗
halter in Bleicheroda unterſtützt, und nahmen mit be⸗
wafneter Hand Beſitz davon. Der Magiſtrat konnte
weiter nichts thun, als widerſprechen, bis endlich die
Schlacht bei Leipzig die beängſtigten Proteſtanten in
beſſere Umſtände verſetzte, und die Katholiken räumen
mußten, was ſie occupirt hatten — Hiervon iſt an ei⸗
nem andern Orte gehandelt. — Der Hof blieb wie
zuvor dem Herzog Friedrich Ulrich zu Zelle, doch mit
dem Beding, daß es bei den obigen Rezeß verbleiben
ſollte: Damit aber wegen der cauſa caducitatis und
dominii. keine Irrungen entſtünden; ſo ſchlug der Ma⸗
giſtrat die Städte Erfurth und Mühlhauſen zu Schieds⸗
richtern vor, der Herzog aber erbot ſich zu einer münd⸗
lichen Unterredung, die aber wegen der Kriegsunruhen
nicht zu Stande kam.

Nach dem Tode des Herzogs nahm der Magiſtrat
ſogleich wieder Beſitz von dem Gute. Die Miniſter
des Erzherzogs Leopold Wilhelms, Biſchofs in Hal⸗
berſtadt, forderten damals Walkenried, und auch den
Hof in Nordhauſen, ja ſie ließen ſogar das herzogliche
Wappen daran ſchlagen, der Magiſtrat aber ließ in ih⸗
rer Gegenwart, ſo ſehr ſie auch droheten, vor Notar
und Zeugen daſſelbe abreißen, und, weil es die Kom⸗
miſſarien nicht zurück nehmen wollten, auf dem Rath⸗
hauſe aufbewahren. Einige Zeit hernach trat doch der
Magiſtrat den Hof an die Konventualen ab. Da nun
im Weſtphäliſchen Frieden Chriſtian Ludewig, von
Braunſchweig, Walkenried als ein Reichslehn erhielt;
ſo nahm er auch den Hof in Beſitz, obgleich der Ma⸗
giſtrat widerſprach. Endlich wurde er von Braun⸗
ſchweig dem Hauſe Gotha abgetreten, welches ihn
dann an den König von Preußen überlaſſen hat. —
Das Uebrige von Walkenried wird in der folgenden
Geſchichte mit erzählt werden. Das, was ich von dem

H 2

Wal⸗

Walkenrieder Hofe gesagt habe, kann mit dem verglichen werden, was unten im Jahr 17$\frac{48}{49}$ zwischen Nordhausen und dem Könige von Preußen verhandelt wurde. Siehe das 14te Kap.

Man zählt in Walkenried acht und dreißig Aebte. Der erste war Heinrich, und der letzte Paul von Göttingen. Sie sorgten alle sehr gut für das Kloster. Einer von ihnen Bernhard erhielt 1267. das Himmelreich, ein sehr beliebter Spaßiergang der Ellricher, von dem Grafen Heinrich, dem Zweiten, zum Geschenk. Lutherische Aebte sind fünf gewesen.

Was die Schußvogtei betrift, so gehörte sie schon deswegen an Klettenberg, weil Adelheid das Kloster gestiftet hatte. — Da die Klöster durch die vielen Geschenke, die sie von den Kaisern, Fürsten, Grafen und Privatpersonen erhielten, ihre Einkünfte sehr vermehrten; so war es nöthig, gewisse Personen zu bestellen, die die innere und äußere Ruhe und Ordnung besorgten, damit die Nonnen und Mönche in ihrer Andacht, nicht durch Geschäfte, die Zerstreuungen erfordern, gestört würden. Derjenige nun, der die Haushaltung besorgte, bekam den Namen Haushaltungsvater, oder Abt, der die äußere Ruhe besorgte, hieß Vogt. Dies bedeuten die Ausdrücke οικονομος und εδικος in den Canonen des Chalcedonensischen und Karthaginensischen Conciliums. Der Oekonom hatte wieder seine Unterökonomen, dies sind Prior, Subprior, Bursarien, u. f. w.

Das Recht der Advokatur pflegten die Kaiser und Fürsten, als ein Regal für sich zu behalten, oder auch wol andern tapfern und braven Rittern als ein Lehn aufzutragen. Sie behielten den Titel Oberschirmvögte, diese aber hießen nur edle Vögte, auch wol nur Vitz-
thum

thum *). Oft wurde die Advokatur von dem Herrn,
dem sie rechtmäßig zukam, dem Kloster selbst geschenkt.
In diesem Falle hatte dann das Kloster das Recht,
sich einen Vogt zu wählen, und ihn zu belehnen.   Auf
diese Art hatten die Klöster Gelegenheit, einen einträg-
lichen Handel mit ihrer Vogtei zu treiben, denn sie
kauften sich oft das Recht,   und verkauften dann die
Advokatur wieder, daher findet man, daß bald dieser,
bald jener als Voigt ein und desselben Stifts angeführt
wird,   jedoch zu verschiedenen Zeiten, auf welche der
Verkauf eingeschränkt war.   Oft hatten einzelne Güter
des Klosters ihre besondern Vögte, wie dies auch bei
Walkenried der Fall war.

    Das Amt eines Vogts war,   daß er das Kloster
gegen Invasoren schützen mußte.   Die Grafen von Hohenstein bekamen mit der Herrschaft Klettenberg auch
die Vogtei über Walkenried.   Und wenn gleich der Kaiser als Obervogt bisweilen einzelne Stücke andern Vornehmen anvertrauete, so waren doch immer die Grafen
von Hohenstein die ersten Vögte.   Walkenried zahlte
für Advokatur an die Grafen sechs und dreißig Mark
Silbers.   Dies war ihm beschwerlich, und suchte daher 1323 sich der Vogtei zu entledigen.   Die Grafen
Dietrich, der Fünfte, und Heinrich, der Vierte, merkten, was der Konvent willens sey, und suchten deswegen ihren Bruder Otto, der ein Geistlicher war, und
als Graf von Hohenstein ein Recht zur Abtei zu haben
glaubte, zum Abt zu machen.   Die Konventualen,
durch Pabst Gregor, des Neunten, Bulle berechtigt,
wählten Konrad, den Zweiten, von Duderstadt. Was
H 3   dar-

*) Supremi advocati et patroni ecclesiarum; nobiles ad-
     vocati; vice domini.

daraus für Unruhen entstanden, ist schon oben in der Geschichte dieser Grafen erzählt worden.

Uebrigens blieb die Advokatur bei Hohenstein, und Ferdinand, der Erste, schrieb 1543 von Nürnberg aus an Ernst, den Fünften, und befahl ihm, als Beschützer des Klosters dahin zu sehen, daß die neue Lehre nicht eingeführt würde. Ernst richtete nichts aus, und beklagte sich daher bei Karl, dem Fünften, daß der Abt Holtegel fortfahre zu reformiren, und nicht einmal Rechenschaft von seiner Verwaltung ablegen wolle. In der erfolgten Antwort des Kaisers, wurde dem Grafen die Schutzvogtei bestätigt. Der Kurfürst von Sachsen, Moriz, wollte zwar dem Ernst die Vogtei streitig machen, wegen eines Befehls vom Kaiser Friedrich, den Dritten, der die Obervogtei den Herzogen von Sachsen aufgetragen hatte, weil er sich nicht darum bekümmern konnte. Der Abt korrespondirte heimlich mit dem Kurfürsten, und gelobte ihm jährlich zwei Fohlen zu geben, allein Ernst blieb, so lange er lebte, in dem Besitz seiner Rechte. Nach seinem Tode behaupteten seine Söhne ihre Würde, und untersagten sogleich dem Abt, die Fohlen weiter an Sachsen abzuliefern. Der Kaiser Ferdinand bestätigte sie 1557 in dieser Würde. In der Folge ging der Streit mit dem Kurfürst August aufs neue an. Es wurde nämlich 1564, Jacob Marsilius zum Abt gewählt. Einige Konventualen waren mit ihm nicht zufrieden, und wandten sich deshalb an den Kurfürsten, von dem sie wußten, daß er nach der Advokatur trachtete. Der Kurfürst schickte den Wolfgang Lange, als Abt in das Kloster, und ließ ihn durch einen Bevollmächtigten einführen. Die Grafen klagten deswegen bei dem Kaiser. Ob ihnen aber gleich ihr Recht bestätigt wurde, so mußten sie doch diesen Vergleich eingehen, daß nunmehr zwei Tutoren seyn sollten: Sachsen als Ober-

schutz-

ſchutzherr, und dann die Grafen; das Kloſter mußte
ſtatt der zwei Fohlen dreihundert Gulden zahlen, und
den vierten Knaben von Seiten des Kurfürſten in die
Schule aufnehmen. Dieſer Vertrag iſt von Dresden
datirt, im Jahr 1568. Der Kurfürſt gab auch 1572
dem Grafen einen Revers, wie er ſich der Vogtei zu bedienen habe. Als Lehnsherr konnte Sachſen die Vogtei
nicht fordern, denn ſie beruhete nicht auf Lohra, ſondern auf Klettenberg, welches kein ſächſiſches Lehn war.
Seine Anſprüche gründeten ſich blos darauf, daß der
Kaiſer ihm die Obervogtei übergeben habe. Eben
dies ſcheint den Grafen unangenehm geweſen zu ſeyn.

Im Jahr 1574, übergab der Kurfürſt ſeine Lehn
im Hohenſteiniſchen dem Herzoge von Braunſchweig,
und Biſchof von Halberſtadt, Heinrich Julius, für die
oben genannten Mansfeldiſchen Güter; zugleich übertrug er ihm auch die Obervogtei, und andere Rechte,
die Sachſen in Walkenried erlangt hatte. Der Graf
Ernſt, der Sechſte, wollte dem Biſchof die Inspection
und Viſitation nicht zu geſtehen. Dieſer Streit wurde 1581 in Nordhauſen ſo beigelegt, daß der Biſchof
Obervogt, der Graf Untervogt blieb; die Augſpurgiſche
Confeßion ſollte darin bleiben, und wenn Ernſt die
ihm überlaſſene Adminiſtration nicht verwalten wollte:
ſo ſolle er ſich einen Prokurator wählen, oder auch einen Abt. J. J. 1583 beliehe Heinrich Julius, ſeinen
Vater Julius mit Lohra und Klettenberg, nebſt der
Vogtei über Walkenried, und 1593 nahm er ſie ſelbſt
als Lehnsfolger ſeines Vaters in Beſitz, und erhielt von
dem Domkapitel die Real-Inveſtitur. In dem Weſtphäliſchen Frieden kam Lohra und Klettenberg an
Brandenburg, Walkenried aber blieb an Braunſchweig,
ohnerachtet der Vorſtellungen des Brandenburgiſchen
Miniſters, der ſeine Anſprüche auf die Obervogtei gründete. Siehe das zwölfte Kapitel. Im Jahr 1665,

H 4

wurde

wurde in Hildesheim, zwischen Johann Friedrich und
Georg Wilhelm, ein Receß errichtet, worin Walkenried an den Georg Wilhelm in Zelle fiel. Bald nachher wurde unter den gesammten Herzogen von Braunschweig und Lüneburg, ein Vergleich geschlossen, worin
Walkenried, gegen Abtretung der Grafschaft Dannen-
berg an das Haus Zelle, an Braunschweig-Wolfenbüttel zurück gegeben wurde. Rudolf August und Anthon Ulrich nahmen es in Besitz, und noch itzt gehört
es an Wolfenbüttel, und steht unter Blankenburg.

Noch muß ich anführen, daß der Abt in Walkenried ein Reichsstand war. Er mußte zwei Ritterpferde und sechs Mann zu seinem Kontingent stellen,
oder zwölf Gülden monatlich für das Pferd, und vier
Gülden für einen Soldaten zahlen. — Was sonst
merkwürdig ist, wird man aus der folgenden Geschichte
sehen.

Neuntes Kapitel.

Geschichte der Hohenstein-Heeringen-Kelbra-Heldrungischen, hernach Vierradischen Linie. —

Der Stifter der Heldrungischen Linie, ist Dietrich,
der Fünfte, der vier Söhne mit seiner Gemahlin Irmengard von Käfernburg erzeugt hatte. Heinrich, der
Siebente, war im Jahr 1349, Domprobst in Nordhausen, und hatte seinen Bruder Ludewig in dieser Würde zum Nachfolger 1363 *). Dieser Ludewig soll 1383
zu Bennekenstein auf dem Harze, nachdem er seine
Pfründen aufgegeben hatte, gelebt haben. Es bleiben
also

*) Nachr. v. Nordh. S. 156.

alſo blos Dietrich, der Sechſte, und Ulrich, der Drit=
te, übrig. Sie regieren zwar gemeinſchaftlich, doch
aber erſcheint Dietrich, der Sechſte, öfters allein in
Verhandlungen z. B., da er nebſt ſeinem Vetter Hein=
rich, dem Vierten, 1330 von dem Landgraf Friedrich
mit Heeringen beliehen wurde. Bald darauf theilte
Dietrich, der Sechſte, im Namen ſeiner Brüder
mit ſeinem Vetter Heinrich, dem Vierten, die Graf=
ſchaft, ſo, daß Hohenſtein ein ungetheilter und gemein=
ſchaftlicher Erbſitz bleiben, das Uebrige aber in zwei
gleiche Theile getheilt werden ſollte. Heinrich, der
Vierte, erhielt den Theil am Harze, nebſt
den Herrſchaften Lohra und Klettenberg,
Dietrich der Sechſte aber den Theil in der
goldenen Aue, wozu Heeringen und Ton=
na gerechnet wurden, nebſt einem Stück
vom Harzwalde.

Dietrich, der Sechſte, reſidirte in Heeringen,
und führte davon auch den Namen. Im Jahr 1343
waren die Grafen von Hohenſtein in mehrere Fehden
verwickelt. Sie zerfielen nämlich mit Nordhauſen, we=
gen einiger Rechte, die ſie in der Stadt ausübten;
was dies aber für Rechte waren, läßt ſich nicht be=
ſtimmt angeben; ferner mit Walkenried, und, als
Bundesgenoſſen von Schwarzburg und Maynz, auch
mit dem Landgraf Friedrich und der Stadt Erfurth,
wie in Heinrich, des Fünften, Geſchichte ſchon er=
zählt iſt. S. das ſechſte Kapitel. Dieſe letzte Fehde
war die Schlimmſte, denn ſie konnte nur auf Befehl
Kaiſer Ludewigs des Bayern, auf einer Verſammlung
in Würzburg 1343 beigelegt werden. Den Grafen
von Hohenſtein befahl der Kaiſer damals ausdrücklich,
die Stadt Nordhauſen bei allen ihren Rechten zu laſ=
ſen, wenn ſie ſolche mit Kaiſerlichen Briefen beweiſen
könnte. Die Grafen ſowohl als Walkenried, ſollten

H 5

ihre

ihre alten hergebrachten Rechte in dieser Stadt ungestört behalten.

Es scheint, als wenn die Landgrafen in Thüringen, die unter ihrer Lehnsherrschaft stehenden Grafen
unterdrücken wollten, oder wenigstens sich bemüheten,
sie in den Schranken zu erhalten. Die Grafen fühlten dies, und boten daher ihre Kräfte auf, um sich so
hoch, als möglich zu schwingen. Mehrere Thüringische Grafen, worunter Dietrich, der Sechste, und
Heinrich, der Vierte, von Hohenstein waren, schlossen
mit dem Erzbischof in Maynz, Heinrich, der ansehnliche
Güter in Thüringen besaß, ein Schutzbündniß. Der
Krieg brach aus, wurde aber bald ohne wesentliche
Vortheile irgend eines der Kriegführenden geendigt.

In der streitigen Königswahl, Günthers, von
Schwarzburg, hielten es die sämtlichen Grafen von
Hohenstein mit Günthern, ausgenommen Heinrich, der
Fünfte. Es war das leidige Interesse, das diese gräfliche Familie trennte. Heinrich, der Fünfte, hatte
mit seinen Schwiegersöhnen von Schwarzburg, eine
Erbverbrüderung geschlossen, welche er von dem Kaiser, in dessen Diensten er war, bestätigt wünschte. Er
trat auf Friedrichs von Meißen, und des Landgrafen
Ludewigs Seite, die die wachsende Macht Günthers,
ihres Vasallen, mit scheelem Auge ansahen, und deswegen Karln unterstützten. Die übrigen Grafen von Hohenstein hingegen, waren mit jener Erbverbrüderung
nicht zufrieden, und unterstützten daher Günthern, von
dem sie mehr für sich hoffen konnten, als von Karln.
Sie gewannen auch in der That mehr dabei, ob sie
gleich viel eingebüßt hatten. Als Günther seinen nahen
Tod merkte, und Freidangs Gift ihm die Hofnung zur
Genesung benahm; so ließ er sich, weil ihn auch sein
treuester Unterstützer Ludewig, von Brandenburg verließ,

ließ, bereden, für zwanzigtausend Mark löthiges Silber,
die Krone an Karln abzutreten. Weil aber Karl diese
Summe nicht bezahlen konnte: so versetzte er ihm da=
für die Städte Mühlhausen, Nordhausen, Goslar,
Gelnhausen und Friedberg, nebst dem Zoll in Maynz,
und der Reichssteuer in Frankfurt am Mayn *). Diese
letzten Stücke waren eigentlich nur unter der Bedin=
gung verpfändet, wenn die ersten Städte die Pfand=
schaft nicht annehmen wollten, sie sind aber hernach
als Pfand angesehen worden.

Diese Pfandschaft erstreckte sich auch auf Gün=
thers Anverwandte, und in der Urkunde wird nament=
lich Heinrich von Hohenstein angeführt. Karl ver=
sprach kein Stück ohne das andere einzulösen. „Wir
„Karl ꝛc. sollen ein ohne das andere nicht lösen und ledi=
„gen, also, daß die ehegenannten von Hohenstein
„Günthers Freunde, die vier genannten Städte mit
„allen Nutzungen ꝛc. inhaben, nutzen und genießen sol=
„len, ohne allen Abschlag, bis an die Zeit, daß wir,
„oder unsere Nachkommen an dem Reich ihm — Gün=
„thern — seinen Erben oder obgenannten Freunden
„von Hohenstein die oft genannten 20,000 Mark gänz=
„lich entrichten und bezahlen.“ Es wurde ihnen ferner
zugestanden, ihre Zollbediente ein=und abzusetzen, wenn
sie wollten. Diese obengenannten Städte sollten den
Grafen huldigen, und damit alles völlig rechtskräftig
würde, so sollten die Bürger von Frankfurt, die nach
dieser Abtretung die Steuern an die Grafen zahlen
mußten, ihnen deswegen einen Brief ausfertigen; dies
sollte aber wieder aufhören, sobald sich Karl mit Gün=
thern und seinen Freunden völlig gesetzt, und abgefun=
den hätte. — Dieser Vergleich wurde zu Altwill ge=
schlof=

*) Das Diplom darüber steht in Heidenreichs Schwarzb.
Geschichte.

ſchloſſen; die Biſchöfe von Bamberg und Würzburg, und Johann, Burggraf in Nürnberg, wurden Bürgen, Karl ſelbſt ſtellte fünf und zwanzig Ritter als Geiſeln, und verſprach auf ſeine Koſten zweihundert Mann mit Helmen, und ſeinem Panier zu ſchicken, in dem Falle, daß die Bürger dieſer Städte den Grafen den Huldigungseid verweigerten. Auch verſprach der Kaiſer die Wille-Briefe der Kurfürſten zu ſchaffen.

Es ſcheint übrigens dieſe ganze Unterhandlung nicht mit großem Vertrauen von beiden Seiten betrieben zu ſeyn, dies leuchtet aus dem Argwohn der Grafen von Hohenſtein hinlänglich hervor, der Karln bewog, ausdrücklich und zum Ueberfluß ſich ſo zu erklären: „Er „wolle den Grafen von Hohenſtein, wenn Günther und „ſeine Leibes-Erben ausſtürben, ſchuldig und verpflichtet „ſeyn, wie es hier vorgeſchrieben ſen; das Pfand ſolle „ihnen und ihren Erben gehören, ſo gut wie Gün- „thers Erben.‟ Graf Dietrich, der Sechſte, übernahm hierauf in Günthers Namen die Lehn über alle Schwarzburgiſche, und über die verpfändeten Güter. Die Grafen haben dies Pfand über achtzig Jahr beſeſſen, und es iſt falſch, was Cuspian ſagt, daß Karl das Geld von den Juden erpreßt, und dafür dieſe Städte eingelöſt habe. Nordhauſen iſt ſeiner Pfandſchaft am erſten entlaſſen, weil ſie ſich mit den Grafen abgefunden hatte; Gelnhauſen wurde erſt 1406 wegen der Entlegenheit aufgegeben, hingegen Friedberg war achtzig Jahr hernach den Grafen noch verpflichtet. Nach einer Urkunde vom Kaiſer Wenzel, Karls Sohne, wurden dieſe Städte den Grafen beſtätigt; und da dieſer ſie nicht einlöſen konnte, wie vielweniger wird es Ruprecht und Sigismund gekonnt haben, die mit einem beſtändigen Geldmangel zu kämpfen hatten. Die Frankfurter ſuchten ſich auf eine unedle Art ihrer Pfandſchaft zu entledigen. Als nämlich Graf Ulrich von Hohenſtein

henſtein 1397, als Geſchlechts = Aelteſter, im Namen
aller Grafen von Hohenſtein und Schwarzburg, die
Huldigung von Gelnhauſen, Friedberg und Frankfurt
einnahm; ſo überfielen ihn auf der Rückreiſe Räuber.
Ulrich mußte ſich loskaufen. Seinem geheimen Sekre=
tär nahmen ſie das Siegel und die Pfandverſchreibung
auf die Stadt Frankfurt. Frankfurt zahlte bis 1419
die Steuern. In dieſem Jahre rückte ſie mit einer
Abſagung und Quittung hervor, die mit des Grafen
Siegel bedruckt war. Ulrich erklärte dies für einen Be=
trug, und meynte, daß die Räuber, die ihn einſt an=
gefallen hätten, von Frankfurt gedungen, oder ſelbſt
Frankfurter geweſen wären. — Heinrich, der Neunte,
von Hohenſtein, verkaufte im Jahr 1455 ſeinen An=
theil an dieſen Pfandſchaften an Heinrich von Hanau.

Dietrich, der Sechſte, wurde von Günthern zum
Vormunde ſeines Sohns Heinrich beſtimmt. Die
Schwarzburgiſchen Agnaten glaubten ein näheres Recht
hierzu zu haben, und erregten daher einen Streit,
welcher 1350 in Erfurth ſo verglichen wurde, daß ſämt=
liche Grafen von Hohenſtein und Schwarzburg, die
Vormundſchaft übernahmen, und dabei folgenden Ver=
gleich ſchloſſen: „Wenn des verſtorbenen Königs Gün=
„thers unmündiger Sohn, Heinrich, vor ſeinem
„zwölften Jahre ſtirbt: ſo wollen wir alle ſeine hinter=
„laſſenen Herrſchaften, Städte, Schlöſſer, Land und
„Leute, beſunders diejenigen 20,000 Mark, welche
„der Kaiſer Karl uns ſchuldig geworden, und alle dafür
„haftende Pfandſchaften innerhalb Monatsfriſt theilen,
„alſo, daß Heinrich, der Fünfte, von Hohenſtein und
„ſeine Schwiegerſöhne, die Gebrüder von Schwarz=
„burg die eine Hälfte, die übrigen Grafen von
„Hohenſtein aber Heinrich, Bernhard, Dietrich und
„Ulrich, die andere Hälfte haben und beſitzen
„ſollen.“

Nach)

Nach Heinrich, des Fünften Tode 1356, ent=
stand ein Streit über diese Vereinigung, und auch über
die Theilung der Länder. Wie der Streit geendigt,
und die Erbschaft getheilt wurde, ist schon oben erzählt;
hier füge ich noch hinzu: Heinrich, der Fünfte, war
landgräflicher Oberhauptmann in Thüringen gewe=
sen, diese Charge bekam nun Dietrich, der Sechste.
In dieser Würde tritt er auf in dem Legat, das Hein=
rich von Schwarzburg, und alle Grafen von Hohen=
stein an das Bartholomäus = Stift in Frankfurt am
Mayn ausstellten, und worin sie vierhundert Pfund
Heller für Seelenmessen, Vigilien u. dgl. dem verstor=
benen König Günther zu Ehren, bestimmten. Als
Landeshauptmann mußte er die Plackereien hindern,
die Straßen sicher machen, daher zerstörte er die
Burgen, und Zufluchtsörter solcher Räuber, die sich
eine Ehre daraus machten, vom Steigbügel zu leben.

Dietrich, der Sechste, ist gestorben zwischen 1366
und 70. Er hat zwei Gemahlinnen gehabt: 1) Adel=
heid, des Grafen Otto, von Hollstein, Tochter, und
2) Sophia, Herzogin von Braunschweig, welche 1394
gestorben seyn soll. Weil in seinen Enkeln sein
Stamm ausgestorben ist, so will ich zuerst ihre Ge=
schichte erzählen, und dann Ulrich, des Dritten, Ge=
schichte nachholen.

Dietrich, der Sechste, hatte nur einen Sohn,
Dietrich den Siebenten, von welchem folgendes merk=
würdig ist: Bisher hatten die sämtlichen Grafen von
Hohenstein sich zwar in die Länder getheilt, jedoch
nur so, daß einem Jeden sein Theil angewiesen wurde,
um darin seine Residenz zu nehmen, und die Ein=
künfte zu ziehen, nach ihrem Tode aber stand es ih=
ren Kindern frei, eine andere Theilung zu machen.
Jezt aber wurde im Jahr 1370 eine Erbabthei=
lung

lung gemacht, worin Dietrich, der Siebente, die Herrschaft Heeringen, wie sie sein Vater verwaltet hatte, nebst der Herrschaft Vockstädt, und ein Theil des Hauses Hohenstein, wie auch ein Theil der Pfandschaft am Rhein erblich erhielt, und sich den Titel Graf von Hohenstein Herr von Heeringen und Vockstädt beilegte. Weiter findet man von ihm nichts. Sein Todesjahr ist 1393. Mit seiner Gemahlin Lutrada, Günthers von Käfernburg, Tochter, hat er drei Söhne und drei Töchter gezeuat, zwei hießen Elisabeth, und die Dritte Lutrabis; die Söhne waren Dietrich, der Neunte, Heinrich, der Eilfte, und Ulrich der Vierte. Heinrich ist entweder jung gestorben, oder ein Geistlicher geworden, weil seiner nur einmal gedacht wird; auch Ulrich war Domherr in Halberstadt. Dietrich, der Neunte, übernahm allein die Regierung. Einige nennen ihn den Siebenten. —

   Seit der Erbabtheilung im Jahr 1370, waren zwei Hauptlinien, nämlich Lohra = Klettenberg, und Heeringen = Kelbra. Diese letzte Linie theilte sich wieder in zwei abgesonderte Häuser. Das eine erhielt den Namen Heeringen, das andere Kelbra. Aus dem letzten kommt die Heldrungische Linie. — Die Residenzen dieser Linien waren, Heeringen, Kelbra, Klettenberg. Ich erzähle die Geschichte der Heeringischen Linie zuerst, weil sie am ersten ausgestorben ist.

   Dietrich, der Neunte, wohnte in Heeringen. Von dem Jahre 1394 ist ein Vergleich bekannt, den er mit seinem Vetter, Ulrich, und dessen Sohn, Heinrich, dem Neunten, von Kelbra, schloß, worin sie sich wechselsweise beerben wollten. Dietrich behielt sich hierin für seine Mutter Lutrabis, und seine Schwestern, Heeringen mit den Einkünften auf ihre lebens-
                                        zeit

zeit vor, wenn er ohne Erben sterben würde. Diet=
rich war ein lockerer Herr und dabei ein unruhiger
Kopf, der sich mit seinen Vettern eben nicht gut ver=
trug. Gleich zu Anfange seiner Regierung, trat er
das Schloß Vockstädt, wo sich die Grafen von Ho=
henstein oft aufzuhalten pflegten, an die Herrn von
Querfurt ab. Fehden waren seine Lieblingsbeschäfti=
gung, und darin war er so sehr von sich eingenom=
men, daß er bei einer Verbindung, die er mit den
Grafen von Hohenstein=Kelbra, seinen Vettern, und
den Grafen von Stollberg und Schwarzburg, gegen
seine Feinde schloß, ausdrücklich sich vorbehielt, „die
Fehde mit dem Herzog Friedrich von Braunschweig=
Wolfenbüttel müsse ihm allein überlassen werden, mit
diesem wolle er schon fertig werden.

Mit dem Kloster Walkenried lebte er beständig
im Streite. Hiezu gaben die Unruhen Gelegenheit,
die seine Vettern Ulrich, Heinrich, der Vierte, und
Dietrich, der Fünfte, mit demselben Kloster schon vor=
her gehabt hatten, weil sie ihre Absicht, ihren Bruder
Otto zum Abt zu machen, nicht erreicht hatten. Seit
dieser Zeit bemerkt man deutlich, daß die Grafen Gele=
genheit suchten, sich an dem Kloster zu rächen. Die=
trich, der Neunte, forderte von dem Abt Johann die
Zinsen, von den Gütern Riethhof, Berbisleben und
Berrungen, nebst Batteroda *). Ulrich, der Dritte,
hatte darauf schon Ansprüche gemacht, die Mönche aber
wirkten bei dem Pabst den Bann über ihn aus. Ul=
rich ließ seine Ansprüche fahren, und erhielt Absolu=
tion. Bald darauf hatte er den vierten Theil der Ein=
künfte dieser Güter auf dreißig Jahre verlangt, der
Konvent aber schlug ihm dies gerade zu ab. Indeß
brach=

*) Eckstorm W. Chr. S. 152.

brachte der Landgraf Balthasar von Thüringen, einen
Interimsvergleich zu Stande, nach welchem die Güter
an die gräflichen Unterthanen vermeiert werden sollten.
Dietrich, der Neunte, verwarf diesen Vergleich. Der
Abt klagte bei dem Kaiser Ruprecht. Die damalige
Verfassung des Reichs sowol, als der Kirche, war
nicht die Beste. Der Kaiser Wenzel war eben abge=
setzt. Drei Päbste stritten sich um die Krone, ihr
Ansehen hatte einen nicht geringen Stoß durch das
Schisma erhalten; das Koncilium zu Pisa zeigte sie
noch mehr in ihrer Blöße. Der Kaiser war durch
seine Wahlkapitulation zu auswärtigen Eroberungen
verpflichtet, und konnte also nicht nach Art Rudolfs
von Habsburg, die Regierung im Reiche verwalten.
Auf die übergebene Klage des Abts, befahl Ruprecht
den nahe wohnenden Grafen und Städten, den Die=
trich zu belagern, und ihn zur Genugthuung anzuhal=
ten. Im Jahr 1406 rückte eine feindliche Schaar vor
Dietrichs Burg, mußte aber unverrichteter Sache ab=
ziehen. Dietrich, durch den mislungenen Versuch der
verbundenen Armee kühner gemacht, überfiel das fol=
gende Jahr die obengenannten Klostergüter. Ihr
Schicksal war traurig; sie wurden ein Raub der Flam=
men. Dietrich sahe nun voraus, daß eine neue Ar=
mee im Namen des Reichs ihn befehden würde, und
machte dagegen Anstalten. Es rückte auch wirklich diese
kleine Reichsarmee aufs neue 1407 vor Heeringen; aber
auch diesmal waren ihre Versuche vergebens weil
sie zu einer Zeit gemacht wurden, wo man zugleich mit
einem andern Feinde, nämlich der Kälte, zu kämpfen
hatte *). Da die Autorität des Kaisers nichts half: so
wurde die Sache gütlichen Unterhandlungen überlassen.
Der Abt Friedrich von Ilfeld, aus dem alten, jetzt
aus=

*) Lenff. Vorrede zu s. Jlf. Alt. u. auch S. 106.

ausgestorbenen, adelichen Geschlecht von Rusteberg, nebst andern erfahrnen Männern wurden zu Schiedsrichtern 1410 bestellt.   Die Sache wurde so verglichen, daß zwar Walkenried die Güter behielt, die Ländereien aber an die Einwohner in Heeringen und andere gräfliche Unterthanen vermeiern mußte.   Diese Meier mußten die Zinsen nach Walkenried, oder auf den Walkenrieder Hof nach Nordhausen liefern, wovon denn der Graf den Zehnten bekam.   Noch itzt, da Brandenburg diesen Hof in Nordhausen besitzt, müssen die Besitzer die Zinsen dahin liefern. — Ueberdies nahm Dietrich dem Kloster Walkenried, die neun sogenannten Kurhufen weg.   Dietrich hatte sich also bezahlt gemacht, und während der Unterhandlungen, setzte er einige Güter des Klosters so in Contribution, daß er seine Leute, die ihm geholfen hatten, davon bezahlen konnte *).

Diese Fehde erzeugte eine Neue, die aber für den Dietrich nicht so glücklich ausfiel.   Ich muß diese Fehde weitläufiger erzählen, weil sie in der Hohensteinischen Geschichte eine Hauptrevolution hervorgebracht hat.   Wäre das Recht der Erstgeburt um ein paar hundert Jahre früher eingeführt, so würde diese Fehde nicht entstanden seyn.

Der Graf Ulrich, der Dritte, und sein Sohn Heinrich, der Neunte, waren 1412 mit dem Landgrafen in Unterhandlung getreten, wegen der Herrschaft Kelbra, die sie ihm gegen ein Aequivalent abtreten wollten.   Wir werden hernach hören, daß Helbrungen dies Aequivalent gewesen ist.   Dietrich konnte dies nicht verschmerzen, er verbarg aber die wahren Ursachen seines Unwillens, und nahm seine Zuflucht

zu

*) Eckstorm S. 153.

zu der oben angeführten Theilung unter Dietrich, dem
Siebenten, die er für ungleich hielt, und deswegen auf
eine neue Theilung antrug.   Dazu kam noch, daß er
wußte, daß seine Vettern in der Walkenrieder Fehde,
das Kloster heimlich begünstigt hatten.   Dies vergröf=
serte seinen Haß.   Vielleicht war die Theilung un=
gleich.   Kurz, Dietrich schien von der Rechtmäßigkeit
seiner Forderung so überzeugt zu seyn, daß ihn nichts
davon abzubringen vermochte.   Aber auch Ulrich und
Heinrich waren von dem rechtmäßigen Besitz ihrer
Güter überzeugt, und schlugen eine neue Theilung
aus.   Dietrich sahe sich nach Bundesgenossen um,
und diese zu finden, war in der Fehden Zeit nicht
schwer.

Es entstanden damals hin und wieder kleine Ge=
sellschaften, und Verbindungen, wie man es nannte,
die beständig zum Rauben und Plündern bereit waren.
Solche Verbindungen zeigen allemal von der schlafen=
den Obergewalt der Regierung.   Ruprecht war kein
schlechter Kaiser, aber Wenzel war desto nachläßiger ge=
wesen; durch ihn war die kaiserliche Autorität gesunken.
In Thüringen streifte damals die Flegel=Gesellschaft
umher, die viel Unheil anstiftete. Der Ursprung dieser Ge=
sellschaft ist folgender: Graf Günther, der Neun und zwan=
zigste, von Schwarzburg, hatte seine Tochter, Anna, an
den Grafen Philipp von Nassau, versprochen. Bald
darauf gereuete es ihn, und gab dem Philipp eine Sum=
me Geld für den Abtritt.   Hierauf versprach er die
Anna dem Landgrafen Friedrich, dem Friedfertigen.
Friedrich hing nun ganz von seinem Schwiegervater ab.
Er bestimmte seiner Gemahlin Tenneberg, Walters=
hausen und Käfernburg, nebst einem Theil der jährlichen
Renten von Sangerhausen zum Wittwenthum.   Diese
Güter aber sollten, im Fall, daß sie sich wieder verheu=
rathete, von den Vettern, Friedrich, den Streitbaren,
und Wilhelm, den Zweiten, wieder eingelößt werden

                        kön=

-können. Diese Prinzen waren mit diesem Vermächt-
niß nicht zufrieden. Günther regierte indeß in seines
Schwiegersohns Namen, und verhinderte sorgfältig, daß
die Prinzen einander nicht besuchen durften; er ließ keine Bittschrift der Unterthanen zu Friedrichs Augen.
Diese Härte machte, daß die Unterthanen bei dem Kur-
fürsten Friedrich, damals noch Markgrafen in Meißen,
klagten, und ihm den Verdacht beibrachten, als wollte
Günther, weil seine Tochter keine Kinder hatte, das
Landgrafthum an sich, oder doch wenigstens einzelne
Stücke davon an Böhmen, Hessen und Maynz bringen. Der Markgraf drohete mit den Waffen, wenn
Günther seine angemaßte Vormundschaft nicht niederlegen würde. Günther weigerte sich, und nun ging die
Fehde an. Die Meißnischen Truppen nahmen einen
Schreckzug 1412 vor, und Wi. elm zog über Erfurth
nach Gotha, und setzte sich mit Gewalt in den Besitz
dieser Stadt. Als Günther den Ernst sahe, so ver-
band er sich mit Friedrich von Heldrungen, der
auch ein Feind des Meißnischen Hauses war. Sie
warben Bauern, Tagelöhner, Drescher, nebst vielen
verdorbenen Edelleuten zu Soldaten an. Die Begierde nach Beute, machte diese Gesellschaft, die man die
Flegeler, und ihren Krieg den Flegelkrieg
nannte, zahlreich. Die Sitten der Großen haben Einfluß auf den Karakter des Volks. — Der Flegelkrieg
fiel für den Landgrafen unglücklich aus. Er mußte um
Gnade bitten. Auch Günther suchte durch Unterwerfung seine Aussöhnung, und erhielt sie *). Die Flegeler aber verlohren sich erst völlig 1415, nach Günthers Tode. Friedrich, von Heldrungen, der Anführer der Flegeler, suchte Gelegenheit, sich mit seinen Anhängern auf Unkosten eines Andern zu erhalten, weil er
in Heldrungen nicht sicher war.

Ge-

*) Heidenreich und Becherer Thür. Thr, 383.

Gerade zu dieser Zeit nun, wo Günther sich unter=
werfen mußte, that Dietrich, der Neunte, von Hohen=
stein dem Friedrich von Heldrungen den Antrag, ob er
mit ihm eine Fehde gegen seine Vettern führen wollte.
Friedrich war so gleich bereit. Beide wurden mit ein=
ander einig, in der Nacht, wenn alles schliefe, das
Schloß Hohenstein, wo Ulrich damals residirte, zu
überfallen. Die Nacht begünstigte den Plan dieser un=
edlen Helden. Den 15ten Sept. 1412 wurde Hohen=
stein in der Nacht erstiegen, und Ulrich sahe sich in den
Händen seiner Feinde, ehe er noch wußte, daß sie
seine Feinde waren *). Der junge Heinrich, der den
Beinamen von Kelbra führte, wurde durch den Lärm
aufgeweckt. Die Gefahr erlaubte ihm nicht, sich an=
zukleiden; er entfloh mit Hülfe seiner Gemahlin nach
Ilfeld. Von hieraus wandte er sich an den Landgraf
Friedrich, und klagte wegen dieser ungerechten Be=
handlung. Der Landgraf, der schon mit ihm und sei=
nem Vater eine Verbindung eingegangen war **)
nahm sich seiner an, und schickte eine Anzahl Trup=
pen in das Gebiet von Heldrungen, um den Friedrich
für seine Unruhen zu strafen. Weil er nun Anführer
der Flegeler gewesen war, und jetzt aufs neue Unruhen
erregt hatte: so wurden ihm seine Länder Heldrun=
gen und Wiehe a) genommen, und Hein=
J 3   rich,

*) Harenberg Ganderöh. Gesch. S. 1441 sagt, die Mark=
  grafen von Meißen hätten ihn gefangen genommen, damit
  er sich nicht mit Friedrich von Heldrungen verbinden möchte;
  dies ist ganz falsch.

**) Müller Sächs. Annalen, S. 5 u. 7.

-a) Anmerk. Wiehe an der Unstrut hatte sonst seine eige=
  nen Herrn, kam dann an eine Linie der Grafen von Or=
  lamünda; wurde aber 1342 durch Herman von Weimar,
  und Günthern von Schwarzburg zerstört. Nach dieser
Zeit

rich, der Neunte, Ulrichs, des Dritten,
Sohn, unter gewissen Bedingungen damit beliehen *).

Friedrich schwärmte nun noch umher, bis ihn endlich sein Spion Hinz Herzog, der ihm Hohenstein verrathen hatte, einen falschen Weg nach Scharzfeld
führte. Auf diesem Wege wurde er bei Mackenrode,
einem Dorfe im Klettenbergischen, von einigen Bauern mit einem Schweinspieß erstochen **). Dietrich,
der Neunte, fürchtete, daß die Reihe auch an ihn kommen möchte, und verglich sich daher mit dem Landgrafen, ohne daß man jedoch die Bedingungen dieses Vergleichs angeben kann. Seinem Freunde Friedrich von
Heldrungen hatte er vorher Elbingeroda gegeben, der
aber nie ruhig hier gewohnt hat, sondern, wie schon
gesagt, bis an seinen Tod umher irrte. Das Merkwürdigste ist, daß Dietrich in dieser unglücklichen Fehde
1412 seinen Antheil an Hohenstein, Heerin-
gen und Kelbra an den Graf Botho in
Stollberg verkaufte ***). Man erzählt von
Dietrichs Ende, daß er heimlich entflohen sey, man habe ihn aber zu Sondershausen erwischt, und nach
Westphalen gebracht, wo er 1417 zu Dringenberg,
im Stift Paderborn, im Gefängniß gestorben sey.
Al-

Zeit kam Wiehe an die Herrn von Heldrungen. In diesem Flegelkriege kam es an die Grafen von Hohenstein.

*) Die Urkunde steht in Horns Leben Friedrich des Streit-
baren S. 174.

**) Pfefferkorn hat eine Grabschrift auf ihn aufbehalten, in
seinen Th Merkw. K. 29. Wer in dem Leben hat nur
Flegelswerk geschaft, der wird auch wie ein Schwein und
Flegel umgebracht.

***) Zeitfuchs St. Gesch. S. 27.

Allein. Niemand kann die Zeit und Art dieſer Gefan=
genſchaft angeben, und nach einer Verordnung einer
ewigen Seelenmeſſe, in der Kapelle unſerer lieben
Frauen auf dem Steinwege vor Heringen, zu ſchlieſ=
ſen, ſo iſt er 1417 auf dem Schloſſe Heeringen ge=
ſtorben. Ob er mit der Adelheid von Eberſtein ver=
heurathet geweſen, iſt ungewiß, wenigſtens hat er keine
Kinder nachgelaſſen.

Das Schloß Hohenſtein iſt alſo ſeit 1412 an den
Grafen von Stollberg mit lehnsherrlicher Bewilligung
gekommen. Der Graf Botho, an den es fiel, war
mit einer Graͤfin von Hohenſtein, Mechtild, vermaͤhlt.
Er iſt deswegen noch merkwuͤrdig, weil er, wegen ſei=
ner zweiten Gemahlin, einer gebohrnen Graͤfin von
Wernigeroda, dieſe Grafſchaft 1429 erbte, nach=
dem er ſchon zuvor 1417 mit dem letzten Grafen Hein=
rich eine Erbverbruͤderung geſchloſſen hatte. —

Nach Dietrichs Tode meldeten ſich mehrere Praͤ=
tendenten ſeiner Guͤter: der erſte war ſein Bruder Ul=
rich der Vierte, Domherr in Halberſtadt. Er wider=
ſetzte ſich ſo wol ſeinen Schwaͤgern, als auch andern,
die Theil an der Erbſchaft haben wollten, forderte geiſt=
liche und weltliche Gerichte auf, ſeine Rechte geltend
zu machen, wirkte den Bann uͤber Heeringen aus, weil
die Unterthanen ihn nicht annehmen wollten. Weil er
ſich aber bei dem Antritt ſeines geiſtlichen Standes,
aller Rechte und Anſpruͤche begeben hatte: ſo mußte er
auch jetzt 1423 aufs neue ſeinen Rechten entſagen;
vermuthlich gegen einen gewiſſen Geldabtrag. Paul
Jovius, S. 76. Die aͤlteſte Schweſter Dietrichs,
des Neunten, Eliſabeth, war an den Bruno von
Querfurt vermaͤhlt. Ihrer wird bei dieſer Ebſchafts=
Sache nicht gedacht. Dietrich hatte ſeine beiden juͤn=
gern Schweſtern, Eliſabeth, die an den Gottſchalk,

J 4

Herrn

Herrn zu Plesse, und Luthrade, die an Heinrich von
Plauen und Gera vermählt war, zu Erbinnen ein-
gesetzt. Auch scheint Heinrich von Hohenstein, Herr
zu Heldrungen, zum Erben eines Theils bestimmt gewesen zu seyn. Der Grafen von Hohenstein-Klettenberg, wird nicht gedacht, sie konnten auch wegen der
geschlossenen Erbabtheilung keine Ansprüche machen.
Die beiden Schwestern also, und Heinrich von Heldrungen waren die rechtmäßigen Prätendenten. Es
meldeten sich noch ein paar Erben, deren Rechte aber
sehr zweifelhaft müssen gewesen seyn, weil sie sie nicht
deducirt haben, sondern gleich zurück traten, so bald
sich die rechtmäßigen Erben legitimirt hatten. Es waren dies die Fürsten von Anhalt, Bernhard und Georg,
nebst dem Erzbischof von Maynz *) Indeß machte der
Anfang des Streits, den Heinrich von Heldrungen,
wegen der Zukunft besorgt. Er verkaufte seinen Antheil an Heeringen, und der goldenen Aue, an die
Grafen Heinrich von Schwarzburg, und Botho
von Stollberg für zweitausend Rh. Gulden. Nunmehro nahmen diese beiden Grafen mit dem Heinrich
von Gera, und Gottschalk von Plesse, die Länder
in Besitz, und errichteten einen Burgfrieden zu Heeringen im Jahr 1418, worin die Gränzen eines jeden
Theils berichtigt wurden. Die beiden Grafen von
Schwarzburg und Stollberg, setzten überdem noch fest,
daß eine Linie die andere beerben solle, und daß sie,
wenn die beiden andern Theile verkauft werden sollten,
dieselben gemeinschaftlich kaufen wollten. Diese Ge-
sammtbesitzung der Länder dauerte bis zu dem Jahre
1432. In diesem Jahre verkauften die Herrn von
Gera ihren Antheil an die Grafen von Schwarzburg
und Stollberg für sechstausend Gulden, und 1439
kauften eben diese Grafen um denseben Preiß den
ben

<hr>

*) Paul Jovius S. 78.

den Pleſſiſchen Theil, und wurden hierauf von dem
Landgrafen feierlich zur geſammten Hand beliehen.
Konrad von Weinßberg, trat zwar mit einer Schuldforderung von ſechstauſeud. Mark Goldes auf Hohenſtein und Heeringen auf; ich kann aber ſo wenig ent-
ſcheiden, ob er dies in ſeinem oder in Ulrichs, des
Vierten Namen that, als, wie die Sache abgelaufen
iſt. — Auf dieſe Art iſt die goldene Aue
an Stollberg und Schwarzburg gekom-
men. Sonſt gehörte ſie an die Grafen von Beichlingen, als ein Thüringiſches Lehn, welches 1330 die Grafen von Hohenſtein erhielten. Stollberg ſoll eigentlich zwei Theile beſitzen, weil es ſchon 1412 einen Theil
gekauft hatte, ehe dieſer Streit anging. Es hat aber
ſeinen Theil an Kelbra, und Heeringen an Schwarzburg verſetzt, und bis jetzt noch nicht eingelöſt, jedoch
hat es ſich den Adel in der goldenen Aue, nebſt Beſtel-
lung der Geiſtlichen gemeinſchaftlich vorbehalten.
Schwarzburg hat von Heinrich, den Neunten, von
Heldrungen noch manches allein gekauft: z. E. 1424
die Hälfte an Bennekenſtein auf dem Harze, und 1428
das Dorf Rinkleben. Stollberg kaufte beſonders den
Theil an Hohenſtein den Heinrich von Heldrungen noch
eigenthümlich beſeſſen hatte. Die Klettenbergiſche Linie
hatte ſich bei der Theilung 1370 ihrer Anſprüche auf
das Schloß Hohenſtein, außer dem Titel, ganz begeben. — Die Heeringiſche Linie war alſo ausgeſtor-
ben, und ihre Güter zertheilt; es bleibt alſo noch die
Kelbraiſche Linie übrig, die ſich mit Ulrich den Dritten, anfängt, in ſeinem Sohn, Heldrungen, in ſeinem
Enkel aber Vierrad hieß.

Ulrich, der Dritte, Dietrich, des Sechſten,
Bruder, erhielt in der Theilung 1370 das Schloß und
die Stadt Kelbra, die er mit ſeinem Bruder vorher
von den Grafen von Beichlingen gekauft hatte, nebſt

J 5

einem

einem Theil an dem Schloſſe Hohenſtein, und der Pfandſchaft am Rhein, die der Kaiſer Wenzel 1386 aufs neue den Grafen beſtätigte, imgleichen den Bennekenſtein. Er reſidirte in Kelbra, und führte den Titel davon, vermehrte auch dieſe Herrſchaft mit Morungen, Wippera, Heinrichsberg und Schönwerda. Der Stadt Nordhauſen war er nicht ſehr gewogen. Dieſe Stadt hatte ſich ihrer Pfandſchaft entledigt, die Grafen aber wünſchten lieber auf ſie, als auf die Wetterauiſchen Städte angewieſen zu ſeyn, und neckten daher die Nordhäuſer oft und bitter. Der Kaiſer erneuerte zwar auf ihre Bitte die Pfandſchaft auf Nordhauſen; allein ſie iſt nicht vollzogen worden. Ulrich behielt ſeinen Groll gegen Nordhauſen, und ſchadete der Stadt, wo er konnte. Es gehörte ihm das Schloß Schnabelburg, ohnweit Salza, am Fuß des Konſteins, wo die Rudera noch itzt zu ſehen ſind *). Dies Schloß war, wie alle dergleichen Burgen, den benachbarten Gegenden, den Nordhäuſern, ſehr läſtig. Ulrich hielt ſich oft auf dieſem Schloſſe auf, und plünderte von hier aus die Reiſenden nach Nordhauſen, und die Marktleute. Die Nordhäuſer glaubten ſich am Beſten zu helfen, wenn ſie ihm dieſe Burg abkauften. Sie brachten eine Summe Geldes zuſammen, und ließen dem Grafen den Kauf anbieten. Ulrich ließ ſich willig finden, und verkaufte ihnen die Schnabelburg, vermuthlich in der Abſicht, bei Gelegenheit ſie ihnen wieder abzunehmen. Er mochte vielleicht ſeine Abſichten verrathen haben, weswegen ſich auch die Nordhäuſer zur Gegenliſt berechtigt hielten. Denn indem Ulrich in der Stadt war, und ſich das Geld auszahlen ließ, fielen die Bürger über das Schloß her, und zerſtörten es faſt ganz; nach den Ueberbleibſeln

zu

*) Hiſt. Nachr. v. Nordh. S. 469. und Scriptor. rerum Brunſ. Tom. 2. p. 1129.

zu schließen, durch Feuer im Jahr 1363. Hier zeigte sich nun, was die Absicht, sowohl des Kaufs, als Ver- kaufs gewesen war. So bald Ulrich Nachricht davon erhielt, begab er sich in Eil aus der Stadt. Beim Anblick der Burg gerieth er in Wuth, und beschloß Rache. So gleich aber konnte er keine Fehde anfan- gen, denn die Nordhäuser hatten das Recht mit ih- rer gekauften Burg zu machen, was sie wollten. Ul- rich hielt indeß, was er beschlossen hatte, und nach fünf Jahren, nämlich 1368, zog er viele vom Adel, und wer sonst Lust zur Beute hatte, an sich, neckte die Bürger so lange, bis sie der Neckereien müde, eine Fehde mit ihm anfingen. Man schlug sich derb herum, und manche Bürgerin erwartete vergebens am Abend ihren Mann. Ulrich wurde durch seine Vettern unterstützt. Nordhausen war umringt: kein Bürger durfte auf der Landstraße erscheinen; alle Zufuhr war abgeschnitten. Die Nordhäuser nahmen einige vom Adel in ihre Dien- ste: als die Herren von Brandenfels und Bonmelburg, rafften zusammen, was sie konnten, und fielen un- ter ihrem tapfern Hauptmann, Andreas von Buttler, aus der Stadt, verwüsteten durch Feuer und Schwerdt alle um Hohenstein, Heeringen und Kelbra gelegenen Dörfer. Das Glück macht verwegener; sie wagten noch einen Ausfall, und trieben das Vieh von Heerin- gen weg. Der junge Graf Heinrich, der Achte, von Klettenberg, der sich damals in Heeringen bei seinem Vetter Dietrich aufhielt, rafte mit diesem die Bürger zusammen, um den Nordhäusern die Beute abzujagen. Es gab derbe Schläge. Der junge Graf Heinrich wur- de von dem Buttler gefangen. Weil er ihn aber nicht kannte, und er sich schlechthin Heinrich von Kelbra nannte: so ließ ihn dieser auf sein Ehrenwort los. Heinrich ließ sich aber von seinen Vettern bereden, sein Ehrenwort einmal nicht zu halten, und stellte sich nicht an dem bestimmten Tage. Ulrich und seine Anhänger

brach-

brächten indeß die Stadt auf das Aeußerste, und nur
die Dazwischenkunft des Landgrafen Friedrich, konnte
der Fehde ein Ende machen. Friedrich, der Strenge,
verglich sie so, daß Ulrich alle Feindseligkeiten einstellen,
die Stadt aber ihm in drei Terminen tausend fünfhundert Mark Silbers zahlen sollte *).

Der kurzsichtige Bürger siehet oft die besten Absichten seiner Obrigkeit mit scheelem Auge an, und deutet
sie nach seinem eigenen Interesse, mehr oder minder
gefährlich. Der Magistrat legte den Bürgern eine
verhältnißmäßige Abgabe auf, um die fünfhundert
Mark für jedes Jahr zusammen zu bringen. Die Bürger widersetzten sich; der Magistrat, überzeugt von den
Vortheilen des Friedens und Nachtheil der Fehde, wollte sie zwingen, eine Kleinigkeit zum allgemeinen Wohl
beizutragen. Die Bürger erregten einen Aufstand.
Der Magistrat beharrte bei seinem Vorsaß. Der Pöbel wurde wüthender. Der Magistrat flüchtete sich in
das sogenannte Riesenhaus am Markte; der Pöbel
stürmte das Haus, jagte einen Theil der Rathsperso-
nen aus der Stadt, die übrigen acht und zwanzig wurden enthauptet. — Der Stolz der freien
Reichsbürger ist einer von den Gründen
ihrer Ohnmacht. Die Fehde mit dem Grafen
ging wieder an. Endlich verglichen die Aebte, Hermann von Ilfeld, und Nicolaus von Walkenried,
beide Theile. —

Nach hergestellter Ruhe schlossen die Städte Nordhausen, Erfurth, Mühlhausen mit den Grafen von
Schwarzburg, Stollberg, Gleichen und Hohenstein,
im Jahre 1371, ein Bündniß, um sich gegen alle Räubereien zu sichern, die damals sehr überhand genommen
hat-

*) Becherer, S. 359. und Binhard, S. 276.

hatten.   Vermöge dieses Bündnisses wurden die Theil-
nehmenden oft in Fehden verwickelt, die ihnen theuer
zu stehen kamen, denn die Artikel desselben wurden oft
in ihrem Inhalte erweitert, und Einschiebsel gemacht,
die ihrer Natur nach nicht zum Zwecke gehörten. Besonders hatte Nordhausen das Schicksal in dem Kriege
der Landgrafen mit Erfurth, welche sich der Wahl Ludewigs zum Erzbischof in Maynz, gegen den Adolf
von Nassau, widersetzten, wie schon oben erzählt ist.

Ulrich hat noch eine Fehde mit den Herrn von
Hanstein, Bülzingsleben und Uslar geführt, die ich aber
nebst mehrern kleinen Begebenheiten übergehe, so wie
auch seine Freigebigkeit gegen das Kloster in Kelbra *).
Sein Streit mit Dietrich, dem Neunten, ist oben
weitläufig erzählt worden.   Ulrich starb 1414 in Heldrungen bei seinem Sohne Heinrich. Seine Gemahlin war Agnes, Ernst von Braunschweig - Osterode
und Einbeck Tochter **). Dietrich, der Achte, der erste Sohn, war mit der Richza, Johanns von Schwarzburg Wachsenburgischer Linie vermählt, und residirte
in Kelbra. Er war schwächlich, und starb 1400. Er
hinterließ zwei Töchter, Helena und Anna, die beide
in das Kloster Ilmenau gingen. Seine Länder nahm
sein Bruder Heinrich, der Siebente, in Besitz.

Heinrich, der Neunte, ist der eigentliche Stammvater der Grafen von Hohenstein - Heldrungen und
Vierraden. Er war, wie schon oben erzählt ist, bei
der Eroberung Hohensteins durch seinen Vetter Dietrich, den Neunten, mit Hülfe seiner Gemahlin, Margaretha von Weinsberg entflohen, und bat den Landgrafen

*) Leuff. Beschr. d. Klost. S. 561.
**) Script. rer. Brunf. Tom. 2. p. 21.

grafen um Schutz. Dieser nahm dem Friedrich, An,
führer der Flegeler, Heldrungen, und beliehe
damit Heinrich, den Neunten, unter der Be,
dingung, daß er ihm seine Rechte an Kelbra und andern
Anhältischen Pfandschaften, überlassen mußte. Hein,
rich nannte sich nun Herr von Heldrungen.
Er war kein guter Wirth, und verkaufte mehrere
Stücke von seinen Gütern, so gar seinen Antheil an
der rheinischen Pfandschaft verkaufte er an den Graf
Reinhard von Hanau 1455. Müller in in s. Sächs.
Annalen S. 11 sagt, daß er 1422, den 11ten Januar
eine Schrift von sich gestellt, worin er Wiehe und
Heldrungen an den Landgrafen wieder abgetreten
habe, gegen Kelbra, Schandersleben, Harzgeroda,
Hoyma und Günthersberg *). Dies muß etwa nur
ein Projekt gewesen seyn, das nicht realisirt worden ist,
denn erst sein Sohn, Johann, verkaufte Heldrungen
an Mansfeld, oder Johann müßte diese Länder aufs
neue wieder eingetauscht haben, wovon ich aber nichts
habe finden können. Weiter habe ich nichts merkwür,
diges von Heinrich, den Neunten anzuführen, als daß
er das Koncilium zu Kostniz besuchte, wo so mancher
aus Neugierde, oder der Vergnügungen wegen hinging.
Er hat zwei Söhne hinterlassen, Ulrich, den Fünften,
und Johann, den Zweiten, und eine Tochter, Agnes,
die an den Graf Friedrich, von Beichlingen, vermählt
war. Friedrich starb in dem Treffen bei Außig; Ag,
nes vermählte sich hierauf an den Adolf von Gleichen,
im Jahr 1434 **). Ulrich wird nur ein paarmal in
Urkunden erwähnt. Er ist vermuthlich unverheurathet
gestorben. Er starb in dem Treffen vor Außig, wo

zwölf

---

*) Eben dies sagt Horn in dem Leben Friedrich des Streit,
   baren, S. 130.

**) Leuff. Histor. Nachr. von den Grafen von Gleichen.
    §. 30.

zwölf tausend Deutsche von den Böhmen erschlagen wurden.

Johann, der Zweite, hatte sich in seiner Jugend auf die Wissenschaften gelegt, wählte aber hernach den Soldatenstand, und that sich in dem Kriege des deutschen Ordens gegen die Preußen hervor. Er führte einen großen Staat, und ritt nie anders aus, als im Gefolge von zwölf Edelleuten, die man zum Spott seine zwölf Apostel nannte. Er war ein Liebling des Herzog Wilhelms von Sachsen, mit dem er auch 1461 eine Reise nach Palästina machte. Wahrscheinlich hatte ihm diese Reise zu viel gekostet; er bediente sich daher mancher Reden, die den Herzog beleidigten, und fiel im Jahr 1465 in Ungnade, die dadurch noch vergrössert wurde, daß er sich weigerte, die Lehndienste zu verrichten. Seine Freunde, die Grafen von Stollberg, Schwarzburg und Gleichen, söhnten ihn mit dem Herzoge wieder aus. Indeß mag es mit der Aussöhnung kein rechter Ernst gewesen seyn, und weil Johann in seiner Herrschaft nicht viel Eigenthum mehr besaß: so verkaufte er Heldrungen an den Graf Gebhard von Mansfeld, und ging im Jahr 1480 in Brandenburgische Dienste. Der Kurfürst von Brandenburg beliehe ihn mit der Grafschaft Wierraden, welche den Herzogen von Pommern, die mit dem Kurfürsten wegen Stettin im Streite waren, nebst noch andern Gütern im Jahr 1468 abgenommen war.

Gebhard, von Mansfeld, war ein schlechter Bezahler, und schon im Jahr 1481 beklagte sich Johann in bittern Ausdrücken über ihn, und bat den Graf Heinrich von Schwarzburg, den Gebhard zur Bezahlung anzuhalten. Gebhard entschuldigte sich damit, daß er sagte: „er habe schon zehntausend Gülden an

Johann bezahlt, viele Güter habe er erst einlösen müssen, die durch des Johann schlechte Wirthschaft versetzt gewesen wären, und überdem hätten sie ihre Sache dem Ausspruch des Herzog Wilhelms überlassen; Johann habe sich nicht gestellt, und dadurch zu erkennen gegeben, daß er Unrecht habe; es sey unbillig, daß er durch Verunglimpfungen ihm zu schaden suche." Johann wurde dadurch aufgebracht, und da der Ausspruch des Herzogs nicht günstig für ihn ausfiel; so suchte er sich selbst Recht zu verschaffen, fiel in Gebhards Länder, und quälte die Unterthanen mit seinen Plackereien. Die beiden sächsischen Prinzen, Ernst und Albrecht, stifteten endlich Frieden; die nähern Umstände dieses Friedens aber sind unbekannt *).

Während dieses Streites mit dem Grafen von Mansfeld, fing Johann mit dem Grafen von Schwarzburg noch einen neuen an. Heinrich, der Drey und dreißigste, war 1481 bei der Belagerung der Stadt Delmenhorst, in den Unruhen, welche die Könige von Dännemark mit den Ditmarsen hatten, gestorben. Ihm folgte sein noch lebender Vater, Heinrich, in der Regierung. Johann, der Zweite, und Dietrich von Plesse, forderten, vermöge einer Erbverbrüderung, die sie mit dem Verstorbenen, im Jahr 1480, geschlossen hätten, seine Erbschaft. Die Sache wurde klagbar. Der Kurfürst von Sachsen hielt deswegen verschiedene Tagefahrten zu Torgau, und entschied die Sache zu Heinrichs Vortheil, Johann und Dietrich mußten sich, ihrer Ansprüche begeben.

Nach dem Jahre 1492 findet man nichts mehr von Johann. Er hat zwei Gemahlinnen gehabt, erstlich, Anna, Georg des Aeltern, von Anhalt, Tochter,

und

*) Paul Jovius S. 91.

und zweitens eine Freyin von Plesse, des erstgenann-
ten Dietrichs Schwester.   Seine Kinder sind Anna,
die an den Graf Ulrich von Rheinstein vermählt war;
Bernhard, der Zweite, und Wolfgang.   Von Bernhard ist nichts merkwürdig.   Wolfgang folgte seinem
Vater in den neuen Gütern.   Er war mit der Katharina, Ernst des Vierten, von Hohenstein-Klettenberg
Tochter, vermählt, mit welcher er sieben Kinder hatte.
S. Tab.   Wilhelm, der Zweite, der älteste Sohn,
nennt sich Herr von Vierraden und Schwedt.   Er
war Brandenburgischer Geheimder-Rath und Land-
vogt in der Uckermark, und wurde oft zum Gesandten
gebraucht.   Wie, und wenn er Schwedt an sich gebracht, ist ungewiß.   Er starb 1569 ohne Erben.
Seine Gemahlin, Margaretha, von Schönburg-Glau-
cha, vermählte sich hernach mit dem Grafen Johann
Georg zu Solms.   Seine Länder fielen an seinen
Bruder.

Martin war 1569 deutscher Ordensmeister, durch
die Mark, Sachsen, Pommern und Wenden.   Diese
Würde hat er vierzig Jahr bekleidet.   Der Kurfürst,
Johann Georg, bestimmte ihn auch zum Stadthalter
in Preußen.   Hierauf erscheint er noch einmal als Kurfürstlicher Bevollmächtigter bei der Krönung Stephan
Bathori, zum König in Pohlen.   Auch war er bei der
Belagerung von St. Quintin zugegen.   In Schwedt
stiftete er ein Hospital für sechzehn Personen.   Seine
Gemahlin war Maria, Ulrichs von Rheinstein, Tochter, mit welcher er sechs und funfzig Jahre in einer un-
fruchtbaren Ehe lebte.   Er starb 1609, den fünften
May.   Schwedt und Vierraden fielen an Brandenburg zurück.   Mit ihm ist der ganze Stamm der Grafen von Hohenstein erloschen.

Es wird der Deutlichkeit wegen eine kurze Wie-
derholung hier am rechten Orte stehen. — Die Gra-

fen hatten sich in zwei Linien getheilt. Dietrich, der Fünfte, stiftete diese zweite Linie. Seine Söhne waren wiederum die Väter zwei verschiedener Linien; nämlich, Dietrich, der Sechste, stiftete Heeringen, und Ulrich, der Dritte, Kelbra. Die erstere Linie starb mit Dietrich, dem Neunten, ab; seine Erbschaft wurde zertheilt. Heinrich, von Kelbra, bekam von dem Landgrafen die Herrschaft Helbrungen, und überließ Kelbra, welches ihm in der Erbabtheilung zugefallen war, dem Landgrafen. Heinrichs Sohn, Johann der Zweite, verkaufte Helbrungen, und wurde mit Vierraden, in der Mark Brandenburg beliehen. Dieser Stamm überlebte die andere Linie in Klettenberg, weil sie aber nicht zur gesammten Hand beliehen war, so konnte auch Klettenberg nicht an sie fallen. So viel von dieser Linie. Nun ist noch die Klettenbergische übrig, deren Geschichte in dem folgenden Kapitel erzählt wird.

Zehntes Kapitel.

Geschichte der Grafen von Hohenstein, Klettenbergischer Linie.

Der Stifter der Klettenbergischen Linie, ist Heinrich, der Vierte, Dietrich, des Dritten, Sohn. Was von ihm merkwürdig ist, ist schon oben erzählt worden. Seine Gemahlin war, Elisabeth, Heinrichs von Waldeck, Tochter, mit welcher er zwei Söhne zeugte: Bernhard, den Ersten, und Heinrich, den Sechsten. Der letztere hat den Stamm fortgesetzt. Nach der Abtheilung von seinen Vettern, nahm er seine Residenz in Klettenberg. Das Uebrige von seiner Geschichte ist schon erzählt. Er war mit der Mechtild von Orlamünda vermählt. Sein Todes‑Jahr ist 1367, Mechthild starb 1368. Seine Tochter Mech‑ tild war an Graf Botho, den Sechsten, von Stoll‑ berg vermählt *). Der jüngste Sohn Ernst, der Erste, war Kanonikus in Halberstadt, und wurde daselbst im Jahr 1390 Bischof. Er war ein sehr stren‑ ger Mann, der die Fehden mehr als sein Meßgewand liebte. Mit dem Herzog, Friedrich, von Braun‑ schweig, der von einigen Fürsten zum römischen Kö‑ nig gewählt wurde, hat er fast beständig Plackereien gehabt **). Damit er diese besser fortsetzen könnte, so verpfändete er die Oberburg zu Hettstädt für viertau‑ send und vierhundert Thaler, an die Grafen von Mansfeld ***). Das Domkapitel war gar nicht mit ihm zufrieden, und als der Probst ihm diese Fehden untersagen wollte: so ließ er denselben nach Gröningen bringen, und in einem Keller den Kopf abschlagen. Hierüber that ihn der Pabst in den Bann, worinn er auch 1400 starb. Sein Leichnam stand sieben Jahr in einem bleiernen Sarge an der Stadtmauer, bis ihn Pabst Gregor, der Zwölfte, absolvirte, worauf er dann in die Domkirche begraben wurde ****).

Heinrich, der Achte, mit der rothen Platte, ist derselbe, der in der Nordhäusischen Fehde, vom An‑ dreas Buttler, gefangen genommen wurde. In der Erbabtheilung der Grafen 1370 fielen ihm die beiden Herrschaften, Lohra und Klettenberg, die Hälfte von

K 2
Ben‑

*) Zeitfuchs S. 26.

**) Eckstorm S. 23.

***) Kreyßig Diplom. Nachlese, zur Gesch. von Ober‑ S. 5 u. 65.

****) Leuff. ant. Groening. S. 50.

Bennekenstein und ein Theil der Pfandschaft am Rhein zu; er begab sich aber, außer dem Titel, ganz der Ansprüche auf das Schloß Hohenstein. Anfangs residirte er auf Lohra; hernach aber auf Klettenberg, und führte seit der Zeit, so wie alle seine Nachkommen, den Titel: Graf von Hohenstein, und Herr zu Lohra und Klettenberg. — Einen Theil des Allerbergs, brachte er von den Herrn von Minnigeroda und Bockelhagen an sich. Im Jahre 1385 schloß er mit mehrern Grafen, und den Herzogen von Braunschweig, Otto und Friedrich, ein Bündniß gegen alle Landfriedensstöhrer *). Graf Dietrich von Wernigeroda, der mit in dem Bunde war, und demohngeachtet den Grafen von Rheinstein befehdete, verlohr das Leben; Heinrich war einer von seinen Richtern **). An die Grafen von Mansfeld verpfändete er im Jahr 1401, das Schloß Morungen, für dreitausend fünfhundert, sieben und achtzig Gülden. Hingegen bekam er im Jahr 1402, von seinem Schwager, Friedrich, von Braunschweig, die Grafschaft Lutterberg für eilftausend Mark löthiges Silbers, wiederkäuflich. Heinrich, der Achte, starb im Jahr 140$\frac{8}{9}$. Seine Gemahlin, Anna, Ernsts von Grubenhagen Tochter, hat ihm außer einer Tochter, Agnes, die an Christian von Oldenburg vermählt wurde, vier Söhne gebohren, wovon der Jüngste, Otto, Bischof in Merseburg war, die drei andern aber gemeinschaftlich regiert haben. —

Heinrich, der Zehnte, der Stolze, nahm an der Fehde Theil, die die Grafen von Schwarzburg mit dem Herzog Erich von Grubenhagen führten, wurde aber bei Osterhagen, da die Hohensteiner geschlagen waren,

ren,

*) S. oben das siebente Kapitel.

**) Cranz Saxon. lib. 10. c. 7.

ren, gefangen, und mußte sich mit achttausend Gülden lösen. Er zog hierauf, nachdem er von dem Koncilio zu Kostnitz, wohin ihn mehr Neugier als Geschäfte getrieben hatten, zurück gekommen war, mit seinem Bruder, Ernst, dem Zweiten, gegen die Hussiten zu
Felde; beide blieben im Jahr 1426, in dem Treffen
bei Außig. Ob Heinrich verheurathet gewesen ist, ist
ungewiß.

Günther, der dritte Sohn Heinrich, des Achten,
war Domprobst in Nordhausen, und starb in dem
Treffen bei Osterhagen. Ernst, der Zweite, hat
den Stamm allein fortgesetzt. Er war mit einer Gräfin von Stollberg, Anna, vermählt, mit welcher er
fünf Söhne und drei Töchter gezeugt hat. S. Tab.

Zwei von Ernst, des Zweiten, Söhnen, Herman und Otto, sind wenig bekannt; die drei übrigen regierten gemeinschaftlich. Eilger, der Zehnte, ist unverheurathet gestorben. Ernst, der Dritte, und
Heinrich, der Eilfte, der Kühne, erscheinen in
den wichtigsten Verhandlungen immer zugleich. Sie
trugen bei den Fehden den Verlust, und theilten den
Gewinn. Beide schlossen mit dem Abt Johann, den
Sechsten, in Walkenried, einen Vergleich wegen der
Bergwerke, daß ein Theil des Zehnten, den Grafen,
der Andere dem Kloster gehören sollte. Beide Brüder wurden im Jahr 1431, von dem Erzbischof Günther in Magdeburg, mit dem Schlosse in Wernigeroda,
vermöge einer Erbverbrüderung mit Stollberg, zur gesammten Hand beliehen.

Merkwürdiger, als alles bisher erzählte, ist der
bekannte Erbvereinigungs- und Verbrüde-
rungs-Vertrag, den die drei Grafen von Hohenstein, Heinrich, der Eilfte, Ernst, der Dritte, und

                                Eil-

Eilger, der Zehnte, mit ihren Vettern, Botho von Stollberg, und Wernigeroda, und Heinrich von Schwarzburg-Arnstadt zu Sondershausen, im Jahr 1433 errichteten. Auf dieser Erbvereinigung beruhete in der Folge der wichtige Streit, nach dem Abgange des Hohensteinschen Hauses, den ich im eilften Kapitel erzähle. Weil ich mich dort darauf beziehen muß, so ist es um desto nöthiger, die Hauptpunkte dieses Vergleichs hier anzuführen *).

Zuerst wurde eine Verbrüderung geschlossen, die den wechselseitigen Schutz und Vertheidigung zur Absicht hatte; ein natürlicher Zusammenhang der Dinge, machte es nöthig, auch den Erbverein zu bestimmen, wenn etwa einer aus der Verbrüderung im Treffen, oder auf eine andere Art, das Leben verliehren sollte. Die öftern Einfälle der Hussiten in Deutschland, verbunden mit der Liebe und Hochachtung gegen die Vettern, der Nutzen und die Ruhe der Unterthanen, verursachten diese Verbrüderung. Die Grafen sagen dies selbst in der Einleitung. Diese Erbvereinigung erforderte die Einwilligung der Stände, weil die Grafen die Rechte derselben zu ihrem Nachtheil einem Andern nicht übertragen konnten. Alle drei Theile hatten diese Vorsicht angewandt, und sagen es ausdrücklich, daß sie mit Einwilligung und Vollwort ihrer Stände diese Verbrüderung schließen wollten, die sich nicht bloß auf die jetzt contrahirenden Personen, sondern auch auf ihre Leibes- und Lehns-Erben erstrecken sollte. Die einzelnen Punkte sind folgende: —

Zuerst wurde ein völliges Freundschafts-Bündniß geschlossen, und zur Erhaltung derselben alles das beigelegt,

*) Die Urkunde steht in Heldenreichs Schwarzb. Gesch.

gelegt, was die Freundschaft stören, und ihre An-
nehmlichkeiten vernichten kann. „Daher soll Keiner
„des Andern Feinde wissentlich aufnehmen, oder ihnen
„Schutz gewähren, vielweniger ihnen ein Haus verstat-
„ten. Die Unterthanen sollen als gemeinschaftliche Un-
„terthanen betrachtet werden; jeder soll sie als sein Ei-
„genthum ansehen. Alle wechselseitige Schuldforde-
„rungen und Ansprüche sollen aufgehoben seyn."

Zweitens wurde festgesetzt, daß sie wechselsweise
den Titel von ihren Ländern führen wollten, so oft es
ihrer Ehre und Rechten zuträglich sey. „Dies solle
„selbst, um der Unterthanen willen geschehen, und soll
„ewig gehalten werden; und wenn auch Fürsten und
„Grafen ihre Unterthanen würden, so sollen sie sich dies
„gefallen lassen," — Die Grafen von Hohenstein nannten sich, von dieser Zeit an, auch Grafen von
Schwarzburg und Stollberg.

Der dritte Punkt betrift das wechselseitige Verhalten bei Fehden, den ich übergehe, weil er für meine
Leser kein Interesse haben kann, auch in der Folge nichts
darauf ankommt,

Zum Vierten wurde bestimmt, wie es gehalten
werden sollte, wenn unter ihnen selbst Streit entstände.
„Wenn zwei sich streiten: so soll der Dritte entscheiden;
„sind sie alle drei uneinig, so sollen sechs Bevollmäch-
„tigte, von jeder Partei zwei, die Sache entscheiden.
„Eben so soll es gehalten werden, wenn eine Partei mit
„den Vasallen des Andern, oder die Vasallen aller drei
„Häuser unter sich Streit bekommen. Es soll nie eine
„Klage der Vasallen, vor ein geistlich Gericht gebracht
„werden. "

Nunmehro wurde zur Hauptsache geschritten, die
ich aus der Urkunde hersetzen, und nur die ganz alten

 un-

unverständlichen Ausdrücke ändern will: „Damit
„nun alle vorgeschriebene Vereinigung und Artikel, die
„um des Nutzens und Friedens willen vorgenommen
„sind, desto bessern Grund und Bestand zu allen Zeiten
„haben mögen; so haben wir uns, die Grafen: Hein-
„rich, Ernst und Eilger, von Hohenstein, Herren zu
„Lohra und Klettenberg, vor uns, und alle unsere Lei-
„bes- und Lehns-Erben, zu Haufe gesetzt— verglichen —
„und gesammlet, erblich und ewiglich mit wohlbedach-
„tem Muthe und gutem Rathe, zu den edlen, unsern
„lieben Oheimen, Graf Botho, von Stollberg, Herrn
„zu Wernigeroda, und zu Graf Heinrich, von Schwarz-
„burg, Herrn zu Arnstadt und Sondershausen, Graf
„Heinrich, seinem Sohn, und zu ihren Leibes- und
„Lehns-Erben, mit diesen nach geschriebenen unsern
„Schlössern und Städten, Zubehör, Land und Leuten,
„namentlich Lohra, Klettenberg, Benneken-
„stein, Scharzfeld, Ellrich, Bleicheroda,
„unsere Landgerichte, mit alle den vorgeschriebenen Gü-
„tern und ehrbare Mannschaft, Nutzen, Herrlichkeit,
„und Zubehör, und dazu unter unserm Schloß und
„Vestung nichts ausgeschieden, und was wir des mit dem
„Lehnherrn mögen aufrichten und übereinkommen, in
„solcher Maße, daß, wenn wir einst ohne Lei-
„bes-Lehns-Erben mit Tode abgingen, die genann-
„ten Schlösser, Amtleute, Vasallen, Städte, Bürger
„und Bauern, und alle ihre Herrlichkeiten und Zube-
„hör, auf die genannten unsere Oheime, und
„auf ihre Leibes-Lehns-Erben sämmtlich fallen sollen;
„nämlich halb auf unsere Oheime in Stoll-
„berg, und halb auf die von Schwarzburg,
„und ihre Leibes-Lehns-Erben, daß unsere
„Oheime diese Herrschaften sämmtlich inne haben, und
„nutzen sollen, davon aber nichts theilen, verwechseln,
„vergeben, versetzen noch verkaufen, und auch alle ehr-
„bare Mannschaft, Gotteshaus, Prediger, Städte,
„Bür-

„Bürger und Bauern, oder was Wesens diese hätten,
„geistliches oder weltliches, bey allem Herkommen blei-
„ben lassen, und dabei erhalten, und in nichts bedrän-
„gen wollen, was sie jezt besitzen.“ —

Der Theil, der den Andern beerbte, versprach in
diesem Falle die Schulden auf sich zu nehmen, die
auf die Städte, ehrbare Männer u. s. w. verschrieben
wären.   Damit dies alles bestätiget und für ewig gültig erkannt würde: so ließen die Grafen von Hohenstein
ihre Vasallen und Unterthanen, sowohl ihren leibes-
lehns-Erben, als auch ihren Oheimen huldigen, und
schwören: daß sie im Aussterbefall sich an die
Oheime und ihre Erben ewig, erblich und
unvertheilt halten wollten.   Ein gleiches
thaten die Grafen von Schwarzburg und Stollberg.

Die Regierung, bis auf den Abgang einer linie, wurde einem jeden frei und ungehindert überlassen.
Auch dies wurde einem Jeden erlaubt, seine Güter zu
verpfänden, oder zu verkaufen, nur mit dem Zusatz:
daß er sie zuerst den Verbrüderten anbieten sollte.
Für die Wittwen soll Jeder nach Landes-Sitte, und
der Väter Gebrauch eine Versorgung bestimmen können.   Für die Erlösung seiner Seele aus dem Fegefeuer, waren Jedem funfzehnhundert Gülden erlaubt
auszusetzen; wolle er diese Summe übersteigen: so
müsse es mit Bewilligung der Verbrüderten geschehen,
welche auch die unverheuratheten Schwestern und Töchter im Aussterbefall versorgen, und an einen Mann
von ihrem Stande, mit sechshundert Mark Silbers
ausstatten sollten. —

Diese Erbverbrüderung ist bei allen vorgekomme-
nen Fällen erneuert, von den Lehnsherrn genehmigt und
bestätigt worden.   Die Grafen von Schwarzburg und
Stollberg sind auch zur gesammten Hand, mit den

K 5

Ho-

Hohensteinischen in die Verbrüderung gesetzten Gütern, beliehen worden, bis auf das Jahr 1581. So glaubten nun die Grafen den wechselseitigen Besitz ihrer Güter gesichert, ohne zu ahnden, daß ein Anderer ihre Hoffnungen vereiteln würde. —

Im Jahr 1435 schlossen die drei verbrüderten gräflichen Häuser mit den Herzogen von Braunschweig und mehreren Städten, und Herrn, ein Bündniß, um die Schnapphähne, Taschenklopper, wie sie hießen, aus dem Harzwalde zu vertreiben. Ob dieß Bündniß der Absicht entsprochen hat, weiß ich nicht.

Merkwürdiger ist die Fehde, welche die Verbrüderten im Jahr 1437, mit dem Bischof Burkhard von Halberstadt führten. Nach einigen Umständen zu schließen: so waren die Grafen von Schwarzburg, die Hauptpersonen bei der Fehde, obgleich die Grafen von Hohenstein den Anfang machten, und in des Bischofs Gebiet einen Einfall thaten. Der Bischof suchte sich zu rächen, durch die Verheerung der goldenen Aue; seine Expedition bekam ihm aber sehr übel. Die Grafen erfuhren, daß er seinen Rückzug durch die Grafschaft Stollberg nehmen wollte, und verlegten ihm den Weg. Hierdurch sahe er sich genöthigt, den 20sten Novembr. 1437, sich in ein Treffen einzulassen, worin er völlig geschlagen wurde, und sich kaum mit der Flucht retten konnte *). Von diesem Treffen hat der Weg zwischen Heeringen und Stollberg, den Namen des Todtenweges erhalten. Die Gefangenen wurden nach Lohra und Klettenberg, Sondershausen und Kelbra gebracht. Der Bischof erhohlte sich indeß, und drohete mit einem neuen Einfall, der aber nicht geschehen

*) Schöttgen und Kreyßig diplomat. Nachlese zur Gesch. von Obersächs. 5. Th. S. 110.

hen ist, weil sich der Kurfürst, Friedrich, von Sachsen, ins Mittel schlug, und den Grafen seinen Beistand versprach). Dies beweg den Bischof, sich im
Jahr 1438 zu Leipzig dem Ausspruche des Kurfürsten,
und des Erzbischofs Günther von Magdeburg zu unterwerfen, welcher dahin ausfiel, daß die Fehde einge-
stellt, der Bischof die Gefangenen der Grafen, ohne
Lösegeld entlassen, die Seinigen aber mit sechzehntau-
send Schock alte Groschen lösen sollte *).

Ernst, der Dritte, kaufte 1449 vom Bruno, edlen Herrn zu Querfurt, das Schloß Artern, Vockstädt, Gehoven, Katernviet, Korstedt, für zwölftausend
Rheinische Gulden; trat es aber bald hernach wieder an
seinen Schwager Günther von Mansfeld ab **).
Ernst starb im Jahr 1454, auf eine tragische Art.
Sein Bruder, Heinrich, feierte sein Beilager, und
gab, nach damaligem Gebrauch, ein feierliches Tur-
nier. Viele Herren suchten hier in Gegenwart ihrer
Schönen, Ruhm und Ehre zu erndten. Das Loos
gab unserm Ernst, den Bruno, von Querfurt, zum
Gegner. Sie stießen scharf auf einander. Bruno
verwundete ihm den Arm. Der Schaden wurde un-
heilbar, und Ernst mußte daran sterben. Seine Gemahlin war Adelheid, Graf Dietrichs, von Oldenburg,
Tochter, und Christian, des Ersten, in Dännemark
Schwester; sie vermählte sich hernach zum zweitenmale
mit Gebhard, von Mansfeld. — Heinrich, der Eilfte,
starb wenig Tage nach seinem Bruder. Er war zweimal vermählt, 1) mit Margaretha von Waldeck, von
welcher er einen Sohn hatte: Ernst, den Vierten,
und 2tens mit Margaretha, Vollrads von Mansfeld
Witwe, gebohrne Herzogin von Sagan.

Ernst,

*) Scriptor. rer. Brunf. Tom. 3. p. 216.

**) Spangenberg Querfurt. Chron. S. 433.

Ernst, der Vierte, und Johann, der Dritte, waren bei dem Tode ihrer Väter noch unmündig; daher wurden ihre Länder durch drei Vormünder, Otto, von Wernroda, Apel von Wechsungen, und Curt, von Brück, verwaltet bis 1460, wo sie die Regierung selbst antraten. Beide Vettern regierten gemeinschaftlich. Ernst residirte auf Lohra, und Johann auf Klettenberg. Johann war Provisor des Eichsfeldes. Er war vermählt 1) mit der Anna, Protzens, des Dritten, von Querfurt Tochter *), und 2) mit Margarethen, Sigmund von Gleichen, Tochter, mit welcher er einen Sohn, Eilger, den Eilften, der vor ihm starb, und zwei Töchter, Margaretha und Anna zeugte. Johann starb im Jahr 1492. Was von seiner Geschichte merkwürdig ist, läßt sich von Ernsts Geschichte nicht trennen.

Ernst, der Vierte, ging in Gesellschaft seines Vettern, Johann, und mehrerer Grafen, mit dem Herzog, Wilhelm, von Sachsen, im Jahr 1461, ins gelobte Land **). Nach der Heimkehr vermählte er sich mit Margaretha von Reuß und Gera. Hierauf werden beide Grafen bei einer Fehde genannt, die sie mit den Grafen von Henneberg gegen den Bischof Gebhard in Halberstadt führten, und im Jahr 1471, erneuerten sie die Erbvereinigung mit Schwarzburg und Stollberg in Gegenwart ihrer Ritter und Vasallen. Im Jahr 1472 waren sie gegen die Aschersleber zu Felde gezogen, und nahmen ihnen viele Beute ab, die sie bei ihrer Zurückkunft mit dem Kloster Walkenried theilten, es scheint dies ein Puschklopfen, nach damaligem Ausdruck, gewesen zu seyn. Indeß waren die Fürsten von

*) Spangenberg, S. 447.

**) Müller, S. Annal. S. 34.

von Anhalt auf die Seite der Aschersleber getreten, und bedroheten vorzüglich Walkenried, welches, durch die Theilnehmung an der Beute, sich als einen Verbundenen der Grafen gezeigt hatte. Johann, der Dritte, hatte indeß mit Halberstadt eine Fehde angefangen, und kam abermals mit Beute beladen, nach Walkenried, die Mönche ließen ihn nicht ein, dafür verwüstete er einige von ihren Gütern. Was ferner aus der Sache geworden ist, ist unbekannt. Wahrscheinlich ergriffen die Geistlichen ihre gewöhnlichen Waffen, denn Johann reiste im Jahr 1480, mit dem Kurfürst Ernst nach Rom, und ließ sich daselbst wegen seiner Räubereien im Halberstädtischen absolviren. Den damaligen Abt Johann, den Siebenten, in Walkenried, haßte er von ganzem Herzen, so wie alle seine Mönche, und weil er sich manche harte Handlungen gegen sie erlaubte: so thaten dies auch einige von seinen Vasallen. Einer von diesen fand einst einen Mönch in seinem Jagdgehege, den er oft gewarnt, und sich dergleichen Besuche verbeten hatte. Der Mönch konnte jezt der Rache des Edelmans nicht entgehen, welcher ihm ein eisern Halsband anlegte, das er besonders dazu mit Stacheln, die tief in den Hals eindrungen, hatte machen lassen. Der Hals schwoll entsetzlich auf, so, daß der arme Mönch weder essen noch trinken konnte. Seine Brüder versuchten alles mögliche ihm zu helfen; aber alles war vergebens. Sie hielten daher Betstunde, segneten ihn zum Tode ein, und führten ihn dann in die Schmiede. Hier wurde das Halsband auf dem Amboß zerschlagen, aber der unglückliche Mönch verlohr dabei das Leben.

Von Ernst, dem Vierten, der an den obigen Fehden Antheil hatte, ist noch dies merkwürdig, daß er im Jahr 1486, dem Herzog Heinrich von Braunschweig, auf einige Kosten, einige Truppen zur Belagerung

rung der Stadt Braunschweig zuführte. Ernst reiste fleißig umher, wo Lanzen in Turnieren zu brechen waren. Nach Johanns unbeerbtem Tode fiel die Erbschaft an ihn. Er starb im Jahr 1508, und ließ sechs Söhne nach. S. Tab. Von seiner zweiten Gemahlin, Felicitas, von Beichlingen, hat er nur zwei Töchter gehabt. Eine von seinen Töchtern, von der ersten Gemahlin, Katharina, wurde Dekanißin in Gandersheim, wo sie durch einen Prozeß bekannt geworden ist, den sie in Rom führte, weil sie bei einer Aebtißinwahl durchgefallen war *). — Von den Söhnen verdient Heinrich, der Zwölfte, und Eilger, der Zwölfte, kaum angeführt zu werden. Wilhelm, der Erste, hatte sich auf die Wissenschaften gelegt, und wurde im Jahr 1486 Rektor der Universität Erfurth, hernach Domherr in Maynz, und Probst in Nordhausen, und endlich Bischof in Straßburg, residirte aber zu Zabern, und starb im Jahr 1541 **).

Heinrich, der Dreizehnte, war mit der Susanna, Albrechts, von Mansfeld, Wittwe vermählt, und starb 1530 zu Ellrich. Sein Sohn Franz, starb jung, indem er mit einem Pferde gestürzt war. — Johann, der Vierte, diente dem Herzog Georg, von Sachsen, in Friesland, und wurde hier von einem vergifteten Pfeil getroffen, kehrte zurück, und starb im Jahr 1514 zu Lohra.

Ernst, der Fünfte, ist der Einzige, der den Stamm fortgesetzt hat. Ernst ist, in mehr als einer Rücksicht, einer der merkwürdigsten Grafen. Er lebte zu den Zeiten, wo das ganze Europa eine neue politische Gestalt bekam. Die Türken drangen immer weiter

ter

*) Leuff. Gandersh. Alt. S. 261.
**) Birkens sächs. Heldensaal, S. 11 u. 94.

ter vor, und eroberten sogar Griechisch-Weißenburg in
Ungarn.   Es wurde die geistliche und weltliche Macht
aufgeboten, diesen barbarischen Feinden Einhalt zu
thun, die so fürchterlich waren, daß man in der Kirche
um ihre Vertilgung bat.   Pabst Leo, der Zehnte, und
Kaiser Maximilian, der Erste, boten alle ihre Bereds-
samkeit auf, die Fürsten zu ermuntern, einen Zug gegen sie zu thun, den der Kaiser noch in seinem Alter
begleiten wollte.   Die Kurfürsten bewilligten auf dem
Reichstage den Zehnten von den geistlichen, und den
Zwanzigsten von den weltlichen Gütern zu geben.   Die
Harzgrafen insgesamt hielten deswegen im Jahr 1519,
mit den thüringischen Grafen zu Erfurth eine Versammlung, und, nach vielem Streite, willigten sie in
die Forderung des Kaisers; jedoch mit der Bedingung,
daß das Geld in einer jeden Herrschaft, wo es gesammlet worden sey, aufbewahrt werden sollte, bis der Zug
gegen die Türken vorgenommen würde, damit die Leute
eines jeden Herrn, die zu Felde gingen, davon unterhalten werden könnten.   Dieser Zug ging nicht vor
sich; der Kaiser starb, und sein Nachfolger Karl, der
Fünfte, hatte vorerst ganz andere Sachen zu überden-
ken, die aber nicht hierher gehören.   Ernst hatte schon
Anstalten gemacht, sein Contingent zu stellen, nunmehro aber ließ er seine Leute wieder auseinander gehen.

Unter Ernst, dem Fünften, ging die Reformation
in der Grafschaft Hohenstein an; er selbst aber blieb
bis an sein Ende ein strenger Katholik.   In dem
Bauernkriege mußte er viel leiden.   Allein dies gehört
in ein besonderes Kapitel von der Reformationsgeschichte, wo weitläufig davon gehandelt wird.   Eben so ist
sein Streit mit Moriz von Sachsen, wegen der Schutzvogtei über Walkenried, schon oben erzählt.   Siehe
das achte Kapitel.

Im

Im Jahre 1528 publizirte Ernst mit seinen Brüdern eine Bergordnung in der Grafschaft Lutterberg, nachdem im Jahr 1521 die reichen Silbergruben auf dem Andreasberge entdeckt waren. Die Stadt Andreasberg hat ihren Namen von dem Andreaskreuze, welches auf die Münzen, aus diesem Silber, geprägt wurde, erhalten *). Dies mag hier genug seyn von Ernst, dem Fünften, denn das, was das Merkwürdigste ist, läßt sich von andern Begebenheiten nicht trennen, und wird am gehörigen Ort erzählt. Seine Gemahlin war Anna, Eberweins, von Bentheim, Tochter, mit welcher er fünf Söhne und vier Töchter erzeugt hat. S. Tab. Ernst starb 1552 zu Scharzfeld, und liegt in dem Erbbegräbniß in Walkenried begraben.

Von seinen Söhnen ist eigentlich nur Ernst der Sechste, und Volkmar Wolfgang merkwürdig, denn Christoph starb sehr jung; Wilhelm ging in Kriegsdienste, und starb im Jahr 1554 in dem Lager bei Rentin in Brabant, Eberwein starb 1560, auf dem Beilager Graf Günthers, zu Arnstadt.

Ernst, der Sechste, war, wie sein Bruder, in der Armee des Kurfürst Moriz, und war mit in dem Treffen bei Sievershausen, wo Moriz über seinen Feind Albrecht von Brandenburg zwar siegte, aber auch seinen Tod fand.

Vom Ernst ist merkwürdig, daß er mit seinem Bruder die Reformation in Hohenstein vollendete, und die Augspurgische Confeßion einführte. Siehe das funfzehnte Kapitel. —

Das

---

*) Harenberg hist. Gandersh. p. 1442.

Das Kloſter Ilfeld war lutheriſch worden, und der Abt Thomas Stange hatte eine Schule darin angelegt. Nach des Abts Tode im Jahre 1559, waren die Grafen von Stollberg willens, die Schule wieder eingehen zu laſſen, und ihrem Vorgeben nach einen neuen Abt zu ſetzen, der das Kloſter adminiſtriren ſollte. Allein der neue Abt Neander, der manchen Ruf nach Univerſitäten, manche Geſchenke von denen, die die Kloſtergüter gern an ſich bringen wollten, ausſchlug, wandte alles an, die Grafen davon zu abzureden. Er ſtellte ihnen vor, daß ihr Verfahren nicht nur gegen den Paſſauiſchen Vertrag, ſondern, daß es auch Schade ſey, die Schule aufzuheben, die ſchon vierzehn Jahr geſtanden, und ſchon vierzig Knaben erhalten könnte. Er wandte ſich an die Lehnsherrn, die Herzoge von Braunſchweig; und da dieſe damit zufrieden waren, mußten auch die Grafen nachgeben. Neander wurde zum Rektor und Adminiſtrator beſtimmt, mit dem Verſprechen, alles treu zu erfüllen, was ihm dieſes Amtes wegen obliege. Die Grafen ſuchten nun alle Gelegenheit auf, dem Kloſter zu ſchaden; zuerſt borgten ſie von demſelben baar Geld, das vierhundert Gulden betrug, und welches Neander beſſer anzuwenden gedachte, aber den Grafen keine abſchlägige Antwort zu geben wagte. Er mußte der Nothwendigkeit nachgeben. Zu dieſen Verdrießlichkeiten kamen noch neue hinzu. Es hatten ſich nämlich die Grafen von Hohenſtein und Schwarzburg, mit einander verbunden, daß ein Jeder, nach dem Tode des Abts Thomas, die Güter zu ſich nehmen, und behalten wolle, die in ſeinen Herrſchaften lägen. Schwarzburg machte den Anfang, und nahm Kirch-Engel mit Gewalt ein, nebſt einigen andern Gütern, legte Reuter auf den Kloſterhof, und verbot dem Verwalter, weder Vieh, noch Getraide, noch Gelder dem Kloſter verabfolgen zu laſſen.

Nean-

Neander schrieb an die Grafen Günther und Hans von Schwarzburg, und that Vorstellungen; richtete aber nur so viel aus, daß ein Schwarzburgischer Rath zu ihm kam, und ihm anbot, daß, wenn er den Grafen Kirch-Engel lassen wollte, sie ihn mit einer reichlichen Versorgung in ihr Land vociren wollten. Neander schlug dies aus, und reiste selbst nach Meißen zu dem berühmten Rechtsgelehrten, Georg Fabricius, auch nach Dresden und Wittenberg; aber überall bekam er den Rath: „Er solle bedenken, daß er es mit großen Herrn zu thun habe." Neander konnte sich nicht überzeugen, daß in Deutschland ein großer Herr ungestraft ungerecht handeln könne, und klagte daher bei dem Reichs-Kammer-Gericht in Speyer. Der Graf Günther merkte indeß, daß das Urtheil des Kammer-Gerichts nicht vortheilhaft für ihn ausfallen würde, und ließ dem Abt einen Vergleich anbieten. Der Graf Ernst, der Sechste, von Hohenstein, der zwar selbst bei der Sache intereßirt war, aber bis jetzt noch keinen gewaltsamen Schritt gethan hatte, wurde zum Schiedsrichter erwählt. Schwarzburg erbot sich, jährlich dem Kloster dreihundert Gülden aus dem Amte Heeringen zu geben, wenn es dagegen seine Güter in Kirch-Engel und Ebra, ganz abtreten wollte; und da dies verworfen wurde: so verlangte der Graf, daß ihm diese Güter für gewisse Malter Korn, auf zehn Jahre verpachtet würden. Auch dies wurde abgeschlagen, obgleich der Hohensteinische Kanzler, Bötcher, sehr zurede, dies Anerbiethen anzunehmen. Diese Unterhandlungen waren also fruchtlos. Bald nachher wurden abermals in Nordhausen neue Unterhandlungen angestellt, und endlich ein Vergleich geschlossen, nach welchem der Prozeß bei dem Kammer-Gerichte aufgehoben, dem Kloster die Güter gelassen, und alles, was sich seit den Unruhen, wegen Ausgaben und Einnahmen zugetragen, vernichtet seyn sollte. Das Kloster

ster versprach) außer den gewöhnlichen zwei und funfzig
Marktscheffel Getraide, jährlich) noch sechzig Gulden, den
Grafen zu zahlen, und beständig vier Knaben
aus dem Schwarzburgischen in allem frei
in der Kloster-Schule zu unterhalten. (Die
soll eigentlich noch gelten.) Würde aber die Schule eingehen, oder nicht gut verwaltet werden, und der Hof
in Ilfeld in weltliche Hände kommen: so solle durch
diesen Vergleich) den Grafen an ihren Rechten nichts
benommen seyn. —

Ernst, der Sechste, that einen Feldzug mit seinen Reutern nach den Niederlanden, zum Besten der
Stadthalterin Maria, Königin von Ungern. Nach
seiner Zurückkunft, vermählte er sich) mit der Katharina, Johann Heinrichs von Schwarzburg, Tochter,
die ihm zwei Töchter gebahr, Anna und Maria. Die
letzte war an Ludewig, von Butbusch) vermählt. Ernst
residirte in Klettenberg, wo er auch im Jahr 1562,
den 22sten Junius starb, und in Walkenried begraben
wurde. Die Wittwe vermählte sich) mit dem Graf
Botho, von Rheinstein.

Volkmar Wolfgang, überlebte alle seine Brüder.
Er war im Jahr 1512 gebohren. Seine Jugend ver-
lebte er in Straßburg bei seines Vaters Bruder, Wilhelm. Seine Erziehung war dem Zeitalter und dem
Orte seines Aufenthalts angemessen. Wenn nicht andere Umstände dazu gekommen wären, und die Wahrheit weniger Reiz für ihn gehabt hätte: so würde er
für die lutherische Reformation nicht so sehr eingenommen gewesen seyn, die er nebst seinem Bruder, Ernst,
in der ganzen Grafschaft einführte. — Von Straßburg begab er sich nach Paris, und von hier nach Orleans, um die Weisheit von akademischen Lehrstühlen
zu hören. Seine Fertigkeit in der französischen Spra-

L 2   che,

che, wurde überall bewundert: denn damals war sie
noch nicht die Sprache der Höfe, und die Galanterie
der Franzosen, wurde noch nicht so sehr in Deutschland
nachgeaft, als jezt. Vielmehr kam jezt die Zeit, wo
man manches den Spaniern nachahmte, die auf des
Kaisers Befehl die deutsche Freiheit unterdrücken helfen wollten. Die schwarze Kleidung unserer Geistlichen, ist ein Ueberbleibsel ihrer Staatskleider. Der
Kurfürst, Moriz, von Sachsen, der der Ernestinischen
Linie die Kurwürde entrissen und sie auf die Albertini-
sche gebracht hatte; der, eben dieser politischen Absicht
wegen, die Protestanten, aus Gefälligkeit für den Kaiser
bedrückte, und dadurch seiner Ehre einen Fleck zugezogen hatte, suchte denselben wieder wegzuwischen. Seit
dieser Zeit ist er jedem edlen Deutschen unsterblich geworden. Ihm danken wir den Passauer Vertrag; ihm
dankt Deutschland seine Freiheit. Der Graf Volkmar Wolfgang, ob er gleich noch katholisch war, begleitete ihn bei seinen Unternehmungen, und war auch
bei der Belagerung von Magdeburg zugegen, wo Moriz den Anfang machte, zum Besten der Protestanten,
und der deutschen Freiheit, sich dem Kaiser zu widersetzen.

Unter Volkmars Regierung wurde ein Versuch gemacht, die Kupferminen bei Walkenried, in dem so genannten Kupferberge, die schon im Jahr 1476 entdeckt waren, wieder in Gang zu bringen. Es kam
nämlich um das Jahr 1569, ein gewisser Kegel, der
aus Mansfeld vertrieben war, zu dem Graf Volkmar,
und theilte ihm dies Projekt mit. Der Graf fand es
annehmlich, und ließ sogleich an dem Zorge-Flusse eine
Kupferhütte erbauen, die jezt in eine Eisenhütte verwandelt ist. Sobald aber die Mansfelder den glücklichen Erfolg der Sache sahen: so riefen sie den Kegel
zurück, und söhnten sich mit ihm aus; wahrscheinlich
des-

deswegen, damit sie die Kohlen, die sie aus den Wal‑
dungen bei Walkenried hohlten, ferner hohlen könnten.
Die Kupferbergwerke blieben also wieder liegen, bis auf
Ernst, des Siebenten, Tod.   Die Grafschaft fiel an
Heinrich Julius, Herzog in Braunschweig.   Nun fan‑
den sich einige Bergwerksverständige vom Andreasber‑
ge, die große Versprechungen wegen des lapis fissilis,
machten, und des mit Erz‑Theilchen angefüllten San‑
des, den man bei Ellrich, Walkenried und Sachsa
auf dem Felde findet.   Sie behaupteten, es müßte
hier Kupfer und Silber gegraben werden können, wel‑
ches eben so gut sey, wie das Mansfeldische.   Die
Sache wurde nach Zellerfeld berichtet, und der Gru‑
benmeister stellte eine Untersuchung an, fand aber, daß
die Unkosten nicht herauskommen würden.   Man be‑
rief hierauf andere Sachverständige von Mansfeld, diese
versicherten gerade das Gegentheil.   Sie Sache un‑
terblieb wegen der Uneinigkeiten und Widersprüche, ob
gleich schon viel gearbeitet war.   Wahrscheinlich fand
sich keiner, der sein Geld auf Spekulation anlegen
wollte.   Indeß erneuerte der Graf die obenangeführte
Bergordnung. —

Volkmars Streit mit dem Kurfürsten von Sach‑
sen, wegen der Schutzvogtei über Walkenried, ist schon
oben erzählt. —   Er ist der erste Graf von Hohen‑
stein, der mit der Herrschaft Lohra von Hal‑
berstadt beliehen wurde, denn unter ihm ver‑
tauschte der Kurfürst August, diese Herrschaft an Hal‑
berstadt, wie oben schon in der Geschichte von Lohra,
erzählt ist.   Die Grafen von Schwarzburg und Stoll‑
berg waren damit nicht zufrieden; selbst Volkmar soll
sich der Thränen nicht haben enthalten können, als ihn
der Kurfürst seines Eides entließ, und an Halber‑
stadt verwieß. —

L 3

Volk‑

Volkmar liebte,den Krieg. Als Kaiser Maximilian, der Zweite, mit den Ungern einen Krieg anfieng: so begleitete der Graf das Heer im Jahr 1566. Er starb den 5ten Febr. 1580, und liegt in Walkenried begraben. Zum erstenmal hat er sich 1555 zu Weissenfels, mit Margaretha, Graf Wolfs, des Ersten, von Barby, Tochter, vermählt; diese starb 1567, nachdem sie ihn zum Vater von zwei Söhnen, und sechs Töchtern gemacht hatte. Sie liegt in Bleicheroda begraben. Die beiden Söhne waren Eilger, der Dreizehnte, der sehr jung starb, und Ernst, der Siebente. Die älteste Tochter, Agnes, starb bei ihrem Vetter, Martin, zu Vierraden. Die zweite, Anna, war an den Graf Joachim, von Hohenzollern-Sigmaringen, die dritte, Maria, an Ludewig, von Isenburg-Büdingen, und die vierte, Magdalena, an den Graf Wolf, von Castell, vermählt; Katharina starb jung; desgleichen Margaretha. Zum zweitenmal hatte sich Volkmar mit Magdalena, Ulrichs, von Rheinstein, Tochter, vermählt, die ihm zwei Söhne, Eilger und Volkmar Wolfgang, gebahr, die aber beide jung gestorben sind. Magdalena selbst lebte noch bis 1608 zu Klettenberg, ihrem Wittwensitze, wo sie den 2ten Junius starb, und in Walkenried bebraben wurde. -

Es war nunmehro nur noch ein einziger männlicher Erbe, aus Heinrichs, des Vierten, Linie übrig, nämlich Ernst, der Siebente, ein munterer und wolthätiger Herr. Er war gebohren den 24sten Febr. 1562. Bei seines Vaters Tode war er achtzehn Jahr alt, und stand daher unter der Vormundschaft des Grafen Wilhelm, von Schwarzburg, und Albrechts, von Barby. Als ein Kind von zwei Jahren war er Koadjutor in Walkenried, und hernach Administrator. Die Bestätigung dieser Würde erhielt er von dem Abt, Johann, in Alten-Campen, im Jahr 1578, da sein Vater

ter noch am Leben war.   Er hielt ſich einen Prokura
tor, Liborius Hirſch, der für ihn die Geſchäfte beſorgen
mußte.   Dieſem gaben jezt die Vormünder den Ab
ſchied, und ſchickten ihn auf das Gut nach Günzero
ba.   An ſeine Stelle wurde Georg Freder geſetzt.
Das Archiv des Kloſters wurde nach Lohra gebracht,
und kam hernach in die Hände der Grafen von
Schwarzburg.   Ernſt, der Siebente,   war zweimal
vermählt, zum erſtenmal mit der Juliana, Albrechts
vom Barby, ſeines Vormundes Tochter,   im Jahr
1582, den 10ten Sept.   Sie gebahr ihm einen Sohn,
Volkmar Wolfgang, der als ein Kind von drei
Jahren,   vor dem Vater ſtarb, und vier Töchter, An
na,   Eliſabeth,   Dorothea   und Juliana.
Die drei erſtern ſind jung geſtorben.   Juliana über
lebte den Vater.   Sie war an den Graf, Johann Lu
dewig, von Gleichen-Spiegelberg vermählt,   der als
der letzte dieſer Familie im Jahr 1631 ſtarb, Juliana
ſtarb 1633, den 10 Jul.,   nachdem ſie ſich noch von
einem Schwärmer hatte überreden laſſen, daß ſie einen
Poſthumus gebähren würde, und deswegen ſchon in den
Kirchen für eine glückliche Entbindung bitten ließ.   Sie
iſt die ganz letzte aus dem Hohenſteiniſchen
Geſchlecht.   Ernſts zweite Gemahlin, war Agnes,
von Eberſtein, die er ſich den 18ten Junius 1592 am
Herzoglichen Hofe in Stettin beilegen ließ.   Sie hat
keine Kinder von ihm gehabt, und vermählte ſich nach
ſeinem Tode mit Burkhard,   Schenken von Lauten
burg, im Jahr 1598.

Weil Ernſt vorausſahe, daß ſeine Güter an la
chende Erben kommen würden: ſo lebte er ziemlich ver
ſchwenderiſch.   Er ließ es nicht an Luſtbarkeiten und
Vergnügungen fehlen.   Die Grafſchaft gerieth da
durch ſehr in Schulden.   Er ſtarb den 8ten Julius,
1593 zu Lohra, und wurde in Walkenried begraben.

L 4

Weil

Weil er der letzte seines Geschlechts war, so wurde das Wappen, der Siegelring und Schwerdt mit ihm begraben.

Es war nun noch der einzige Martin von Vierraben und Schwerdt am leben, allein weil er nicht in der gesammten Hand war, so konnte er die länder nicht erben. Martin hatte selbst keine Erben, und bemühete sich daher nicht einmal um Ernsts länder.

So endigte sich das Geschlecht der Grafen von Hohenstein; das über vierhundert Jahre geblühet hatte. Ihre länder wurden der Zankapfel verschiedener Familien. Ein Fremder trug die Beute davon.

Eiltes Kapitel

enthält den Streit des Herzogs von Braunschweig mit den Grafen von Schwarzburg und Stollberg; die Verschenkung der Grafschaft vom Kaiser an den Grafen von Thun, und die übrigen Begebenheiten, bis auf den westphälischen Frieden 1648.

Nach Ernst, des Siebenten, Tode ging der merkwürdige Successionsstreit an, der bis auf das Jahr 1632, gewähret hat. Dies ist die merkwürdigste Periode in der Hohemsteinischen Geschichte, und verdient daher eine ausführlichere Erzählung.

Kaum war Ernst gestorben: so traten drei Prätendenten seiner länder auf, von denen jeder das nähere Recht zur Erbschaft zu haben glaubte. Heinrich Julius, Herzog zu Braunschweig, und postulirter Bischof

ſchof zu Halberſtadt; der Graf Chriſtoph von Stollberg, und Karl Günther, von Schwarzburg, waren
die ſtreitenden Perſonen. Dieſer ganze Streit beruhete auf der im Jahr 1433, zwiſchen den drei gräflichen
Häuſern Hohenſtein, Stollberg und Schwarzburg ge-
ſchloſſenen Erbverbrüderung, die ich oben weitläufig erzählt habe *). Dieſe Erbverbrüderung war ſo abgefaßt, daß Niemand etwas darwider hatte. Die Grafen ſelbſt beſtätigten ſie zum öftern aufs neue. Im
Jahr 1493 ſtellten ſie eine Urkunde aus, worin ſie dieſen Erbverein als völlig gültig, von den Lehnsherrn und
Kaiſern beſtätigt, erneuerten, und den Unterthanen, die
in eventum gehuldigt hatten, ihre Rechte und Freiheiten zuſicherten, ja ſo gar verſprachen; wenn ein Va-
ſall in dem Hohenſteiniſchen ſtürbe, und unverheurathete
Töchter nachließe, ſo wollten ſie dieſelben ausſtatten **).
Kurz, ſie betragen ſich als ſolche Perſonen, die das
Recht zu dergleichen Handlungen haben. Es war überdem in Deutſchland ſchon lange üblich geweſen, ſolche
Erbverbrüderungen zu ſchließen, und die Kaiſer ſowol,
als die übrigen Lehnsherrn haben dagegen nichts einge-
wand. Die Herzoge von Sachſen, als Lehnsherrn der
Grafen, ſo viel nämlich Lohra, Bleicheroda und Ellrich
betrift, mit ihren Pertinenzien, haben zum öftern dieſen Erbverein beſtätigt. Als der Kurfürſt, Auguſt,
von Sachſen, die Herrſchaft Lohra, mit dem Zubehör,
an das Domkapitel in Halberſtadt, gegen andere
Mansfeldiſche Güter, im Jahr 1573 vertauſchte: ſo
wurde ausdrücklich vorbehalten, daß dieſer Tauſch
den Grafen von Schwarzburg und Stollberg an ihren Rechten unſchädlich ſeyn
ſollte. S. das ſiebente Kap.

L 5

Um

---

*) S. zehntes Kapitel.

**) Buhlaiſche Rezeß MſCt.

Um den Lehnsnexus richtig einzusehen: so muß man die alte eigentliche Grafschaft Hohenstein, von der neuen, d. h. Lohra und Klettenberg, die von jener den Namen angenommen hat, wol unterscheiden. Wegen Scharzfeld, Lutterberg und mehrerer Stücke, war gar kein Streit, denn diese fielen gleich an den Lehnsherrn, den Herzog von Braunschweig, zurück.

Die alte Grafschaft Hohenstein, war ganz ohnstreitig ein Braunschweig-lüneburgisches Lehn. Denn, als Heinrich, der Löwe, der Erbe der Supplinburgisch-Nordheimischen Lande, Enkel Lothars und der Richenza von Nordheim, der Scharzfeld, Herzberg und Pölde gegen die Zäringischen Erbgüter in Schwaben, von dem Kaiser eintauschte *), in die Acht erklärt wurde: so ließ sich Eilger, der Stifter von Ilfeld, von dem Kaiser Friedrich, dem Ersten, belehnen, und als Heinrich seine Allodialgüter wieder erhielt, ließ sich Eilger von ihm belehnen, und zum ersten Grafen von Hohenstein, Ilfeldischer Linie machen. So wird Hohenstein ausdrücklich ein Braunschweigisch Lehn genannt, in dem alten Bericht von der Grafschaft Hohenstein, wo es S. 11 und 12 heißt: „Braunschweig habe schon im Jahr 1170, den Graf Heseko, den letzten von den erwähnten Hohensteinschen Grafen vor dem Eilger, beliehen; Heseko habe seine Lehn von Heinrich, dem Löwen, erneuern lassen." Heinrich, der Löwe zeigte auch beständig für dies Land, so wie für alle seine Allodialgüter, mehr Zuneigung, als für Bayern.

Nach Heinrich, des Löwen, Tode, zogen seine Söhne, Kaiser Otto, der Vierte, und Heinrich, Pfalzgraf am Rhein, die Grafschaft Hohenstein, mit in ihr
Ei-

---

*) Versuch einer pragmatischen Geschichte von Braunschweig, S. 36.

Eigenthum.   Sie fiel dem Kaiser Otto zu.   Als im
Jahr 1420 der Herzog Otto von Braunschweig, durch
den Landgraf von Hessen, Ludewig, von dem Kaiser
Sigismund zu Sondershausen die Lehn empfing: so
wird unter andern Stücken auch der Grafschaft Ho-
henstein erwähnt, die dem Herzoge mit allen Rechten
und Leuten feierlich übertragen wurde.   Die Herzoge von
Braunschweig Göttingischer- Kalenbergischer und Wol-
fenbüttelscher Linie haben, eine nach der andern, die
Grafen von Stollberg und Hohenstein, mit dieser
Grafschaft beliehen.   Im Jahr 1504 beliehe Herzog
Erich, der Aeltere, die Grafen von Stollberg,
Heinrich, den Aeltern, und Heinrich, den Jüngern,
und Bodo, Vater und Söhne mit Hohenstein *).
Von dem Jahr 1590, haben wir noch einen Lehnbrief,
worin Heinrich Julius, Herzog von Braunschweig, die
drei verbrüderten gräflichen Häuser, und namentlich
Ernst von Hohenstein, zur gesammten Hand beliehe **).
Im Jahr 1598, erhielten darauf die Herren von
Schleinitz von dem Herzog Heinrich Julius die Immiß
sion in das Lehen von Hohenstein, als Kreditoren der
Grafen von Stollberg.   Eben dieser Herzog zog bald
darauf Hohenstein ein, nachdem die Familie von Schleinitz wegen ihrer Forderungen an die Grafen befriedigt
war ***).   So viel ist also gewiß, daß die alte Grafschaft Hohenstein, der eigentlich dieser Name zukömmt,
ein Braunschweigisches Lehn war.   Sie war auch nicht
mit in die Erbvereinigung gebracht, und in dem Streite
nach Ernst, des Siebenten, Tode, wird ihrer gar
nicht erwähnt.   Sie fiel an Braunschweig zurück, und
noch jezt gehört sie an Kur-Braunschweig, welches von
                                             Zeit

*) Zeitfuchs Stollb. Gesch.   S. 225.

**) Leuff. antiq. Ilfeld.

***) Meibom rer. Germ. Tom. 3. p. 349.

Zeit zu Zeit die Grafen von Stollberg mit einzelnen Stücken beliehen hat.

Was Klettenberg anbetrift: so war dies ein Halberstädtisches Lehn, und wurde im Jahr 1433 mit in die Erbverbrüderung gebracht. Klettenberg gehörte in den frühesten Zeiten an die sächsischen Kaiser, die hier ihre Richter oder Grafen hatten. König Heinrich, der Erste, schenkte seiner Gemahlin Mathilde, unter den übrigen Stücken zum Leibgeding auch einige Oerter in der jezigen Herrschaft Klettenberg, z. E. Wofleben und Gudersleben a). Otto, der Erste, bestätigte diese Schenkung seines Vaters, und vermehrte sie mit mehrern neuen Gütern *). Mathilde bauete hierauf das Kloster Pölde, und schenkte alle diese Güter an dasselbe; Otto, der Erste bestätigte die Schenkung in einer besondern Urkunde, worin ausdrücklich Scharzfeld genannt wird. Otto, der Zweite, schenkte, so wie seine beiden Vorfahren, und seine beiden Nachfolger, viele Güter an die Geistlichen. Auch diese Gegend, und namentlich Pölde, mit seinen Intraben, schenkte er an das, von seinem Vater errichtete neue Erzbisthum Magdeburg, wie die Urkunde vom Jahr 981 ausweißt **). Es wurden auch)

a) Leukf. Walkenr, p. 9.

*) Haec enim sunt, so heißt es in der Urkunde. Quedlingaburg, Palithi, Northuse, Duderstete, Woflebe, Gudislebe &c. Dazu nehme man noch die Urkunde Otto, des Ersten, die ich oben angeführt habe. Erstes Kapitel. S. 10.

**) Noverint cuncti etc. qualiter nos etc. Abbatiam iam olim a nostris bonae memoriae parentibus in nostra proprietate Palithi constructam cum omnibus utilitatibus ad eandem respicientibus, sancto Mauritio et sanctae Magdeburgensi Ecclesiae Archiepiscopis, in perpetuum militaturis tradidimus, ut nullus comes

auch die Prämonstratenser in der Folge statt der Benedictiner in Pölde, durch den Erzbischof von Magdeburg eingeführt.

Bei diesen Schenkungen Otto, des Zweiten, kam ohnstreitig Klettenberg an Magdeburg, jedoch mit dem Vorbehalt, daß der Erzbischof den Grafen, oder Herrn, die in dem Besiz ansehnlicher Güter und Rechte daselbst waren, die Lehn ertheilen sollte. Gewiß ist es, daß Klettenberg in den frühern Zeiten an Magdeburg gehörte, und falsch, was ein Schriftsteller behauptet, daß es 814 schon ein Lehn von Halberstadt gewesen sey *). Man nimmt zwar an, daß das Bisthum Halberstadt in diesem Jahre von Seligenstadt — vielleicht Osterwik — nach Halberstadt verlegt sey; allein der Stiftungsbrief, vom Kaiser Ludewig, dem Ersten, ist nie in der Urschrift an das Licht gekommen, sondern nach Abschriften — vielleicht unrichtigen, bekannt gemacht worden. Wenn auch das Jahr 814, das Stiftungsjahr ist, wogegen ich nichts einwende, so folgt noch nicht daraus, daß Klettenberg schon damals an Halberstadt gehört habe. Ferner: wenn König Heinrich, der Erste, und Kaiser Otto, der Zweite, diese Gegend seine proprietas — Eigenthum, Allodium nennt, und diese sächsische Linie, deren Stifter, Heinrich, Klettenberg bauete, im zehnten Jahrhundert den Kaiserthron bestieg, wie kann es denn

mes vel iudex ullum negotium exercere audeat in iam dicta Abbatia. Quod si quis arte aliqua, sive dolo, seu etiam violentia abstulerit, anathema sit, et a regno Dei et consortio Ecclesiae sanctae nunc et semper segregatur, et sit portio eius cum Satana, et eius angelis usque in aeternum. Fiat! Fiat!

*) Hohensteinsches Magazin, S. 18. Siehe oben das Kapitel von Klettenberg.

denn 814 ein Halberstädtisches Lehn seyn? Es ist freilich bei dem Mangel an Urkunden, schwer, mit Gewißheit zu bestimmen: wenn, und auf was Art Klettenberg an Halberstadt gekommen; indeß will ich zwei Hypothesen angeben, die so lange gelten werden, bis ein anderer Schriftsteller der Wahrheit näher kömmt.

Die erste wahrscheinliche Meinung ist diese: Als Kaiser Heinrich, der Zweite, einen gewissen Tagmo, im Jahr 1004, auf den Erzbischofsstuhl in Magdeburg bringen wollte: so bediente er sich dazu des Bischofs Arnulph von Halberstadt, dessen Stab er auch gebrauchte, um den Tagmo zu belehnen. Dieser Arnulph stand überhaupt bei dem Kaiser in großem Ansehen; er begleitete ihn fast beständig im Kriege und Frieden. Hier ist es mir nun sehr wahrscheinlich, daß der Kaiser den Tagmo beredete, dem Arnulph in Halberstadt die Dynastie Klettenberg abzutreten, weil sie doch in der Maynzer Diöcese lag, und die beiden Erzbisthümer Maynz und Magdeburg eben nicht sehr harmonirten. Hierzu kommt noch, daß Arnulph im Jahr 1022 mit dem Erzbischof von Maynz, in Grona, ohnweit Göttingen, einen heftigen Streit wegen ihrer beiderseitigen Gränzen hatte. Dieser Streit war gewiß wegen dieser Länder entstanden, über die sich nun Maynz die Oberherrschaft anmaßen wollte, da sie von Magdeburg an Halberstadt abgetreten waren.

Die zweite Meinung, die Pauli in seiner Brandenburgischen Geschichte für gewiß annimmt, 6ter B. S. 80. ist, daß Klettenberg durch Tausch von Magdeburg an Halberstadt gekommen sey. Nimmt man diese Meinung an, so würde die Veränderung in das Jahr 1257 fallen. Damals waren in Halberstadt zwei Bischöfe, Ludolph, der Zweite, und Vollrad. Lu-

dolph

dolph wurde abgesetzt, weil er mit den Stiftsgütern nicht gut umgegangen war, und manches an die Markgrafen von Brandenburg verkauft hatte. Vollrad wollte dies nicht genehmigen, weil ihn aber die Schulden drückten: so mußte er endlich nicht nur alles genehmigen, sondern er verkaufte auch noch mit päbstlicher Erlaubniß Seehausen, Alvensleben, Aschersleben u. s. w. an den Erzbischof Rudolph in Magdeburg. Hier kann es geschehen seyn, daß er Klettenberg für einen bestimmten Preiß annehmen mußte. Indeß, da dieß in die Zeit fällt, wo die Herren von Klettenberg ausstarben, und die Grafen von Hohenstein schon die Mitbelehnung von Halberstadt erhalten hatten: so möchte diese letzte Meinung wol der erstern nachstehen. —

Es sey nun wie es wolle: so ist dies gewiß, daß Klettenberg erst an Magdeburg gehörte, und von diesem an Halberstadt abgetreten wurde. Die Grafen von Hohenstein sind beständig damit von Halberstadt beliehen, und seit der Erbverbrüderung, die von Schwarzburg und Stollberg zur gesammten Hand, nämlich 1459 von dem Bischof Gebhard, vom Hoym, 1494, von dem Bischof Ernst, der ein Herzog von Sachsen, und Erzbischof zu Magdeburg war, desgleichen von Albrecht 1515. Hierauf folgte Johann Albrecht, und dann Friedrich, beide Markgrafen von Brandenburg, von diesen finden sich keine Lehnbriefe; was die Ursach davon ist, weiß ich nicht. Im Jahr 1557 bekam Sigismund das Bisthum; dieser beliehe wieder alle drei gräfliche Häuser. Nach seinem Tode suchte Graf Volmar Wolfgang, die Lehn, bekam aber blos einen Muthzeddel. Nunmehr trennte sich Halberstadt von Magdeburg, dessen Erzbischöfe zugleich Bischöfe in Halberstadt gewesen waren, und wählte sich einen Bischof aus dem Braunschweigischen Hause, Heinrich Julius, ein Kind von zwei Jahren. Magdeburg

blieb

blieb in seiner Wahl bei dem Brandenburgischen Hause.
Als Julius vierzehn Jahr alt war, und nun von dem
Domkapitel die Regierung selbst bekam: so meldeten
sich die Grafen im Jahr 1579, und suchten die Lehne.
Die Belehnung aber unterblieb bis Volkmar Wolfgang 1580 starb.   Nunmehr befahl Heinrich Julius
in einem ausgefertigten Mandat *): „die Lehnleute
sollten ihre Lehnbriefe und die Namen der Mitbelehnten einschicken, welches auch geschahe, wie die Recogni-
tionszeddel ausweisen.   Dem ohngeachtet konnten die
Grafen von Schwarzburg und Stollberg, die Ge-
sammtbelehnung nicht erhalten, ob sie gleich von 1581
an, bis 1593, alle Jahre darum ansuchten.

Als endlich Ernst, der Siebente, von Hohenstein
dringend um die Belehnung anhielt: so machte der
Herzog zwar keine Schwierigkeiten, behielt sich aber
ausdrücklich vor, daß Ernst allein erscheinen sollte.
Man konnte also den Plan des Herogs
schon voraus sehen.   Er war nicht willens, die
Verbrüderten insgesammt zu belehnen, sondern die
Grafschaft einzuziehen, wenn das Hohensteinische Haus
ausstürbe.   Der Herzog ließ dem Ernst sogar sagen,
daß, wofern er nicht allein erschiene, sondern auch die
Grafen von Stollberg und Schwarzburg mitbrächte,
er selbst die Lehen nicht erhalten sollte.   Ernst kam.
Der 1ste Dezemb. 1583 war zur feierlichen Vollziehung
dieser Cerimonie angesetzt.   Als Ernst aus dem ab-
gefaßten Lehnbriefe, den er sich zum Durchlesen ausbat,
sahe, daß die alte Form geändert, die Grafen von
Stollberg und Schwarzburg ausgelassen, der Ge-
sammtbelehnung gar nicht gedacht war: so weigerte
er sich, die Investitur anzunehmen, beschwerte sich,
bat die Form beizubehalten, wie sie sonst gewesen sey,
und

*) Klokius in consiliis XXVI. 2. Th. S. 276.

und die Verbrüderten mit einzurücken. Allein es war
alles vergebens, und Ernſt ſtarb ohne den Ausgang
des Streits zu ſehen. Die Erbverbrüderung
und die Geſammtbelehnung, gegen welche
ſo lange Niemand etwas einzuwenden gehabt hatte, war alſo von dem Herzog
Heinrich Julius nicht anerkannt.

Lohra, Bleicheroda und Ellrich waren Sächſiſche
Lehen, und 1433 mit in die Erbverbrüderung geſetzt.
In demſelben Jahre ertheilte der Landgraf Friedrich in
Thüringen den Grafen die Geſammtbelehnung, wie die
Urkunden zeigen. Im Jahr 1465, beliehe ſie der
Herzog Wilhelm *); ein gleiches that Georg zu drei
verſchiedenen malen bis 1533, und eben ſo Heinrich
und Moriz 1542 und 1550, und zuletzt noch Auguſt
1562. Hierbei blieb es bis auf das Jahr 1574, wo
Auguſt mit Bewilligung des Kaiſers Maximilian, des
Zweiten, dieſe länder an Halberſtadt gegen andere
mansfelbiſche Güter vertauſchte, wie wir oben
ſchon geſehen haben. Siehe das ſiebente Kap. —

Dieſer Tauſchtraktat, vom 26ſten Oct. 1573, zu
Halberſtadt geſchloſſen, iſt es, worauf ſich die Grafen
wegen Lohra beriefen. Halberſtadt trat die Lehnsherrlichkeit über die mansfelbiſchen Güter an Kurſachſen ab, und erhielt dafür die Lehnsherrlichkeit über
Lohra, und dazu gehörige Stücke, und 1574 noch das
Schutzrecht über das Kloſter Walkenried. Im Jahre
1581 wurde in Nordhauſen dieſes Tauſches wegen ein
förmlicher Vergleich errichtet, worin ausdrücklich feſtgeſetzt iſt, daß dieſer Tauſch den drei gräflichen
Häuſern an ihren Rechten unſchädlich
ſeyn

*) Klokius ibid. u. Limnaeus ius publ. addit. 284.

M

seyn sollte; und so wie die Grafen von Mansfeld die Lehen nunmehr von Sachsen, so sollten diese
verbrüderten Grafen ihre Lehen von dem Bisthum Halberstadt nehmen. Es war also in dem Tausch nichts
als nur die Landes- und Lehnshoheit verwechselt, und
die Grafen könnten, da es mit der Erbverbrüderung
seine Richtigkeit hatte, die von den Lehnsherrn, den Kurfürsten, bestätigt war, den Besitz dieser Länder hoffen.
Der Herzog Heinrich Julius aber weigerte sich, den
Grafen die Lehen zu ertheilen: wie wir schon oben gesehen haben. Die Grafen verließen sich auf Sachsen;
denn der Kurfürst hatte bei dem Tausch selbst versprochen, dahin zu sehen, daß ihnen kein Nachtheil er-
wüchse. In der Folge, als der Prozeß bei dem Kammergericht angefangen wurde: so baten sie auch den
Kurfürst um seinen Beistand *).

Der Deutlichkeit wegen gebe ich eine kurze Anzeige von den übrigen Ländern der Grafen von Hohenstein, die zwar alle oben schon vorgekommen sind,
aber der Vollständigkeit wegen, hier genannt werden
müssen.

Zu Hohenstein gehörten, außer der eigentlichen
Grafschaft mit Klettenberg und Lohra, auch Bilstein,
Ilfeld, Stanfenberg, Spatenberg, Kirchberg, Greuß-
sen, Sondershausen, Strausberg, Vockstädt, Lutterberg, Andreasberg, Scharzfeld, Walkenried. Alle
diese Länder sind früher oder später zersplittert. Ueber
Lutterberg, Scharzfeld hatte Heinrich Julius, als Herzog von Braunschweig, die Landeshoheit und Lehnsherrlichkeit. Hier war also keine Schwierigkeit, diese Länder einzuziehen, denn es standen keine Rezesse, keine
Verbrüderungen, und deren Bestätigung entgegen. —
Vock-

*) Klokius in conf. loc. cit.

Bockstädt war schon 1344 an Querfurt verkauft; Kelbra und Heeringen wurden, nebst dem Schloß Hohenstein, an den Graf Botho, von Stollberg im funfzehnten Jahrhundert verkauft; Artern, Mohrungen kamen 1409, an die Grafen von Mansfeld, so wie auch Heldrungen und Wippera, wozu noch eine Anzahl von Dörfern gehörte.

Die Grafen von Schwarzburg und Stollberg glaubten nichts weniger, als daß man ihnen bei Besitznehmung ihrer geerbten Länder Schwierigkeiten machen würde. An demselben Tage, an welchem Ernst, der Siebente, starb, nahmen sie die Unterthanen, die schon immer von Fällen zu Fällen gehuldigt hatten, in Eid und Pflicht. Nun trat Heinrich Julius, der seinem Vater, dem Herzog Julius, die Anwartschaft auf Hohenstein und Regenstein gegeben, und sich hernach selbst von dem Domkapitel mit diesen beiden Herrschaften hatte belehnen lassen, mit seinen Forderungen auf, brachte die von dem Bisthum erlangte Belehnung zum Vorschein, und ließ den 9ten und 10ten Jul., am Tage nach Ernsts Tode, im Jahr 1593, die beiden Schlösser Lohra und Klettenberg, mit gewafneter Hand einnehmen, die Leute der Grafen vertreiben und einige derselben gefangen nach Braunschweig führen.

Lohra und Klettenberg wurden also als Halberstädtische Stiftslehen, unter dem Vorwande, daß weder der Kaiser, noch das Stift, jemals in die Erbverbrüderung gewilligt hätte, eingezogen. Wie inconsequent dies war, wird man aus dem, was ich oben gesagt habe, leicht einsehen. Wenn gleich hernach Julius die Grafen nicht zur gesammten Hand beliehen, sondern den Lehnbrief geändert hatte, so hatten doch seine Vorfahren den Grafen

die

die Lehn ertheilt, und dadurch die Erbverbrüderung für
gültig erklärt. Vor wenig Jahren war ja auch die
oftgenannte Bedingung in dem Tauschtraktat angenommen, und von dem Kaiser bestätigt worden.

Die Grafen konnten unmöglich sich bei den Forderungen des Herzogs zufrieden stellen. Sie klagten
bei dem Kammergericht. Die Urtheile fielen für sie
günstig aus. Im Jahr 1605, den 8ten Febr., erschien ein Urtheil: „daß der Herzog und das Domka-
„pitel, welche directi domini und daher verbunden wä-
„ren, ad tradendam vacuam possessionem, die Grafen
„als Kläger, in ihren inhabenden Besitz der beiden
„Schlösser, Lohra und Klettenberg, wie auch in den
„übrigen in der Grafschaft Hohenstein angehörigen
„Städten, Dörfern, Recht und Gerechtigkeiten, bis zu
„Austrag Rechtens in possessorio plenario oder petito-
„rio, so beiden Theilen, an gebührenden Orten für-
„zunehmen, vorbehalten, ohnturbirt und ohnverhindert
„zu lassen, schuldig seyn solle *).“   Es wurde hierauf
der Kurfürst von Sachsen zum Assistent des Prozesses
angenommen, damit die Sache geschwinder betrieben
werden könnte; nach dem gethanem Versprechen den
Grafen in rechtmäßigen und billigen Sachen, gebühr-
lichen Schutz angedeihen zu lassen, wenn Halberstadt
sie nicht schützen könnte. Es wurde hernach noch meh-
reremale vortheilhaft für die Grafen geurtheilt, als
den 12ten Febr. 1618, den 11ten März 1619, den
30sten Mai 1620, und den 12ten Febr. 1629 **);
auch der Kaiser verwarf die, von dem Herzog einge-
führte revisio per sententiam, zweimal, und befahl
ihm, den Urtheilen Folge zu leisten. Heinrich Julius
starb den 20sten Jul. zu Prag, ohne den Streit geen-
                                                        digt

*) Klokius in conf. P. 2. p. 277.

**) Heidenreich Schwarzb. Gesch. S. 291.

digt zu ſehen, der erſt im Jahr 1632, durch einen gůt-
lichen Vergleich beigelegt wurde.   Indeß blieb Braunſchweig in dem Beſitz dieſer Länder, und nur Gewalt
konnte ihm dieſelben auf einige Zeit rauben.   Es waren der Unruhen zu viel in Deutſchland, die Beſchwerden häuften ſich ſo ſehr, daß eine wichtige Revolution
vorgehen mußte, wenn gleich kein Matthias, und jeſuitiſch geſinnter Ferdinand zum Kaiſerthron gelangt wäre.
Die Autorität der Kaiſer, die ſich durch leere Titel
blenden ließen, war ſo ſehr geſunken, daß gewiß ein
anderer Kaiſer dazu gehörte, ſeinen Ausſprüchen Anſehen zu verſchaffen, als Rudolph, der Zweite, war.

Hohenſtein wurde durch einen Gouverneur regiert.
Die bekannteſten ſind: Juſt von Adelebſen, und
der Landdroſt von Rheden.   Die Herzoge beſuchten
ſelbſt fleißig die Grafſchaft, theils der Jagd, theils der
Geſchäfte wegen.   Nach Heinrich Julius Tode, folgte
ſein Sohn Friedrich Ulrich.   Die Conventualen
in Walkenried hatten gleich nach des Graf Ernſt, des
Siebenten, Tode, den Heinrich Julius zum Adminiſtrator gewählt; jezt wählten ſie im Jahr 1613 Friedrich Ulrich, der gegen Ende des Jahrs ſelbſt dahin
kam, und hier ſowol, als in Ellrich und Bleicheroda,
ſich von allen Unterthanen huldigen ließ.   Im folgenden
Jahre wurde in Mackenrode, und im Jahr 1615, in
Bleicheroda ein Congreß der Stände gehalten, wo der
Herzog ſelbſt zugegen war, und in Gegenwart des Kaiſerlichen Geſandten, Julius Reichard, den Ständen ihre
Privilegien und Freiheiten beſtätigte. —

In Halberſtadt wurde nach Heinrich Julius Tode,
ſein jüngſter Prinz, Heinrich Karl, zum Biſchof gewählt.   Da auch dieſer ſtarb: ſo wählte das Domkapitel ſeinen Bruder Rudolph.   Rudolph begab ſich nach
der Univerſität Tübingen, und ſtarb daſelbſt den 13ten

 Ju-

Junius 1616. Der Herzog Friedrich Ulrich that nun alles mögliche, das Stift bei seinem Hause zu erhalten. Er ließ sich daher aufs neue von dem Domkapitel mit Hohenstein und Regenstein belehnen, und brachte es dahin, daß sein Bruder Christian zum Bischof gewählt wurde, der zugleich Administrator von Walkenried war. Dies ist der berühmte Held, der im dreißigjährigen Kriege Friedrich, des Fünften, von der Pfalz und seiner Gemahlin größte Stütze war, und sie so sehr vertheidigte. Er starb den 6ten Jun. 1626, vielleicht am Gift, nachdem er schon 1623 seine geistlichen Stifter Halberstadt und Michelstein, feierlich an seinen Vetter Christian, von Lüneburg abgetreten hatte, damit die Kaiserlichen nicht daher Gelegenheit nehmen möchten, diese Länder übel zu behandeln. Christian, von Lüneburg, trat seine Rechte an den Prinz Friedrich, von Dännemark ab, der Domprobst war. Halberstadt war durch die Abbankung seines Bischofs Christian, wenig gebessert, daher auch das Domkapitel aller Vorbitte des Herzogs von Braunschweig, Friedrich Ulrichs, ungeachtet, der Zellischen Linie die gesuchte Gesammthand und Anwartschaft auf die Grafschaft Hohenstein und Regenstein im Jahr 1624 nicht bewilligen wollte. Es waren zwei Coadjutoren in Halberstadt, nämlich, Christian Wilhelm, von Brandenburg, Erzbischof in Magdeburg: und Friedrich, Königs Christian, des Vierten, von Dännemark, Prinz. Nun war das Stift zweifelhaft, an welchen es sich halten sollte. Christian Wilhelm, als älterer Coadjutor, suchte sich in seinen Rechten zu behaupten, und nannte sich Bischof von Halberstadt. Der Kaiser war mit keinem von beiden zufrieden, und nach dem Treffen bei der Dessauer Brücke, und bei Lutter am Barenberge 1626, war es beiden unmöglich, ihr Bisthum Halberstadt zu behaupten. Die Kaiserlichen hat-

ten

ten überall die Oberhand. Die Dominikaner und
Barfüßer nahmen ihre Klöſter in Halberſtadt wieder
ein, und der Kaiſer gab dem Bisthum, ſeinen jüngern
Prinzen Leopold Wilhelm, zum Biſchof. Dies iſt
der letzte Biſchof von Halberſtadt. Ich mußte dies hier
einſchieben, damit in der Folge manches deutlicher
wird.

Ehe ich die übrigen Veränderungen der Grafſchaft
Hohenſtein erzehlen kann, muß ich nur ſo viel von
dem fürchterlichen Kriege anführen, als zu meinem
Zweck gehört. Ich habe oben geſagt, daß Hohenſtein
in den Händen des Herzogs von Braunſchweig blieb,
und daß nur Gewalt ihm den Beſitz derſelben auf einige Zeit rauben konnte. Dies geſchahe in dem verhee-
renden Kriege, der dreißig Jahre hindurch nicht blos
Deutſchland, ſondern faſt ganz Europa alle Noth und
Beſchwerden fühlen ließ, die ein ſo wüthender Krieg
nur verurſachen kann, der um ſo viel grauſamer war,
je größer der Preiß war, warum er geführt wurde.

Die Urſach dieſes Krieges war der jeſuitiſch er-
zogene, nach Univerſalmonarchie trachtende Kaiſer,
Ferdinand, der Zweite, nebſt mehrerern vorhergehenden
Umſtänden *). Die Religion mußte zum Deckmantel
ſo vieler und mancherlei unerhörter Grauſamkeiten dienen, und die Bekenner des Katholiſchen Glaubens,
verleugneten hier in ihren Handlungen nicht die Sätze
ihrer Syſtems, das ihnen die Verfolgung und Ausrottung der Kätzer verdienſtlich macht. Religionskriege
haben das eigen, daß ſie mit mehr Grauſamkeit geführt
werden; und nicht ſelten war es einer von den Kunſt-

M 4

grif-

---

*) Epitome rerum Germ. edit. a Boehmer. Hier gibt es
Hülfsmittel genug, die ich aber nicht nöthig habe, anzuführen.

griffen, derer sich die Großen bedienten, ihre Streiter
anzufeiern, daß sie ihre Sache zur Sache Gottes mach»
ten. Nichts ist dem Menschen theurer, als sein Glau»
be, ihn gekränkt zu lassen, würde nach seiner Meinung
ewiges Verderben nach sich ziehen. So war die Ur»
sach der Hugonotten - Kriege, Politik der Guisen und
der Prinzen vom Geblüte; so die Kriege Karls, des
Fünften, und so der Ferdinande; Religion liehe nur
den äußern Anstrich dazu. Jeder langwierige Krieg hat
auf Sitten und Karakter einen großen Einfluß; und
vorzüglich ist dies sichtbar bei Religionskriegen, worin
laster und unerhörte Grausamkeiten leichter einen Ver»
theidiger finden.

Ferdinand, der Zweite, verrieth zuerst seine Ab»
sichten an dem jungen Pfalzgraf Friedrich, dem Fünften,
der als Pfalzgraf nach dem Reichs - Herkommen, in
gewissen Fällen sein Richter war. Es gehörte also zu
Ferdinands Plan, den zu stürzen und zu verbannen, der
ihn an der Alleinherrschaft hindern konnte. Er that es
ganz eigenmächtig. Mit den Reichstägen spielte er,
wie ehedem die ersten Cäsarn mit dem Namen Senat
und Volk. Er schuf mehrere Fürsten, und in wenig
Jahren sahe Deutschland sechzig neue gräfliche Fami»
lien; lauter solche, die bei der Veränderung der Ver»
fassung nichts zu verliehren, im Gegentheil alles zu hof»
fen hatten. Gesetzwidrige und rasche Maaßregeln wur»
den unter dem Namen Patriotismus versteckt. Nur
Mißbräuche wollte er abschaffen, und dazu gebrauchte
er eine Armee von hundert und sechzigtausend Mann,
die als Werkzeuge seiner Macht auf Unkosten des
Reichs lebten. Brandenburg und Hinterpommern,
mußten allein in wenig Jahren dreißig Millionen Tha»
ler steuern. Nicht Reichskontingente, sondern östrei»
chische Truppen waren die Exekutoren. Herzoge und
Fürsten wurden ihrer länder beraubt, und Kaiserliche
Gene»

Generale, zuvor lüderliche Studenten, wurden damit
beliehen. Die Güter der fränkischen Ritterschaft sollten die ausstehenden Besoldungen der Kaiserlichen Ge-
heimdenräthe bezahlen. Die Ritter wurden verurtheilt,
ehe sie sich angeklagt wußten. Was konnte Hohenstein, und was die Grafen von Stollberg und Schwarzburg, bei diesen Planen des Kaisers hoffen? Sie
konnten voraus sehen, daß ihre Erbschaft die Beute
eines Kaiserlichen Günstlings, oder Gläubigers, (denn
dies war ziemlich einerlei), werden würde.

Der Herzog Friedrich Ulrich, der sicher den Krieg
voraus sahe, hatte schon 1616 alle mögliche Anstalten
getroffen, die Grafschaft zu vertheidigen *). Er ließ
durch den General-Kriegs-Commissarius Henning von
Rheden, der in des Adelebsen Stelle gekommen war,
eine Werbung in der ganzen Grafschaft halten. Hieraus formirte er ein kleines Chor, das er zur Vertheidigung groß genug hielt.

Zu diesen traurigen Aussichten kam noch dies, daß
ein entsetzlicher Mißwachs war. Der Sommer war
so trocken, daß er viele epidemische Krankheiten verursachte. Im Herbst pflückte man Veilchen. Dergleichen traurige Jahre trafen während dieses Krieges mehrere ein, und vergrößerten die Last der Einwohner.

Die ersten Jahre dieses Krieges, von 1619 bis
1625 enthalten für Hohenstein nichts Merkwürdiges;
denn in dieser Zeit war der Schauplatz vorzüglich in
Böhmen und Oberdeutschland. Von 1625 an, da
Christian, der Vierte, König von Dännemark, als
niedersächsischer Kreisoberster, den bedrängten Deutschen
zu Hülfe kam, ward die Gegend am Harz auf der

M 5

Nord-

*) Eckstorm, S. 336.

Nord- und Westseite der Waffenplatz. Hohenstein
wurde nun durch die Durchzüge der Kaiserlichen sehr
mitgenommen, und vorzüglich deswegen, weil man es
als ein Land betrachtete, dessen Herren ungewiß, und
worüber sich die Herzoge von Braunschweig, die nicht
zu den geringsten Feinden des Kaisers gehörten, die
Herrschaft angemaßt hätten. Der Kaiserliche General
Tilly, der das Hauptkommando führte, und sich
durch seine Grausamkeiten oft unter die Zahl der Barbaren versetzte, ließ die beiden Schlösser, Lohra und
Klettenberg, im Jahr 1625, in Besitz nehmen, befe-
stigte sie und legte Truppen hinein, die so zügellos, so
ausschweifend lebten, als es ihnen nur möglich war.
Die kleinen Städte, die Dörfer, wußten nicht mehr,
woher sie die Abgaben bestreiten sollten. Ihre Felder
waren verödet, ihr Vieh verzehrt und weggetrieben.
Kurz, Hohenstein mußte alles dulden, was von Barbaren eroberte Länder dulden müssen, deren Herren, zu
schwach, sich selbst zu schützen, sich immer nach der Partei richten müssen, die ihnen am nächsten ist, die ein
Ball in den Händen der Eroberer sind. Die Kaiserlichen befestigten zwar die beiden Schlösser, verwüsteten
aber bei ihrem Abzuge mehr, als sie gebauet hatten *).
Bald hernach kam ein Kavallerie-Regiment unter dem
Obersten du Vuer, und zwei Infanterie-Regimenter,
von der Wallensteinischen Armee, von Halberstadt aus,
durch Stollberg in die Grafschaft Hohenstein. Es waren ohngefähr achttausend Mann mit zweihundert und
funfzig Wagen. Sie besetzten sowol das Schloß Hohenstein, als auch Lohra und Klettenberg, und lagen hier
von dem 5ten Oktober bis zum 5ten Dezember, **).

Kai-

*) Melissantes Beschreib. der alten Bergschlösser in Deutsch-
land. S. 609.

**) Zeitfuchs Stollb. Gesch. S. 229 u. 270.

Kaiser Ferdinand, der Zweite, war schlechterdings nicht zufrieden mit dem Streite des Herzogs von Braunschweig, und der Grafen von Stollberg und Schwarzburg, der noch immer fortdauerte, und da einmal seine Truppen die Grafschaft besetzt hatten: so glaubte er als Kaiser und Eroberer handeln zu können. Dem Hause Braunschweig war er ohnehin nicht günstig, weil der tapfere Herzog Christian gegen ihn für die deutsche Freiheit kämpfte. Ferdinand war mit Lieblingen und Gläubigern umgeben; sie zu befriedigen oder zu belohnen auf Unkosten Anderer war sein Wunsch. Hohenstein wurde einem dieser Kaiserlichen Räthe zu Theile. Christoph Simon Graf von Thun, der, außer seinen Geschäften, als Kammerherr am Hofe, auch das Geschäft eines Wucherers verrichtet hatte, erhielt sie für sechzigtausend rheinische Gulden wiederkäuflich. Thun hatte dem Kaiser diese Summe vorgeschossen, und zur Sicherheit sollte ihm Hohenstein versetzt seyn, wo er sich nach Art der römischen Proconsuln und Quästoren bald schadlos zu machen hoffte, für den Aufwand, den das Hofleben und sein Verhältniß zum Kaiser nöthig machte. Ferdinand konnte also Geld borgen, und mit Reichslehn bezahlen. — Er ließ den 28sten Febr. 1628 von Prag aus ein Schreiben an den General Wallenstein ergehen, folgendes Inhalts: *)

„Wir Ferdinand, der Zweite, u. s. w. fügen Eurer „Liebe zu wissen, daß wir uns der Grafschaft Hohen„stein, sammt allen dazu gehörigen Landsassen und Un„terthanen, vermöge aller Rechte, insonderheit aber iure „retentionis anzumassen, wol befugt, und aus erhebli„chen Ursachen bewegt worden, erstgedachte Grafschaft, „dem edlen unserm lieben getreuen Christoph Simon
Graf

*) v. Rohr Beschreibung des Oberharzes.

„Graf von Thun *), um eine Summe Geldes,
„nämlich sechzigtausend rheinische Gulden, jeden zu sech-
„zig Kreuzer, zu verschreiben, und ihm dieselbe zu einem
„wahren und wirklichen Unterpfand dergestalt einzuse-
„zen und einzuräumen, daß er, von Thun und seine
„Erben angeregter Grafschaft Einkommen so lange voll-
„kömmlich genießen sollen, bis sie anderwärts entwe-
„der durch baare Mittel, oder eine andere angenehme
„Anweisung obberührter Summe zu ihrem Genügen
„befriedigt worden. Damit nun unsere Kaiserliche
„Verschreibung und Versicherung wirklich vollzogen
„werde, und die Grafschaft dem von Thun, von un-
„sertwegen, und in unserm Namen übergeben werden
„möge; als haben Wir euch unsere Kaiserliche Gewalt
„cum potestate substituendi übertragen, daß die Graf-
„schaft dem von Thun eingeräumt werde, pfandweise,
„daß die Unterthanen ihrer vorigen Pflicht entlassen, und
„diesen huldigen sollen. “ —

Dies Verfahren des Kaisers war ganz widerrechtlich. Obgleich Hohenstein ein Reichslehn war, so
waren doch die Grafen nur Afterlehnleute von Halberstadt, Braunschweig, Sachsen, Hessen Fulda und
Maynz, gewesen, und nach ihrem Abgange mußten also die Lehn an jene, und nicht an den Kaiser fallen:
gesetzt er hätte in die Erbverbrüderung nicht gewilligt.
Die Braunschweigische Linie war nicht ausgestorben; und gesetzt, dies wäre der Fall gewesen: so
war der Theil der Grafschaft, der ein Braunschweigisches Lehn war, ein Allodienstück dieses Hauses, das Lothar mit seiner Nordheimischen Gemahlin erheurathete,
und auf seine Erben, die Herzoge von Bayern und

Sach-

*) Die Grafen von Thun stammen wahrscheinlich aus der
Schweiz her, und nicht aus Italien von Tonna, wie Einige glauben. Sie waren in Tyrol ansäßig.

Sachsen, die Stammbäter der Braunschweigischen
Häuser, vererbte. Was Halberstadt anbetrift: so war
dies ein Bisthum, das nicht ausstirbt. Die Lehn hafteten nicht auf der Person des Bischofs, sondern auf
der Würde und dem Stif. Wenn sich diese Lehnsherrn mit ihren Vasallen stritten, und bei dem höchsten
Gericht in Deutschland klagten; so mußte der Kaiser
der Gerechtigkeit freien Lauf lassen, und nicht durch einen eigenmächtigen Spruch die Sache entscheiden wollen.
Der Lehnsnexus war nicht mehr so, wie er unter den
sächsischen Kaisern gewesen war. Es ist dies ein Stück
von Ferdinands eigener Erfindung, so wie mit Sachsen, dem er statt der Lausiz, Schleswig geben wollte,
in der Hofnung, daß es bald das eine so wenig als das
andere besitzen würde, oder wie mit Mecklenburg und
Pommern. Was würde aus Deutschland geworden
seyn, wenn Ferdinands Plane gelungen wären! Jedem
Vertheidiger deutscher Freiheit wird der Name Gustav
Adolf, so wie vor ihm Moriz, und nach ihm Friedrich, des Zweiten, unvergeßlich seyn. —

Wallenstein war gerade der Mann, der sich
zu solchen Aufträgen am besten schickte. Er, nahm die
Grafschaft in Besitz, und führte den Kommandanten
von Halberstadt, Freiherrn von der Ehre, David Bek-
ker, im Namen des abwesenden Grafen, den $\frac{7}{13}$ Apr.
1628 ein. Dieser versammlete die Landesstände nach
Bleicherode, machte ihnen den Willen des Kaisers bekannt, und entließ sie ihres vorigen Eides. Der Prior
von Walkenried, Friedrich Hildebrand wollte auf diesem Landtage schlechterdings nicht erscheinen, und begab sich nach Nordhausen. *). Der Freiherr von der
Ehre, schrieb an den Magistrat, und befahl ihm im
Namen des Kaisers den Prior nach Bleicheroda zu
schaf-

*) Leuff. antiq. Walk. p. 486.

schaffen. Hildebrand mußte erscheinen, und den Handschlag thun. Eben dies mußte auch der Abt Cajus
von Ilfeld thun. Er hatte Befehl erhalten, den 13ten
April in Bleicheroda zu erscheinen, und den Grafen zu
huldigen *). Er begab sich nach Nordhausen, allein
der Stadtrath mußte ihn anhalten, zu erscheinen; weil
er unpäßlich war: so schickte er den Andreas Birkenstock,
der wider seinen Willen den Handschlag thun mußte.
Es wurde ihm unbeschreiblich sauer, die Worte auszu-
sprechen: „Er wolle nun nicht mehr den Herzog von
Braunschweig, sondern den Grafen von Thun für seinen Oberherrn erkennen." Warum die Geistlichen so
sehr wider diese Besitznehmung, durch den Graf Thun
wa-

*) Anmerk. Unter diesem Cajus, der dem berühmten Nes-
ander in der Abtei folgte, entstanden einige Unruhen in der
Verwaltung der Abtei. Der Herzog Heinrich Julius hatte
als Lehnsherr des Schlosses und Amts Hohenstein, die
Herren von Schleinitz in den Besitz desselben, wegen einer
starken Schuldforderung an den Graf Heinrich, von
Stollberg, gesetzt. Dieser Heinrich begab sich nach Ilfeld, und lebte auf Unkosten des Klosters. Der Herzog
befahl dem Abt, den Graf nicht in dem Kloster zu dulden, weil dasselbe dadurch in Schulden käme. Der Graf
mußte Ilfeld verlassen, und wandte sich, seines Unterhalts beraubt, nach Dresden, an den Kurfürst Christian,
den Zweiten, der sich bei der Sache interesirte, weil verschiedene Güter des Klosters in seinem Territorio lagen.
Kurfürst Christian schickte den Otto, von Tettenborn, mit
einem Schreiben an den Abt, worin er ihm zum Besten
des Grafen manche Befehle ertheilte. Der Abt aber
wollte von keinem andern Herrn wissen, als den Herzogen
von Braunschweig. Der Graf Heinrich wandte sich nun
an das Kammergericht nach Speier. Der Prozeß dauert
fort, bis die Unruhen des dreyßigjährigen Krieges dazwi-
schen kamen, und nun konnten die Herzoge das Kloster
nicht mehr schützen. Ich mache diese Anmerkung deswegen, weil sich bei der Religionsveränderung manches daraus wird erklären lassen.

waren, wird sich unten deutlich zeigen, in dem Kapitel
von der Religionsveränderung. Cajus und Hildebrand
klagten hierauf in Wolfenbüttel. Der Herzog war
aber nicht im Stande, sie zu schützen. Gewalt galt
mehr als Recht.

Der Graf schickte hierauf den Paul Patz
von Rieteburg, als Administrator in die Grafschaft. Nun ging die Noth und das Unglück der Einwohner an. Es erschien das berüchtigte Restitutions-
Edict, welches die Wiedereinnahme der Kirchen und
Klöster von den Katholischen zur Folge hatte. Der
Administrator schrieb entsetzliche Contributionen aus;
seine Soldaten waren die besten Exekutoren. Der
Graf mußte sich bezahlt machen, denn er wußte nicht,
wie lange er die Grafschaft behalten, und ob er etwas
anders dafür erhalten würde. Die Ritterschaft mußte
doppelt bezahlen, Walkenried vierfach, und Ilfeld sie-
benfach. Die Ritterschaft bot alle Kräfte auf, um
durch die Bezahlung ihres Theils härtern Behandlun-
gen zu entgehen. Ilfeld konnte nicht bezahlen. Patz
schickte kaiserliche Reuter auf die Klostergüter nach Heß-
serode und Kleinwechsungen, die auf Diskretion lebten.
Cajus gesteht, daß er auf einmal sechshundert Thaler
nach Bleicheroba geschickt habe, eine Summe, die in
den damaligen Zeiten, und bei den Umständen des Klosters, gewiß nicht geringe war.

Ob nun gleich ein ganz Fremder die Beute davon trug: so kehrten sich doch die streitenden Parteien
so wenig daran, daß sie vielmehr ihren Prozeß bei
dem Kammergericht fortsetzten, in der Hoffnung, daß
ein künftiger Friede die Sache entscheiden, und dem
am 12ten Febr. 1629 zum Besten der Grafen gefäll-
ten Urtheile, Nachdruck geben würde. Es blieb aber
blos bei der Hoffnung. Der Herzog von Braunschweig

schweig wollte indeß die Grafschaft nicht fahren lassen, bis die Sache ausgemacht wäre, und fing zu dem Ende mit dem Grafen von Thun gütliche Unterhandlungen an. Allein es war kein Erfolg hiervon zu hoffen, weil die Kaiserlichen Commissarien, und besonders Mithus, die in die Grafschaft geschickt waren, um nach dem Restitutions-Edict, den Katholischen die Kirchen und Klöster wieder herzustellen, den Grafen und seinen Statthalter so weit nicht kommen ließen. Besonders zeigte sich Mithus hier sehr thätig, indem er den Herzog durch Handlungen und Schriften bitter beleidigte. Wenn damals nicht ein fremder Monarch sich in die deutschen Angelegenheiten gemischt hätte; so möchte auch vielleicht nicht einmal der Friede etwas fruchtbarliches für die streitenden Häuser hervor gebracht haben, der überdem nicht die Wirkung hatte, die sie davon hoften.

Gustav Adolf erschien auf deutschem Boden mit schwedischen Truppen und französischem Gelde. Das Glück begleitete diesen jungen, und in allem betrachtet, großen König. Der siebente Sept. des Jahres 1631, entschied auf dem Schlachtfelde bei Breitenfeld vor Leipzig für Schwedens Waffen. Gustav sahe den Tilly fliehen, und seine Fahnen unter den erschlagenen Cäsareanern wehen. Dieser Sieg Gustav's gab Deutschland, gab den Protestanten wieder, was sie fünf Stunden zuvor unwiderbringlich verlohren geglaubt hatten. So waren die Schicksale in dem Plane der Vorsehung bestimmt. — Die Schweden besetzten nun Erfurth, und schützten die ganze umliegende Gegend. Das Schicksal der Einwohner wurde aber nicht erleichtert, denn die Nothwendigkeit verstattete es nicht. Vorher schrieben die Kaiserlichen Conttibution aus; jetzt thaten es die Schweden. Die Hohensteiner standen

alle

alle Drangsale aus, bie bie Folge der Anarchie und des Kriegsgewühl sind. Ohne ein bestimmtes Oberhaupt, ohne Aussichten bei den Kriegsunruhen, bei den Brandschatzungen, die Freund und Feind wechselsweise einforderten, schmachteten sie nach einem Frieden, von dem sie alles fürchten und alles hoffen mußten. Wie, wenn der Friede ihnen einen Herrn gab, der, unbekannt mit ihren Rechten, das Land als eine Conquete, die ihm das Ohngefähr zuwarf, betrachtete, der vielleicht, um sich für ein besser Stück Landes schadlos zu halten, das er einem Mächtigern hatte geben müssen, die doppelt drückte, die seine, obgleich neue Unterthanen waren? Bedrückungen sind dem Bürger unausstehlich, aber ganz unerträglich werden sie ihm, wenn gänzlicher Verlust der Freiheit damit verbunden ist. —

Indeß hatte dieser Sieg der Schweden doch wichtige Folgen, sowol in Religions- als politischen Sachen. Die Kaiserlichen zogen mit ihren Truppen und Kommissarien ab. Thun verlohr die Gräfschaft. Was es dafür von dem Kaiser erhielt, weiß ich nicht: Wer sollte nun der Herr werden? Dies kam auf die Schweden an. Diese aber waren zu großmüthig, als daß sie sich in eine Sache hätten mischen sollen, die vor dem höchsten Gerichte betrieben wurde. Die Grafen von Schwarzburg und Stollberg hatten, so bald Leopold Wilhelm, Bischof in Halberstadt wurde, um die Belehnung angesucht, und erhielten darüber den 15ten Dezember 1628, eine besondere Recognition *). Der Herzog Friedrich Ulrich, der 1631 die Grafschaft wieder erhalten hatte, fing nunmehr die friedlichen Unterhandlungen wieder an, die die Besitznehmung durch den

Graf

*) Limnaeus ius publ. p. 285.

Graf Thun unterbrochen hatte. Er bot den 1sten Jan. 1632, den Grafen einen Vergleich an. Man schickte beiderseits seine Räthe, um den Aussprüchen des Kammergerichts Folge zu leisten, und verglich sich so, daß der Herzog von Braunschweig, die Hälfte der Grafschaft Hohenstein, und anstatt derselben das Amt Lohra und Dietenborn nebst der Stadt Bleicheroda, die Ritterschaft, Unterthanen und Dörfer mit eingeschlossen, an die Grafen von Stollberg und Schwarzburg abtrat.

Dieser Vergleich ist zu wichtig, als daß er nicht ganz hierher gesetzt zu werden verdiente *) Es ist freilich nicht alles für Alle intereßant; weil ich doch aber vorzüglich für Hohensteiner schreibe, denen jeder kleine Umstand, der ihr Vaterland betrift, von Wichtigkeit ist: so ist es gewiß nicht zweckwidrig sich bei einer Sache zu verweilen, die für sie von großer Wichtigkeit ist, und zu Bemerkungen Anlaß geben kann. —

Das, was an die Grafen abgetreten wurde, bestand außer den schon genannten in folgenden Stükken: „Ober- und Niedergebra, Oberdorf, Mitteldorf, Bustleben, Groß- und Klein-Wende, Elende, Nyxleben, Groß- und Klein-Bernde, die zu dem Amt Lohra mit den Diensten gehörten; ferner: die zu Lohra gehörigen Pfandschaften, als das Haus und Dorf Nohra, Wollersleben, Münchelohra, Klein-Bodungen, und Klein-Furra mit ihren Vorwerken, das halbe Dorf Holstedt, Lipprechteroda, Mörbach, nebst den adelichen Dörfern und Lehnschaften Ascheroda, Buhla, halb Sollstedt, Wülferoda, Rehungen, Heigenroda, Weinroda mit allen Pertinenzen; ferner, die in der Vertauschung

1573

*) Heidenreich hat die Urkunde in seiner Schwarzb. Gesch. S. 293.

1573, von dem Kurfürst August ausdrücklich vorbehaltenen und ausgezogenen Stücke, welche die Grafen von Schwarzburg und Stollberg, von den Kurfürsten von Sachsen, noch jezt zu lehn empfangen, als: die Aemter Groß-Bodungen und Uttenroda, mit allem Zubehör, Kraja, Walroda, und der wüsten Mark Rödigen, das Dorf Heyeroda unter der Häärburg, nebst allen Gütern und Gehölzen, welche die Herren von Bültzingsleben, und von Hagen, daselbst an und um den Ohmberg, von Alters her, von den Grafen von Hohenstein zum lehn empfangen haben, mit allen Nußungen, geist- und weltlichen Gerichten, Wildbahnen und Jagden.

Dies alles überließ der Herzog an die Grafen, behielt sich aber vor, daß alle rückständige Amtsschulden und Gefälle von den beiden Aemtern, Lohra und Dietenborn schleunigst seinen Bedienten bezahlt werden sollten. Die Grafen versprachen dies zu erfüllen. Es waren dies die Abgaben der Unterthanen und Pachtgelder der Beamten, die noch nicht bezahlt waren; denn die Herzoge betrachteten von der ersten Besitznehmung an das Land als Eigenthum, und hoben daher alle Abgaben.

Weil die Grafen von Hohenstein nach dem Herkommen, die hohen Jagden in den Gehölzen des Kloster Walkenrieds gehabt, und in dem lohraischen Antheil wenig Gelegenheit zu Wildbahnen und Jagden war: so bewilligte Friedrich Ulrich den Grafen, daß sie in der Hälfte aller Berge und Gehölze, die zu dem Kloster gehörten, von Bennekenstein aus, jagen könnten. Auf diese Art erhielten die Grafen doch etwas von Walkenried, welches sie gern ganz gehabt hätten *).

Die

*) Als der Herzog Heinrich Julius, im Jahr 1593, die Grafschaft occupirte, und von den Conventualen in Walkenried

Die Landeshoheit in dem lohraischen Antheil, behielt sich der Herzog für sich und seine Nachkommen vor. Weil aber die Grafen von Hohenstein von undenkli= chen Jahren her, die Bergwerke, und was davon abhängt, Steuern und Straßengerechtigkeiten, gehabt hatten, und von den Kaisern ausdrücklich damit begnadigt und beliehen waren, sogar Münzen schlagen durften; weil ferner die Grafen von Schwarzburg und Stollberg die gesammte Hand von Kursachsen sowohl, als von dem Kaiser, erhalten hatten: so wurden diese vorgedachten Rega= lien, mit allen davon abhängenden Gerechtigkeiten, von der Landeshoheit getrennt, und dem Grafen übergeben, so viel nämlich die Herrschaft Lohra, und die dazu ge= hörigen Dörfer betrift. Dies war für die Grafen von großer Wichtigkeit, weil aus diesen Regalien die mei= sten Einkünfte zu heben waren, da die Unterthanen noch nicht gewohnt waren, so viele monatliche und jähr= liche Abgaben zu entrichten. Sonst sind diese Rega= lien mit der Landeshoheit verknüpft, und wenn sie einem andern übergeben werden sollen, so muß es ausdrück= lich erwähnt werden, wie hier geschieht. Diese Rega= lien, die von der Landeshoheit getrennt waren, sollten dem neuen und folgenden Lehnbriefen ausdrücklich ein=

ver=

kenried selbst zum Abt erwählt wurde: so protestirte dage= gen der Graf Karl Günther, von Schwarzburg. Er wandte sich an den Abt in Alten=Campen, der sich überre= den ließ, daß die Wahl eines Abts in Walkenried, bei den jetzigen Umständen, ihm und seinem Kapitel gehöre, weil Walkenried eine Tochter von Alten=Kampen sey. Er= wählte und bestätigte den Karl Günther, der auch sogleich alle Einkünfte des Klosters, die aus seinem Gebiete geho= ben wurden, und an siebentausend Gülden betrugen, ein= zog. Die Konventualen klagten bei dem Kaiser Rudolf. Allein, ob gleich der Kaiser das Kloster in seinen besondern Schutz nahm, so kehrten sich die Grafen doch nicht an den Ausspruch desselben. Die eingezogenen Güter lagen fast alle in der goldenen Aue.

verleibt, ſonſt aber die Form derſelben nach Inhalt der
alten Kur- und fürſtlich-Sächſiſchen Lehnbriefe, regu-
lirt, Schwarzburg und Stollberg zur geſammten Hand
an dem Lohraiſchen Antheil beliehen werden *).   An
ihrer Erbverbrüderung ſollte ihnen nichts vergeben werden.   Die Grafen verſprachen dieſe Länder von der
Herzogen von Braunſchweig - Wolfenbüttel-
ſcher Linie, und nach deren Abgang, von dem geſammten Hauſe Braunſchweig-Lüneburg, wofern dieſe
Linien von dem Stift Halberſtadt die Einwilligung würden erhalten haben, jure feudi recognoſciren, d. h.,
Erbzins geben, zu laſſen, und von dem unter ſich habenden Adel zwölf Ritterpferde zum Dienſt zu ſtellen, und
ſich ſonſt ſo aufzuführen, wie es nach üblichen Rechten
von den Vaſallen erfordert würde.   Die Herzoge ver-
pflichteten ſich, ſich ſo zu verhalten, wie es nach den
Lehnrechten üblich und an ſich Recht und billig ſey.

Der halbe Bennekenſtein, auf dem Harze gelegen,
gehörte von Alters her den Grafen von Schwarzburg,
die andere Hälfte aber hatten ſie von den Grafen von
Hohenſtein.   Heinrich Julius hatte 1593 dieſe Hohen-
ſteiniſche Hälfte eingezogen.   Jezt gab ſie Friedrich
Ulrich, mit allen Nutzungen und Zubehör den Grafen
von Schwarzburg und Stollberg zurück, behielt ſich
aber vor, und die Grafen bewilligten es auch, daß aus
dem Bennekenſteiniſchen Forſt, zum Behuf des Hauſes Klettenberg, und der dazu gehörigen Mühlen und
Vorwerke, nothdürftig Bauholz, gegen Bezahlung des
Arbeitslohns, ſollte verabfolgt werden.

N 3   Die

*) Die Straßen in Hohenſtein waren für die Grafen von
Schwarzburg,   ein Kaiſerlich unmittelbares Reichslehn.
Der Kaiſer Ferdinand, der Zweite, beliehe ſie damit, ſo wie es
auch Ferdinand, der Dritte, in der Folge den 28ſten Jun.
1638 that.   Jezt beſitzen ſie nichts mehr davon.

Die Grafen von Hohenstein besaßen ein Drittheil an dem Gerichte Allerberg, mit den übrigen zwei Drittheilen waren die Grafen von Schwarzburg, seit langen Jahren von den Landgrafen von Hessen beliehen gewesen. Nach Ernst, des Siebenten, Tode, hatte der Landgraf von Hessen, Moriz, das Hohensteinische Drittel eingezogen, und Schwarzburg zum rechten Mannlehn damit beliehen, so, daß ganz Allerberg nunmehr an Schwarzburg gehörte. Die Grafen von Schwarzburg beliehen damit die Herren von Minnigerode als Aftervasallen, ja noch bei Lebzeiten der Grafen von Hohenstein, übten die Schwarzburger die Patronatrechte, Einsammlung der Steuern, Appellationen über die Herren von Minnigerode, und ihre Unterthanen aus, auch der Ritterdienst war ihnen zuständig. Dies alles hatte im Jahr 1613 aufgehört, da der Herzog von Braunschweig die Huldigung eingenommen hatte. In diesem Vergleiche wurden die Herren von Minnigerode wieder an die Grafen von Schwarzburg, Sondershäusischer Linie zurück gewiesen, und versprochen, künftig bei der Confirmation eines Predigers, Appellationen und Steuern die Grafen nicht zu beinträchtigen. Jedoch behielt sich der Herzog die Oberappellation von den Grafen, an ihn, vor. Hiervon wird unten noch etwas vorkommen, wo sich Brandenburg deswegen mit Hessen verglich, nachdem Hohenstein von den Grafen von Witgenstein wieder eingelöst war.

Die Schulden, die von den Grafen von Hohenstein herrührten, und auf der Grafschaft hafteten, wurden in zwei gleiche Theile getheilt, die eine Hälfte dem Lohraischen, die Andere dem Klettenbergischen Antheil zugeschlagen. Die Gläubiger sollten deshalb vorgeladen werden. Fände es sich, daß auf dem Lohraischen Antheil mehr Schulden als auf Klettenberg, oder umgekehrt, auf Klettenberg mehr als auf Lohra hafteten:

so

so sollte der eine Theil dem andern den Ueberschuß ver-
zinsen, und sonst gebührliche Vergleichung getroffen
werden.

Die Grafen erhielten also die Güter als ein Af-
terlehn von Braunschweig-Wolfenbüttel. Bei der Ue-
bergabe dieser beiden Aemter, Lohra und Dietenborn,
wurden den Prälaten, Rittern, Ständen und Unterthanen ihre habenden und hergebrachten Rechte und
Freiheiten vorbehalten, und die Grafen versprachen; sie
bei dem, was rechtmäßig hergebracht oder beweislich
verschrieben wäre, zu schützen, und Niemanden zu
beschweren. Ueberdem versprachen sie noch, in diesem
ihren Antheil eine besondere Regierung zu halten, und sie so einzurichten, daß die Stände und Unterthanen sich an dieselbe halten, und nicht außerhalb
dieser Herrschaft die Justiz suchen müsten. — Dies
Versprechen war um desto billiger, je mehr den Unterthanen, daran gelegen war. Der Herzog Heinrich
Julius hatte eben dies versprochen, da er den 8ten Jul.
1593, die Grafschaft in Besitz nahm. Auch Friedrich
Ulrich sagt, da er die Huldigung in Bleicheroda einnahm: „Er sey der einzige regierende Fürst, habe alle
Länder seines Vaters, also auch die Hohensteinischen
Lehen geerbt; er sey aber fest entschlossen, die Hohensteiner bei allen ihren Rechten und Freiheiten zu
lassen *).

„Der andere Theil der Grafschaft Hohenstein
als namentlich das Amt Klettenberg nebst den
Städten, Ellrich und Sachsa, und andern Dörfern, Gütern und Vorwerken, die zu dem Hause Klettenberg, und dem Stift Walkenried gehörten, und
nach getroffenem Vergleich dem Herzogthum Braun-

N 4

schweig

*) Buhlaische Rezeß.

schweig am nächsten gelegen, soll dem Hause Braun-
schweig ebenmäßig mit aller Nutzung und Herrlichkeit,
Rittern und Mannschaft bleiben." Jedoch versprach der
Herzog, Kraft dieser Theilung, und darauf geschlosse-
ner und fundirten Transaction, ausdrücklich, daß die
Grafen von Schwarzburg und Stollberg nach Abgang der Wolfenbüttelschen Linie in dem
Amt Klettenberg, und was demselben angehörig, die
Succession ipso jure haben, und befugt seyn
sollten, sich propria auctoritate in den Besitz zu setzen.
Indeß sollten die Grafen schuldig seyn, wenn die Lehn
erledigt werden würden, diese Güter von den übrigen
Linien des Hauses Braunschweig, wenn sie nämlich
von Halberstadt mit Hohenstein würden beliehen
seyn, — welches nie geschehen ist, — zum Lehn zu
nehmen, und die Ritterdienste zu leisten, welche die
Grafen von Hohenstein geleistet hätten.

Nach geschehener Theilung sollen beiderseits fürstliche und gräfliche Theile, außer den gewöhnlichen
Tranksteuern, auch andern freiwilligen Zuschuß, den
die Unterthanen freiwillig oder sonst geben möchten, in ihrem Antheile, ohne des andern Theils Ver-
hinderung, ruhig einzunehmen und zu genießen, haben.
Jeder Theil übernahm es auch, die Reichs- und Kreis-
Onera, von seinen Unterthanen, dem Herkommen
nach, einzubringen, und an gehörigen Ort zu liefern.

Was Walkenried besonders anbetrift: so blieb
dies dem Herzog, und seinen Leibes-Lehns-Erben mit
allen dazu gehörigen Gütern und Intraden, „sie mögen in der Grafschaft Hohenstein oder Schwarzburg,
oder wo sie wollen gelegen seyn." Die Grafen versprachen den herzoglichen Bedienten oder Beamten, jedesmal schleunigst zu den Zinsen zu verhelfen, und die
Höfe, sowol des Kloster Walkenrieds, als auch Ilfelds,

felbs, gegen ihre alten Rechte und Gerechtigkeiten nicht
zu beſchweren, noch in Eintreibung der Gefälle des
Herzogs Bedienten hinderlich zu ſeyn.

Wenn aber die Wolfenbüttelſche Linie gänzlich ab-
gehen ſollte: ſo ſollten alsdenn, außer Klettenberg,
auch alle Rechte an dem Stift Walkenried, ſo wie ſolche die Grafen von Hohenſtein - Klettenberg, gehabt,
und hergebracht ſey, den Grafen von Schwarzburg und
Stollberg anheim fallen; und das Stift ſamt dazu
gehörigen Forſten, und andern Pertinenzien im guten
Stande erhalten werden.

Da die Grafen von Schwarzburg und Stollberg,
ſich bisher des Hohenſteiniſchen Titels bedient, und
von den Kaiſern die Erlaubniß dazu erhalten hatten:
ſo ſollte es den Grafen erlaubt ſeyn, den Titel fortzu-
führen. Wegen der Seſſion und Stimme auf Reichs-
und Kreistagen wurde feſtgeſetzt, daß ſie im gemein-
ſchaftlichen Namen ſolche beſchicken, und wegen der
Inſtruction ſich jedesmal vergleichen, auch ein jeder ſeinen Theil Steuern und Reiſekoſten abtragen wolle.
Dieſe Vergleichung ſolle bei der nächſten Zuſammen-
kunft, dem löblichen Oberſächſiſchen Kreiſe angezeigt
werden.

Die Grafen verſprachen auch dasjenige, was in
Prozeßſachen nach Abſterben Ernſts, des Siebenten,
verabſchiedet und decidirt, oder ſonſten von Seiten des
Hauſes Braunſchweig abgehandelt worden, jederzeit
genehm zu halten, und dawider Niemanden beſchweren
zu laſſen, und zu dem Ende die acta judicialia in der
Kanzlei zu Bleicheroda, wohin ſie verlegt werden ſollte, zu ſepariren, und was der Herrſchaft Lohra, und
andern den Grafen zugetheilten Gütern, derſelben
Rechte, wie auch darunter geſeſſenen Adel und Unter-

      tha-

thanen gehörig, denselben richtig, und ohne Mangel
ausliefern zu lassen. Da das gräflich Hohensteinische
und Walkenriedische Archiv in den Händen der Grafen von Schwarzburg bisher gewesen war: so versprachen sie Abschriften von der Registratur der vorhandenen Urkunden und Nachrichten bona fide an den Herzog auszuliefern. Was daher der Herzog zur Erhaltung und Behauptung des Bodensteins, auch des Stifts Walkenrieds Intraden und Gerechtigkeiten, oder sonstigen Nachrichten nöthig hätte, sollten ihm solche nicht allein in der Abschrift, sondern auch gegen Zurückgabe, die Originale, wenn sie gefordert würden, verabfolgt werden. Mit den Bodensteinischen Urkunden wurde sogleich der Anfang gemacht. — Was seit Ernsts, des Siebenten, Tode aus der Grafschaft an Steuern gehoben sey, solle nicht mehr gedacht werden. Alle Belehnungen und Privilegien, oder sonstige Begnadigungen, die der Herzog oder seine Väter irgend Jemanden in der Grafschaft ertheilt hätte, sollten in allen Punkten, und Klauseln in ihrer vollkommenen und unverbrüchlichen Wirkung bleiben.

„Dieser Vergleich soll nach seinem ganzen Inhalt, den
„Bischöfen von Halberstadt an ihren Rechten nicht nach-
„theilig seyn; sondern kein Theil solle diesen Vergleich an-
„ders, als unter dieser Bedingung annehmen; zumal, da
„diese Vergleichung auf die gemeine beschriebene,
„und bis daher im heil. Römischen Reich deutscher Na-
„tion observirte und gebräuchliche Rechte, in welchem
„einem jeden Vasall und Lehnmann, da er um seines
„tragenden Lehns willen, gerichtlich beklaget, und be-
„sprochen wird, und sonderlich in vim paritionis, er-
„gangener Urtheile und ausgelassener Exekutorialien, mit
„seinem Gegentheil zu transigiren, und sich in Güte
„zu setzen; imgleichen, da ihm auch sonst belieben
„würde, solch sein empfangenes Lehn wieder zu veräs-
„ter

„terlehnen, und als ein subfeudum weiter zu verlei-
„hen, daſſelbe zu thun unbenommen, ſondern vielmehr
„conccdiret und zugelaſſen wird, gegründet und
„geſetzt iſt. —

Dieſe Klauſel machten die Grafen und der Herzog zu ihrer Rechtfertigung, und jeder Kenner der
deutſchen Geſchichte wird ihre Wichtigkeit einſehen.
Beide Theile hatten nach den Geſetzen das Recht,
ſich in der Güte miteinander zu ſetzen, und der Herzog
hat das Recht, ſein Lehn, das er von Halberſtadt trug,
wieder zu berafterlehnen. Wenn alſo bald hernach dieſer Vergleich nicht gehalten wurde, ſo müſſen andere
Geſetze, wenn ſich welche finden ſollten, dieſes Geſetz
aufheben. Halberſtadt konnte nur vorwenden, daß die
übrigen Linien des Hauſes Braunſchweig nicht beliehen
wären, welches auch eine Bedingung in dem Vergleich war. Allein, dies ging den Grafen nichts an,
die den Tauſchtraktat vom Jahr 1573, für ſich hatten. Die folgende Geſchichte wird zeigen, daß die
Grafen mit ihren gerechten Anſprüchen nichts ausrich-
teten, daß aber auch der jetzige Beſitzer dieſer Länder,
der König von Preußen, ſich keine Ungerechtigkeit vorzuwerfen hat, die ſeine Vorfahren in dieſer Sache begangen hätten.

Lutterberg, St. Andreasberg und Scharzfeld fielen an die Herzoge Wolfgang und Philipp, von Grubenhagen; und noch itzt werden ſie dazu gerechnet.

So war nun der Vergleich geſchloſſen, der Prozeß bei dem Kammergericht aufgehoben, und die Grafen und Unterthanen genoſſen die Freude, die die
Neuheit geben kann. Die Grafen legten, unbekümmert wegen der Zukunft, in Bleicheroda eine Kanzelei an, und jeder Patriot freuete ſich über das Glück,
das ſeine Kinder genieſſen ſollten. Allein dieſer ange-
neh-

nehme Traum verschwand gar bald wieder, mit allen seinen glänzenden Aussichten. Wenn gleich der Unterthan bei der Veränderung des Oberherrn, nichts als den Namen des Herrn zu verändern scheint: so kann es ihm doch nicht gleichgültig seyn, wer die Person ist, die er als Landesvater verehren soll. Hätten die Hohensteiner damals gewußt, daß sie Friedrich Wilhelm, den Zweiten, Landesvater nennen sollten, sie würden ihren Urenkeln zum voraus Glück gewünscht haben.

Die Grafen ließen sich den 2ten April 1634, in dem Lohraischen Antheil huldigen, und den 29sten Nov. 1635, nahmen sie nach Friedrich Ulrichs Tode — er war vom Pferde gefallen, und starb an den Folgen eines Beinbruchs, den 11ten April 1634 — vermöge des Vergleichs, den andern Theil der Grafschaft in Besitz, welchen sich der Herzog auf seine Lebenszeit vorbehalten hatte. — Mit dem Herzog Friedrich Ulrich, erlosch die Wolfenbüttelsche Linie, und Halberstadt zog Lohra und Klettenberg ein, weil die Zellische Linie die Mitbelehnschaft niemals erhalten hatte. Wegen Klettenberg würde man dem Bischof weniger Vorwürfe machen können; aber wie denn mit Lohra und dem Tauschtraktat? —

Die Wiedereinnehmung geschahe den 30sten Apr. 1636, durch den Graf Johann Reichard von Metternich, des hohen Domstifts zu Maynz, Probst und Vikar in Halberstadt, der zu dieser Unternehmung den Obersten, Philipp Christoph von Gratsch, von dem Chor des schwedischen Statthalters in Halberstadt, Ludewig von Anhalt, gebrauchte. Dieser Offizier besetzte die beiden Schlösser Lohra und Klettenberg mit Soldaten, vertrieb die Diener der Grafen, mit Zurücklassung ihres Vermögens; ja, er bemächtigte sich alles dessen, was die Grafen an Getraide und

Vieh

Vieh u. s. w. hatten dahin bringen lassen.*). Hierauf nahm er die beiden Herrschaften völlig in Besitz, so
wie auch die halbe Vogtei Bennekenstein, die doch kein Halberstädtisches Lehn war. Die Grafen sahen sich also
ihrer neuen Länder durch Gewalt beraubt, ehe sie es
einmal wußten, daß man sie ihnen nehmen wollte.
Dies Verfahren des Metternichs war gegen alle Billigkeit, und gegen das Herkommen im Reiche. Die
Grafen konnten ihm keine Truppen entgegen stellen.
Alles was sie konnten, und auch thaten, war, daß sie
protestando ihre Rechte zu behaupten suchten. —

Sie klagten bei dem Kaiser, bei dem Erzherzog
Leopold, als Bischof von Halberstadt, und fleheten
nicht blos den Kurfürst von Sachsen, sondern auch den
Herzog Georg, von Braunschweig-Lüneburg, und endlich die damals in Regensburg versammleten Reichs-
fürsten, um Unterstützung und Beistand an. Die
Reichstags-Versammlung befahl dem Metternich, einen Bericht von der Sache abzustatten. Weil sich
aber die Kriegesscenen verändert hatten, die Schweden bei Nördlingen geschlagen waren, und Sachsen,
nach dem Prager Frieden, gegen die Schweden kämpfte, und Hohenstein bald von diesen, bald von jenen
Völkern besetzt wurde: so mußten die Grafen die Sache liegen lassen, und nur die Hoffnung eines baldigen
Friedens konnte sie trösten, ihre Rechte wieder zu erlangen. Metternich gab zwar auf Befehl des
Reichstags ein Memorial ein, worin er sein gewaltsa-
mes Verfahren zu rechtfertigen suchte; es hatte aber
für die Grafen nichts erfreuliches zur Folge, ob
gleich die Gründe sehr seicht waren. Die Punkte,
die

*) Limnaeus jus publ. et quidem in addit. ad lib. 4. cap. 7.
p. 286.

die er zu seiner Rechtfertigung vorbrachte, sind folgende *):

1) Nach dem Tode des Herzogs von Braunschweig, Friedrich Ulrich, wären die beiden Herrschaften, Lohra und Klettenberg dem Stift Halberstadt, pleno jure heimgefallen.

2) Man hätte den Besitz leer gefunden, und der Oberste von Gratsch habe mit den abgeordneten Kommissarien die Länder eingenommen, ohne allen Widerspruch.

3) Daß man den gewöhnlichen Weg Rechtens wider die Grafen nicht gegangen, sondern ohne sie zu hören, und die Sache zu untersuchen, die Herrschaften mit Gewalt in Besitz genommen habe: sey nöthig gewesen, weil die Grafen von langen Zeiten her Anspruch auf diese beiden Herrschaften gemacht, und deßwegen mit den Herzogen von Braunschweig vor dem Kammergericht geklagt, und einen langwierigen Prozeß geführt hätten, daher zu besorgen gewesen, sie möchten das Stift Halberstadt ebenfalls in einen unnöthigen Prozeß verwickeln, und in viele Unkosten versetzen.

4) Wenn gleich den gedachten Grafen das beste Recht an diesen Herrschaften zustände: so müßten sie doch dieser Lehnstücke verlustig seyn, weil sie von dem Pfalzgraf Friedrich, als König von Böhmen, diese Lehn gesucht, weil sie den Schweden in allen Vorschub und Hülfe geleistet, und ganz auf Schwedischer Seite gewesen wären.

Wir wollen sehen, ob diese Gründe hinreichend sind, ein solches Verfahren zu rechtfertigen. - Was den erstea

―――――――――

*) Limnaeus loc. cit.

erſten Punkt betrift: ſo hatten die Grafen ſeit länger, als zwei hundert Jahren mit Genehmigung der Kaiſer und Lehnherrn durch die Geſammtbelehnung ein gegründetes Recht auf dieſe Länder. Es iſt ihnen auch nicht ſtreitig gemacht, bis auf das Jahr 1593, als Heinrich Julius, die Grafſchaft mit Gewalt in Beſitz nahm. Dieſes Recht konnte nicht füglich den Grafen entzogen werden, ohne eine anderweitige von Braunſchweig gegebene Belehnung, noch mit dem dominio directorio vereinigt werden, ohne ihre Einwilligung.

Was den zweiten Punkt betrift, ſo war der Beſitz nicht leer, ſondern von den vorigen Beſitzern, den Grafen, vermittelſt des rechtmäßigen Titels übergeben, und wirklich in Beſitz genommen worden, und, ſeit Friedrich Ulrichs, Tode, war nicht blos Lohra, ſondern auch Klettenberg mit gräflichen Dienern beſetzt. In Lohra waren drei gräflich Schwarzburgiſche und Stollbergiſche verpflichtete Perſonen, als Voigts- und Amtsdiener beſtellt, die Metternich durch den Matthias Glaſſing mit Hülfe der Soldaten des Oberſten Gratſch herunterjagen, und mit ſeinen Dienern beſetzen ließ.

Der dritte Punkt verdient gar keine Widerlegung. Die Grafen waren bereit, Jedermann urtheilen zu laſſen, ob ein ſolcher elender Grund ein ſolches gewaltſames Verfahren rechtfertigen könne, und ob ein ſolches Vorgeben in irgend einem Gerichte beſtand halten würde.

Was den vierten Punkt betrift: ſo beriefen ſich die Grafen auf das ganze deutſche Reich, das ihre Unſchuld kenne. Sie hatten ſich keiner Felonie ſchuldig gemacht, nichts begangen, wodurch ſie des Lehns unfähig geworden wären. Was die Anſuchung des

Lehns

lehns bei dem Pfalzgraf Friedrich betrift: so waren dies kleine Stückchen Landes, die von Böhmen zur Lehn gingen, und die Grafen thaten nichts, als was jedem Vasall erlaubt ist. Der Kaiser nahm auch ihre Entschuldigung deswegen gnädig auf. Daß die Grafen zu der Kontribution an die Schweden geben mußten, konnte ihnen keinesweges zum Vorwurf gereichen; denn höhere und niedere Reichsstände, ja, Halberstadt selbst, mußten das nämliche thun. Die Grafen konnten beweisen, daß sie demohnerachtet nicht gegen die Reichskonstitution gefehlt, daß ihnen auch von dem Kaiser kein Vorwurf deswegen gemacht war. Gesetzt, sie hätten etwas begangen, was einen Verweis verdient hätte, welches doch der Fall nicht war: so hatte doch Metternich darüber nicht zu erkennen, vielweniger die Befugniß, mit gewafneter Hand die Grafen widerrechtlich ihrer Güter zu entsetzen. —

Hohenstein blieb in diesem Zustande an Halberstadt, und wurde zu den Tafelgütern des Bischofs, Leopold Wilhelms, gezogen. In dem Frieden wurde es als ein Anhängsel des Stifts an Brandenburg gegeben. Ehe ich aber diese Veränderung erzähle, muß ich noch etwas einschalten, von den Schicksalen der Grafschaft in dem dreißigjährigen Kriege, was ich, um den Zusammenhang nicht zu unterbrechen, übergangen habe.

Das Bisthum Halberstadt hatte 1626 einen östreichischen Prinzen, Leopold Wilhelm, zum Bischof erhalten, dem sein Vater, Kaiser Ferdinand, der Zweite, auch das Erzbisthum Magdeburg von dem Pabst ausgebeten hatte, wo es ihm aber nicht gelingen wollte; denn die Magdeburger wählten sich den sächsischen Prinzen August; mußten aber deswegen, und weil sie an den leipziger Verhandlungen Theil nahmen, die grausame Zerstörung ihrer Stadt durch den Tilly erfahren.

Die

Dieſer Leopold Wilhelm, war nun der Oberlehnsherr
der Grafſchaft, und beſtätigte die Freiheiten der Stände mit der Vermahnung, ſich treu an ihn zu halten,
und dankte für ihre bisherige gute Aufführung *).
Dies konnte ſchon den Schweden eine Urſache geben, die
Grafſchaft nicht ſo gelinde zu behandeln, wie ſie vielleicht
ſonſt gethan haben würden; ja die Kaiſerlichen betrachteten ſie als eine Provinz ihres Hauſes. Dies Verhältniß vergrößerte die Noth und Beſchwerden der
Stände, die durch die gewaltſame Beſitznehmung des
Grafen von Thun, und durch die Ungerechtigkeiten
des Path und Nihus ſehr gelitten hatten. — Als
Tilly allein das Kommando der Kaiſerlichen Armee
übernahm: ſo wurden im Januar 1631, alle Herren
und Grafen nach Halberſtadt gefordert, wo eine allgemeine Vertheilung der Kontribution auf alle Stände
gemacht wurde **). Die Grade der Vertheilung waren von vier bis zehntauſend Gülden monatlich. Wie
viel Hohenſtein dazu gegeben, finde ich nicht; gewiß
aber wurde nichts geſchenkt ***).

Im

*) Buhlaiſche Rezeß.

**) Zeitfuchs, S. 280.

***) Anmerk: Nach einem Matrikular-Anſchlage von 1545
bis 1551, waren die Römermonate und die Beiträge zur
Unterhaltung des Kammergerichts, woraus man, zwar
nicht genau, das Verhältniß der Länder gegen einander ſehen kann, folgende: Hohenſtein und Klettenberg ſtellten
monatlich vier Mann zu Roß, und achtzehn zu Fuß; dies
beträgt an Gelde hundert und zwanzig Gülden; zur Erhaltung des Kammergerichts vierzehn Gülden; Stollberg
ſtellte vier Reuter und zwanzig zu Fuß, beträgt hundert
acht und zwanzig Gülden; für das Kammergericht zwei
und zwanzig und einen halben Gülden; Schwarzburg zuſammen vierzehn Reuter und fünf und vierzig zu Fuß,
beträgt dreihundert acht und vierzig Gülden, für das Kammer-

ge-

O

Im Jahr 1632, mußte Hohenstein von den Eichsfeldischen Bauern viel leiden, die mit Hülfe des Pap-
penheim einen Einfall thaten, Vieh und Menschen
wegtrieben, und die Dörfer in Brand steckten.   Bald
darauf kamen die Kaiserlichen von Duderstadt, welches
sie eingenommen hatten, und wütheten entsetzlich.   Dazu kam, daß in den Jahren 1631, 35 und 36, eine
große Theurung, begleitet von epidemischen Krankheiten, das Land drückte.   Es schienen sich die drei Haupt-
plagen, Hunger, Krieg und Pest zu vereinigen, das
Menschengeschlecht zu verderben.   Der Hunger trieb
die Menschen zu den unnatürlichsten Dingen.   Man
grub die Todten aus, und verzehrte sie.   Die Polizei
mußte in manchen Städten, besonders am Rhein,
Wachen auf die Kirchhöfe stellen, damit die Todten
nicht in den Magen der Lebendigen begraben würden. —

Das Schloß Hohenstein hatte in diesem Kriege
ein hartes Schicksal.   Nachdem sich Sachsen durch
den Prager Frieden mit dem Kaiser verbunden hatte:
so nahm der Kursächsische Obrist, Christian Witzthum von Eckstedt dasselbe ein, und steckte es in
in Brand, wegen nicht bezahlter Brandschatzung.   Der
Kaiser befahl ihm zwar, dasselbe auf seine Kosten wieder aufbauen zu lassen; Witzthum aber blieb bald hernach

gericht ein und funfzig Gülden; Witgenstein einen Reuter,
und vier Mann zu Fuß; beträgt acht und zwanzig Gülden;
für das Kammergericht sieben Gülden; Walkenried stellte
zwei Mann zu Pferde, und zwei zu Fuß, beträgt zwei und
dreißig Gülden, für das Kammergericht dreißig Gülden;
Nordhausen stellte vierzig Mann zu Fuß, beträgt hundert
und sechzig Gülden, für das Kammergericht fünf und siebzig Gülden.   Diese Matrikular-Anschläge werden nach dem
Bedürfniß erhöhet und erniedriget. Siehe Limnaeus ius
publ. lib. 4. c. 7. p. 144.

nach im Kugelwechſeln mit dem Kommandant in Mag‐
deburg; Hohenſtein blieb in ſeinen Ruinen liegen.

Im Jahr 1637, zogen die öſtreichiſchen Generäle, Haßfeld und Piccolomini, mit vierzig tauſend Mann durch die Grafſchaft.   Der Zug dauerte zwölf Tage. Alle Einwohner, die fliehen konnten, flohen in die Harzgebirge, und überließen ihre Häuſer den Feinden. Die Umſtände waren traurig, das Kommerz wurde erſchwert, durch das ſchlechte Geld, die K i p p e r und W i p p e r; dazu kam, daß der Magiſtrat in Nordhau‐ hauſen den Zoll erhöhete, und dadurch den Hohen‐ ſteinern den Einkauf ihre Bedürfniſſe erſchwerte *). Auch dadurch wurde das Unglück vermehrt, daß die Adelichen und Ritter mit den Städten in Uneinig‐ keit geriethen, wegen der ſtarken Kontribution, die die Schweden von Erfurth und Mansfeld aus‐ ſchrieben, und taub gegen alle Bitten und Vorſtellungen waren.   Dieſe Uneinigkeit der Stände, und der dar‐ aus entſtandene Prozeß, wäre beinahe die Urſach des gänzlichen Verderbens der Grafſchaft geweſen.   Bei dem Privatintereſſe ſteht Billigkeit gewöhnlich hinten‐ an, und der Schwächere leidet am meiſten. — Die Schweden forderten, daß die biſchöflichen Truppen, die auf Lohra und Klettenberg waren, vermöge des Vergleichs abgeführt werden ſollten.   Dieſe elenden Veſtungen konnten dem Lande nichts helfen, und doch ſchlug der Biſchof den Geſuch der Stände ab, die, um den Schweden zu willfahren, darum anſuchten. Die Stände mußten alſo den Biſchof, als die eigent‐ liche Urſach ihrer bedrängten Umſtände anſehen.   Nur der Großmuth der Schweden hatten es die Hohenſtei‐ ner zu verdanken, daß ſie nicht härter behandelt wur‐ den; denn dieſe waren, als ſie das Unvermögen ſahen, mit der gewöhnlichen Kontribution zufrieden.

D 2

Nichts

*) Buhlaiſche Rezeß.

Nichts hält die Raubsucht der Soldaten auf, wenn der General ihnen erlauben muß, sich selbst ren Sold zu verschaffen. Armeen, die aus vermischten Nationen bestehen, die alle verschiedenes Interesse, und Nationalkaraktere haben, sind fürchterlicher, als Barbaren, die nur ein Interesse kennen. Von solchen Truppen wurde Hohenstein mehrere mal geplündert, und diese grausamen Plünderungen und Fouragirungen trafen vorzüglich das platte Land. Die Dörfer waren ganz zerstört, und viele lagen in ihren Ruinen, aus denen sie sich nicht wieder erhoben haben. Wenn ich aus den eigenen Klagen der Stände auch nur den Mittelweg wähle, so ist auch dieser noch schrecklich genug *).

So war der Zustand der Grafschaft im Jahr 1642, als der General Königsmark mit seinen Truppen über den Harz zog, und in der Werna, einem Dorfe bei Ellrich, sein Hauptquartier nahm. Er selbst kehrte bald wieder ins Halberstädtische zurück, ließ aber doch hier ein Chor stehen, welches die Grafschaft länger als ein Jahr unterhalten mußte. — Den 3ten Januar 1644 erhielt der Oberste von Enden Anweisung, sich mit seinem Kavallerie-Regiment in Hohenstein und Heeringen einzuquartieren. Weil er aber von der erschöpften Grafschaft nichts zu gewinnen hoffen konnte: so hielt er sich an Nordhausen schadlos, auf welche Stadt die Anweisung zugleich mit ausgedehnt war. Die Stadt mußte monatlich tausend Thaler zahlen. Indeß kostete dies Regiment, außer dem Hafer für die Pferde u. s. w. der Grafschaft tausend Thaler, und Heeringen zwölfhundert Thaler. Hierauf kam eine kaiserliche Armee, unter dem Feldmarschall Hatzfeld, und verjagte die Schweden. Allein sie kamen bald wieder, und betrugen sich ärger als zuvor.

*) Buhlaische Rezeß.

Zwölftes

Zwölftes Kapitel
enthält die Geschichte des Westphälischen Friedens.
Hohenstein kömmt an Brandenburg.

———

Indeß waren die Fürsten des Krieges müde, und die langwierigen Friedensunterhandlungen näherten sich ihrer Vollendung. In Hamburg hatte man seit einigen Jahren über die vorläufigen Präliminarien Unterhandlungen angestellt, der Friede selbst wurde den 24sten October 1648, in den beiden westphälischen Städten, Münster und Osnabrück unterzeichnet. Dieser Friede, von allen der Merkwürdigste, gab ganz Deutschland und auch dem grösten Theil von Europa eine neue Einrichtung; und noch jetzt ist er die Norm der Entscheidung wichtiger Staats-Angelegenheiten. Auch der Grafschaft Hohenstein gab er einen neuen Herrn, und eine neue Einrichtung. Der Kurfürst von Brandenburg mußte in diesem Frieden Vorpommern, das ihm, nach einer Erbverbrüderung mit den Herzogen in Pommern, wovon der letzte Bogislav, der Vierzehnte, aus dem wendischen Stamm, der von den deutschen Kaisern mit Pommern war beliehen worden, in diesem Kriege den 10ten März 1637 gestorben war, hätte zufallen sollen, an die Schweden, die es eingenommen hatten, und nicht herausgeben wollten, abtreten. Zum Aequivalent wurden ihm die Bißthümer Kamin, Halberstadt und Minden als Fürstenthümer, das Erzbißthum Magdeburg, als ein Herzogthum abgetreten. Der Brandenburgische Gesandte, Graf Johann von Sayn und Wittgenstein bemühete sich auch, seinem Herrn, Münster und Osnabrück zu verschaffen; allein diese Bemühungen waren vergebens.

Zu

Zu dem Bisthum Halberstadt wurde nun auch in diesem Frieden die Grafschaft Hohenstein gerechnet, nämlich Lohra und Klettenberg. Die ältere Wolfenbüttelsche Linie war mit Friedrich Ulrich ausgestorben; das neue Haus verlangte nicht einmal die Erbfolge, es war zufrieden mit der alten eigentlichen Grafschaft Hohenstein, und betrachtete diese beiden Herrschaften, als nicht dazu gehörig, ohnerachtet Heinrich Julius, seinen Vater Julius damit beliehen, und im Jahr 1593, die wirkliche Besitznehmung erfolgt war. Weil das neue Haus Braunschweig die Belehnung nicht hatte erhalten können: so that es auch so gleich Verzicht auf diese Herrschaften. Es war also ganz überflüßig, daß der Bischof von Halberstadt, Leopold Wilhelm, in dem Frieden protestirte, als wenn Braunschweig diese Länder in Besitz nehmen wollte. Ich will die Protestation hierher setzen, weil sie zur Rechtfertigung meiner Behauptung dient. Der Bischof sagt: „Es sey klar, daß die Herzoge sich ihrer Rechte „an Hohenstein begeben, wenn sie ja einige gehabt hät„ten, da sie nach Abgang der Wolfenbüttelschen Linie „nicht einmal Anspruch auf das Lehn gemacht; sondern „Halberstadt habe die Grafschaft einzogen, und sich in„korporirt, und alle actus superioritatis ac jurisdictio„nis in Ecclesiasticis ac Politicis, eine geraume Zeit „ausgeübt, auch daselbst eine eigene Regierung gehal„ten, von welcher nach Halberstadt appellirt werde; die „Herzoge hätten genug zu verstehen gegeben, dadurch, „daß sie für ihre Unterthanen bei der Kanzelei in Hal„berstadt und Hohenstein sich intercedirt, daß sie an Loh„ra Klettenberg nichts zu fordern hätten, auch nicht „haben könnten; wollten sie jetzt Anspruch machen, so „protestire Halberstadt dagegen." Der Braunschweigische Gesandte antwortete hierauf nichts als dies: Der Bischof fechte wegen Hohenstein mit Schatten und

lar-

larven *). Die Herzöge forderten darauf weder Hoheit noch Lehnrecht.

Es betraf also blos die beiden Herrschaften Lohra und Klettenberg, die Halberstädtische Lehen waren, und in dem Frieden zu Halberstadt geschlagen wurden: und aus zwei Aemtern, drei Städten, einen Flecken, zwei Klöstern, vierzehn Vorwerken, ein und funzig Rittersitzen, fünf und vierzig Amtsdörfern und sechs und zwanzig schriftsäßigen Freigütern, ohne die Mühlen und ansehnlichen Forsten, bestanden. In dem eilften Artikel des Osnabrückischen Friedens heißt es **): „Da „die Grafschaft Hohenstein, dem Theile nach, der ein „Lehn des Bisthums Halberstadt ist, und in zwei Dy„nastien oder Präfekturen Lohra und Klettenberg be„steht, nebst einigen Städtchen, mit dahin gehörigen „Gütern und Rechten, nach des letztverstorbenen Gra-

D 4

fen

*) Cum umbris et larvis; quaerunt hostes quibuscum decertent; cur non aërem feriunt, cur non fumos? — Meieri acta pac. Westph. Tom. 6. lib. 46. p. 449 sq.

**) Comitatus Hohensteinensis, pro ea parte, qua feudum est Episcopatus Halberstadensis, consistens in duabus dynastis, sive praefecturis Lohra et Clettenberg, et quibusdam oppidis, una cum eo pertinentibns bonis et juribus, post ultimo defunctum comitem hujus familiae eidem Episcopatui applicatus, adque a Domino Archiduce Leopoldo Wilhelmo, tanquam Episcopo Halberadensi, hactenus possessus fuit: hunc eundem comitatum porro quoque penes istum Episcopatum irrevocabiliter permanere placuit, adeo ut Domino Electori Brandenburgensi, tamquam haereditario possessori jam dicti Episcopatus Halberstadiensis, de nemorato comitatu disponendi libera facultas esse debeat, non obstante, nec vigorem habente ulla contradictione, quae a quoquam in contrarium moveri possit. Meiei acta pac. Westph.

„fen dieser Familie, jenem Bisthum zugewandt, und
„von dem Erzherzog Leopold Wilhelm, als Bischof von
„Halberstadt, bisher besessen; so soll diese Grafschaft
„fernerhin bei diesem Bisthum bleiben, unwiderruflich,
„so, daß dem Kurfürst von Brandenburg, als nun-
„mehr erblichen Besitzer des Bisthums Halberstadt freie
„Gewalt zustehen soll, über gedachte Grafschaft zu
„disponiren; Niemandes Widerspruch oder Wider-
„stand soll die geringste Geltung haben."

Diese an Brandenburg gegebenen Länder führen,
obgleich ohne allen Grund, noch itzt den Namen Hohenstein; die eigentliche Grafschaft Hohenstein wurde
in dem Frieden dem Hause Braunschweig bestätigt. Indeß hat sich Brandenburg immer Graf von Hohenstein genannt, und diese Stimme auf dem Reichstage
verlangt, weil Lohra und Klettenberg als Theile der
Grafschaft in dem Frieden angesehen wurden. Niemals aber ist der Titel eines Grafen von Hohenstein, von Braunschweig an Brandenburg gegeben worden.

Nun war mit einemmale der ganze Streit der
Grafen, der Herzoge und des Bisthums Halberstadt
entschieden. Ein Dritter ward der Besitzer eines Ländchen, dessen Einwohner kein größeres Glück kennen,
als: treue Unterthanen und Verehrer ihres Monarchen
zu seyn. Den Grafen von Schwarzburg und Stollberg, die 1640 auf den Reichstag nach Regensburg
als Grafen von Hohenstein beschrieben waren, die
schon viele tausend Gulden von ihren eigenen Kammer-
gütern wegen Hohenstein, an Reichskontributionen abgetragen hatten, wurde in dem Frieden die ausdrückli-
che Versicherung gegeben; „daß sie wegen der Hohen-
„steinischen über dreimal hunderttausend Thaler ge-
„schätzten Lande anderweitig schadlos gehalten werden
„soll

„sollten“ *). Diese Entschädigung aber ist bis jezt noch nicht realisirt, man müste denn das dafür annehmen, daß der Pabst in seiner Anrede sie nobiles et dilectos viros nennt, und andere von gleichem Range, nur dilectos, oder, daß Kaiser Rudolph, der Zweite, ihnen und den Grafen von Stollberg, den Titel, Graf von Hohenstein, Herr zu Lohra und Klettenberg gab, der ihnen bestätigt wurde, und daß sie die Pfalzgrafen-Würde, und die davon abhängenden Rechte erhielten, daß sie im Jahr 1697, in den Reichs-Fürstenstand erhoben wurden.   Jedoch dies geht Schwarzburg nur allein an.   Stollberg bekam von allen nichts, und ob es gleich so gut wie Schwarzburg im Jahr 1673 auf dem Reichstage zu Regensburg, auf wiederholtes Ansuchen, mit Bewilligung und Gutbefinden aller versammleten Reichsstände, von dem Kaiser die Versicherung erhielt, daß es mit Schwarzburg die wirkliche Erspektanz auf das erste eröfnete äquivalente Reichslehn haben sollte; so hat es doch bis jezt noch immer die Erspektanz.

Diese ehemals so ansehnliche Grafschaft war nunmehr ganz zersplittert, denn außer Lohra und Klettenberg, den jezt Brandenburgischen Theil, wurden auch die andern Stücke vertheilt.   Das Amt Bodenstein fiel an Kur-Maynz, das Gericht Allerberg, als ein Hessisches Lehn, zog Kassel ein, und beliehe damit Schwarzburg.   Das Amt und Schloß Hohenstein ganz, und die Aemter Heeringen und Kelbra halb, waren schon im Jahr 1417 von dem Graf Dietrich, an den Graf Botho von Stollberg, und die andere Hälfte für zwanzigtausend rheinische Gulden, an den Graf Heinrich von Schwarzburg, mit Einwilligung der Lehnsherrn, der Herzoge von Braunschweig-Lüneburg, Calenbergi-

D 5   schen

*) Heidenreich Schwarzb. Gesch. S. 188. 230, u. 305.

schen Theils, und der Markgrafen von Meißen, ver‑
kauft und erblich überlassen. Das Amt Groß‑Bo‑
dungen, mit dem Flecken gleiches Namens, Bockelha‑
gen, Ebschenrode, Kraja, Haynrode, Zwinge u. s. w.,
kamen als Kursächsische Lehn an Schwarzburg, welches
diese Stücke noch jetzt besitzt.

Die Grafen von Schwarzburg und Stollberg
hatten, als sie nach des Herzogs Ulrichs Tode, Ellrich
und Klettenberg, nach dem Vergleich in Besitz nah‑
men, auch Walkenried zu erlangen gesucht. Allein hier‑
mit hatte es eine ganz andere Bewandniß, als mit Klet‑
tenberg *). Das Stift Walkenried war beständig
reichsunmittelbar gewesen, wie alle Privilegien und
Schutzbriefe der Kaiser deutlich ausweisen; und die
Wahl eines Abts gehörte den Konventualen, und war
nie von Halberstadt bestätigt worden.
Nach dem Tode des letzten Abts, Georg Kreite **),
wurde Ernst, von Hohenstein, von den Konventualen
zum Administrator gewählt. Nach seinem Tode maßte
sich sowol Halberstadt als Sachsen die Vogtei an. Ja
noch bei Lebzeiten des Grafen, schloß Heinrich Julius,
deswegen den 23sten Junius 1581 zu Nordhausen, mit
dem Kurfürst August von Sachsen, einen Vergleich,
worin er sich die Vogtei erwarb.

In dem westphälischen Frieden suchte der Bran‑
denburgische Gesandte, D. Fromhold durch eine No‑
te***), die er den kaiserlichen, und schwebischen Mi‑
nistern übergab, als sie wegen der Braunschweigischen
Sa‑

*) S. das 8te Kap.

**) Kreite soff sich zu Tode. Er war der fünfte protestan‑
tische Abt, der erste war Johann, der Achte, Holtegel, un‑
ter dem 1544 die Reformation anging.

***) Meieri act. pac. Westph. Tom. 6. p. 449.

Satisfaktions- Sache zu unterhandeln anfingen, das Stift Walkenried für Brandenburg zu erhalten. Er gründete seine Forderung auf jenen nordhäusischen Vergleich, und behauptete, daß, da man mit Brandenburg einig geworden, daß das ganze Bisthum Halberstadt an den Kurfürsten abgetreten werden solle, auch Walkenried, welches an Halberstadt gehöre, dabei gelassen werden müßte; Braunschweig sollte sich seine Rechte vorbehalten *). Es gehörte zu Walkenried damals auch Gröningen, Schauen, Westerburg u. s. w. Man achtete nicht auf diese Note. Hierauf gaben die Brandenburgischen Gesandten vor, daß sie von dem Halberstädtischen Agenten, Günneke, neue Dokumente bekommen hätten, woraus sie ihre Rechte auf Walkenried beweisen könnten. Weil sie aber diese Dokumente nicht vorbrachten, und die ihrigen nicht triftig genug waren: so unterschrieben die kaiserlichen und schwedischen Gesandten die Braunschweigische Satisfaktion und theilten ihm Walkenried zu.

Diese Ansprüche beruheten auf der Obervogtei, wovon ich oben im achten Kapitel geredet habe. Die Herzoge von Braunschweig gründeten ihre Ansprüche auf die Reichsunmittelbarkeit des Klosters, welches sie zu Administratoren postuliret hatte. — Ich enthalte mich in dieser Sache aller Urtheile. Man bedenke das Geschäft eines Vogts, und die Rechte eines unmittelbaren Reichs-Stifts, im Vergleich mit den damaligen Friedens-Unterhandlungen, und urtheile selbst.

Brandenburg sowol, als der Bischof Leopold Wilhelm, setzten indessen ihre Protestation fort. Der letztere behauptete: „Walkenried sey in dem Klettenber-
„gi-

---

*) Salvo interim — in loca praetensa iure in futurum docendo.

„gischen und Halberstätischen umstreitigen Territorio ge-
„legen, und die Grafen von Hohenstein wären laut
„der Investituren, mit aller Obrigkeit darüber von Hal-
„berstadt beliehen, und hätten solche auch wirklich aus-
„geübt; und obgleich Kursachsen in Rücksicht der edlen
„Vogtei und Landeshoheit ehemals einige Prätensionen
„gemacht hätte: so wäre doch im Jahr 1573 durch
„den Tausch mit den mansfeldischen Lehnstücken die
„Sache beigelegt, und 1581 sey festgesetzt, daß Wal-
„kenried zwar eine Reichsprälatur bleiben, aber doch
„kein Abt darin gewählt werden sollte, ohne Vorwissen
„und ausdrücklichen Consens des Bischofs in Halber-
„stadt, der den Neugewählten konfirmiren sollte; das
„Stift habe jährlich die dreihundert oberländische Gul-
„den Advokatoriengefälle, die in dem Tauschvertrage
„bestimmt wären, erhalten *). Als Friedrich Ulrich,
„der letzte, mit der Grafschaft Hohenstein beliehene
„Vasall gestorben wäre; so habe man den öffentlichen
„Verträgen widersprochen, und ohne bei Halberstadt
„anzusuchen, den Christian Ludewig postulirt, und
„gleichsam ad successoriam legem den statum monaste-
„rii unter alle fürstliche Linien bringen wollen. Hal-
„berstadt habe dagegen beständig protestirt, und auf
„dem nächsten Reichstage das Stift vertreten, und
„diese Protestation wiederhole es auch jetzt.“

Die Braunschweigischen Gesandten erklärten sich
auf das Memorial in folgenden Ausdrücken: „Sie hätten gehoft, daß, da Brandenburg, Halberstadt und
Magdeburg genommen, und auf die Braunschweigischen Successionsrechte nicht geachtet, es jetzt die geringe Aequivalenz nicht würde gehindert haben, vielmehr
gern gesehen, wenn es einigen Ersatz erhielte. Diese
halberstädtische Protestation schiene mit der Branden-
bur-

*) oben das 8te Kap.

burgischen aus einer Feder geflossen zu seyn. ———
Sie wollten nur einige Erdichtungen und Widersprüche berühren.   Es sey also

1) unerweislich, daß Walkenried in dem Klettenbergischen und Halberstädtischen unstreitigen Territorio
gelegen seyn solle.   Die Grafschaft Hohenstein, worunter das Amt Klettenberg gehörig, sey zwar halberstädtisches Lehn; es wären aber die Grafen von Hohenstein Reichsgrafen, und dem Kaiser unmittelbar
unterworfen gewesen, und haben also gar kein halberstädtisches Territorium *) anerkannt, wie denn auch die
Herzoge von Braunschweig, Wolfenbüttelscher Linie,
als Grafen von Hohenstein, gar keine Dependenz von
Halberstadt in Rücksicht der Territorialrechte gehabt;
es sey auch jüngsthin auf dem Reichstage wegen Hohenstein und Rheinstein votirt worden, wie denn also
die Territorial- und Lehngerechtigkeiten un st r e i t i g genannt werden könnten.   Es sey zwar wahr, daß Walkenried größtentheils mit der Grafschaft Hohenstein
gränze, daß es aber propter confinia, in dem Klettenbergischen Territorio liegen sollte: dieß möchte manchem Kurfürsten und Fürsten ein nachtheilig Exempel
seyn.   Man müsse einen Unterschied machen, zwischen
„in

*) Nach zufälligen Eigenschaften theilt man sie in weltliche
und geistliche Territorien, in geschlossene und nicht geschlossene.   Was ein geschlossenes Territorium ist, ist noch nicht
bestimmt ausgemacht.   Wenn d e r, L a n d e s h e r r heißt,
der alle untergeordnete Regenten-Gerechtsame von dem
Kaiser und Reich zum Lehn hat: so heißt sein Gebiet ein
Territorium.   Gehören dazu Reichsaftervasallen: so ist
es ein Fürstenthum.   Reichsstädte und Reichsritterschaften
sind keine Territorien.   Alle Territorien sind in Absicht der
Gerechtsame einander gleich.   Durch das System der
Ständischen Territorial-Hoheit wurden die Kaiser fast aller
Rechte über ihre Lehnträger beraubt.

„in dem Territorio liegen, und an das Territorium
gränzen“ *).

2) Was Kursachsen und Halberstadt von andern
Reichsständen gehandelt haben mögen, kann dem
Stift Walkenried nicht nachtheilig seyn. Als Walkenried gemerkt, daß man ihm seine Reichsunmittelbarkeit rauben, und andern unterwerfen wolle, habe es
die Herzoge von Braunschweig zu Administratoren und
Patronen postulirt **), die es auch nunmehr funzig
Jahre besessen, und gegen die halberstädtischen Ansprüche
geschützt hätten.

3) Daß Friedrich Ulrich, als der letzte Graf mit
Hohenstein von Halberstadt beliehen gewesen sey, ist
wahr, so wie auch, daß er jure postulationis Walkenried vorgestanden habe, daß er aber von Halberstadt
konfirmirt sey, gehöret zu den übrigen Erdichtungen.
Der jetzige Administrator, Christian Ludewig, habe auf
vorhergegangene Postulation des Priors und der Konventualen, bis jetzt das Stift administrirt.

Die Minister des Friedens-Congresses ließen sich
nicht auf die Untersuchung der Gründe für und wider
ein, sie hatten einmal für Braunschwrig entschieden,
und dabei blieb es. In dem sechsten Artikel heißt es:
„Walkenried, dessen Administrator jetzt Christian Lude-
„wig von Braunschweig ist, nebst dem Gute Schauen,
„soll an Braunschweig bleiben, nach dem beständigen
Lehn-

*) esse in territorio, et de territorio.

**) Anm. Was die Gesandten hier sagen, ist völlig rich-
tig, und läßt sich aus den Urkunden beweisen. Das, was
der Bischof oben sagt, mit diesem verglichen, kann dem Un-
parteiischen ein entscheidendes Urtheil abnöthigen.

„lehnrecht *), und das Recht der Advokatie, das „Halberstadt in Rücksicht der Grafschaft Hohenstein for- „dert, soll ganz aufgehoben seyn.“ In dem siebenten Artikel wird auch Gröningen dem Herzoge von Braunschweig restituirt, und seine Rechte auf We- sterburg vorbehalten. Diese Abtretung an Braun- schweig, wurde den 8ten des Julius 1647, beschlossen, und an demselben Tage kam der Brandenburgische Ge- sandte aufs neue dagegen ein, und suchte wenigstens die Sache in suspenso zu erhalten; allein Oren- stierna antwortete ihm, bei einer deswegen am 20sten Julius gehaltenen Unterredung: „quod scriptum, scriptum,“ was geschrieben ist, das ist geschrieben.“

Der Kurfürst von Brandenburg, Friedrich Wil- helm, der Große, war also der neue Herr der Grafschaft Hohenstein, oder richtiger der beiden Herrschaften, Loh- ra und Klettenberg, nebst den Städten Ellrich, Blei- cheroda, Sachsa, und Benneckenstein. Den 4ten Ju- nius 1650 kamen die Brandenburgischen Bevollmäch- tigten, der Freiherr Johann Friedrich von Blumen- thal, und Johann Christoph von Burgsdorf in die Grafschaft, um die Unterthanen durch den Erbhul- digungs-Eid dem neuen Landesherrn zu verpflichten. Ehe aber die Huldigung vor sich ging, machten die Stände gewisse Bedingungen, die sie für ihre Freiheit nothwendig hielten.

Die beiden kurfürstlichen Gesandten errichteten zu Buhla, auf dem Rittersitze der Herren von Ber- lepsch, mit den Ständen einen förmlichen Re- zeß,

*) Perpetuo, jure feudi — cassato et annullato jnre Ad- vocatiae, qnod Episcopns Halberstadiensis in idem mo- nasterium respectu comitatus Hohensteinensis praeten- debat.

zeß, worin diesen ihre Freiheiten und Privilegien bestätigt wurden *).   Die Kurfürstliche Ratifikation dieses Rezesses erfolgte fünf Wochen später, nämlich den
17ten September.   Der Kurfürst versprach den
Ständen:

1) „Es sollte das Exercitium der Augsburgischen
„Konfeßion, wie sie 1530 auf dem Reichstage über-
„geben, und hernach 1624 in der Grafschaft in Ue-
„bung gewesen, bleiben, und alle Pfarrstellen mit
„Bekennern derselben besetzt werden, doch ohne das
„Patronatrecht zu verletzen, wer dasselbe hätte.“

2) „Es sollten die Stände in einem von dem
„Fürstenthum Halberstadt, außer der Superiorität
„und Appellation, abgesonderten Körper dem Her-
„kommen gemäß, beisammen gelassen, und nicht se-
„parirt, oder unter sich getrennt werden“ —   Dies
war eine von den vorzüglichsten Bitten der Stände
gewesen, weil sie wol einsahen, daß sie in manchen
Stücken verliehren würden, wenn sie ganz von Halberstadt abhingen, daß es zu manchen Schwierigkeiten Anlaß geben würde, besonders in Prozeßsachen,
daher versprach ihnen der Kurfürst

3) „Daß in Hohenstein beständig eine abge-
„sonderte Kanzelei oder Regierung gehalten, und da-
„bei alle Sachen in der ersten Instanz abgethan,
„und geschlichtet werden sollten: jedoch so, daß da-
„durch die erste Instanz den Städten und Gerichts-
„inhabern, die nach dem Herkommen in dem Besitz
„der-

*) Weil ich diesen Rezeß noch nicht gedruckt gefunden habe:
so will ich wörtlich die Hauptpunkte daraus hieher setzen.
Man wird schon gesehen haben, daß eine Sammlung unge-
druckter Urkunden, an welche dieser Rezeß geheftet ist, eine
meiner vorzüglichsten Quellen ist.

„derselben wären, nicht entzogen, die Appellationen
„aber nach Halberstadt zugelassen werden sollten.

4) „Die Stände und Ritterschaft sollen eine Per-
„son aus ihren Mitteln vorschlagen können, die als-
„dann der Kurfürst bei der Regierung bestellen, und
„in Eid und Pflicht nehmen wollte. Die Stände
„aber sollen diesen Richter auf drei Jahr salariren,
„und sich deswegen mit ihm vergleichen. — Diese
Kanzelei legte der Kurfürst in Ellrich an, und ein
Herr von Hagen wurde Direktor.

5) „Versprach der Kurfürst, daß keine Kollekten und
„Steuern in der Grafschaft ausgeschrieben werden
„sollten, wofern nicht die Stände zuvor darum er-
„sucht worden wären. Wenn der Fall einträte, daß,
„wegen der allgemeinen Noth solche neue Steuern
„aufgelegt werden müßten: so sollten sie auf einem
„in der Grafschaft zu haltenden Landtage ausgeschrie-
„ben werden, und zwar von den Ständen selbst, de-
„nen auch die Vertheilung derselben und die Kasse
„überlassen wurde. Diese Steuern, die sie dem
„Kurfürst bewilligt hätten, sollten sie dann nach Hal-
„berstadt in die Rentei, gegen Quittung liefern.
„Jährlich sollte im Beisenn der Beamten die Rech-
„nung abgelegt werden.“ — Dieser Punkt ist jezt
nicht mehr anwendbar, da die Landesstände in dem
Brandenburgischen wenig oder gar nichts zu sagen
haben. Die Hohensteinischen Stände kommen zwar
noch zusammen, gewiß aber nicht zu jenem Zweck.
Sie haben im achtzehnten Jahrhundert ihre Rechte
aufgeopfert, befinden sich aber sehr wol bei dieser Auf-
opferung.

6) „Stürbe eine adeliche Familie aus: so versprach
„der Kurfürst, an welchen dann die Güter zurück fie-

„len, die Töchter, wenn welche nachgelassen würden,
„aus den verfallenen Lehngütern auszusteuern, oder
„sie lebenslang daraus zu erhalten; doch sollte diese
„Aussteuer oder Verpflegung sich nach der Zahl der
„Töchter und nach dem Ertrag des verfallenen Gu-
„tes richten.“

Weil die Stände in die väterlichen Gesinnungen Friedrich Wilhelms, kein Mißtrauen setzten: so waren sie
mit der Versicherung der Bevollmächtigten zufrieden,
und leisteten auf eine der Sache angemessene feierliche
Art die Huldigung, ehe sie noch die Ratifikazion ihres
Rezesses vor sich sahen. Dieser glückliche Tag, an
welchem Hohenstein dem Brandenburgischen Zepter unterworfen wurde, war der neunzehnte Junius
des Jahres 1650. Die Stände versammleten
sich alle auf dem Berlepschen Rittersitze in Buhla, in
einem zu dieser feierlichen Handlung bestimmten Zim-
mer. Der Freiherr von Blumenthal hielt eine Rede
an die Versammlung, und bezeigte ihr im Namen des
Kurfürsten sein Vergnügen über die Frequenz der Stände, versicherte sie von der Gnade des Kurfürsten, der
auch bereit sey seine landesväterliche Liebe in der That
zu zeigen. Hierauf zeigte er ihnen nochmals an: „daß
„die Grafschaft Hohenstein dem Kurfürsten unter an-
„dern Ländern statt Vorpommern übergeben sey; er
„habe mit dem Herrn von Plettenberg vor kurzem
„die halberstädtischen und also auch hohensteinischen
„Stände, als kaiserlicher dazu bestimmter Kommissarius
„voriger östreichischer bischöflicher Pflicht entlassen, er
„wiederhohle dies nochmals, und entlasse sie im Na-
„men des Kaisers ihres vorigen Eides. Da es nun
„billig und Recht sey, daß sich der Kurfürst seine neuen
„Unterthanen durch einen Eid verpflichte: so sey er als
„Kurfürstlicher Gesandte dazu erschienen, die Erbhuldi-
„gung

„gung einzunehmen.   Er erwarte also nach Endigung
„der Traktaten die Leistung des Eides, und versichere
„die Stände nochmals, daß der Kurfürst ihnen alle
„ihre Privilegien und Freiheiten lassen wollte. “

Die Gegenrede hielt der Landsyndikus, Johann
Titius im Namen der Stände: „Sie erinnerten sich
„wohl des Friedens, und wären bereit, demselben in
„allem nachzuleben; sie wären von der väterlichen Ge-
„sinnung des Kurfürsten gegen seine Unterthanen über-
„zeugt, und wünschten sich selbst Glück, daß sie nach
„einem so langen und gefährlichen Kriege nunmehr un-
„ter dem Schutz eines so überall geliebten Regenten,
„leben sollten.   Ihre Wünsche wären erfüllt, und mit
„Freuden wollten sie nun den Huldigungs-Eid able-
„gen. “ Hierauf legten die Adelichen, Freyen und
Städte den Eid ab.   Die Geistlichen gaben alle nur
den Handschlag.   Nun ertönte der Saal von einem
dreimaligen „Es lebe Friedrich Wilhelm, unser Landesvater!“ Das Fest wurde mit großer
Feierlichkeit geendigt.

Noch an demselben Tage gelobten die Stände
dem Kurfürsten ein freiwilliges Geschenk von zwölftausend Thalern.   Jährlich wollten sie zweitausend Thaler
entrichten, wenn sie erst von der monatlichen Kontribution, die sie an die Schweden zahlen müßten, völlig frei
wären. Die Schweden hatten die deutschen Provinzen
noch nicht verlassen, weil die fünf Millionen, die ihnen
in dem Frieden versprochen waren, noch nicht bezahlt
waren. Man war mit den Schweden einig gewor-
ben, drei Millionen gleich zu zahlen, und hierzu wurden
sieben Kreise angewiesen.   Die Vertheilung auf diese
Kreise aber mochte wol nicht genau gemacht seyn. Auf
Ober-Sachsen wurden sechsmal hundert, eilftausend,

                                acht-

achthundert, acht und achtzig Gulden, und vierzig Kreuzer
erkannt, darunter war Witgenstein, Hohenstein, Lohra
und Klettenberg, zu zweitausend achthundert drei und
neunzig Gulden, und vierzig Kreuzer baar angeschlagen,
und nichts auf Assignation *). Es waren aber in allen sieben Kreisen nicht zweimal hunderttausend Gulden baa-
res Geld, geschweige drei Millionen. Man handelte
deswegen mit den Schweden bis auf zwei Millionen
baar. Es wurde nun die Vertheilung so gemacht,
daß die Stände, wo baar Geld war, das Quotum geben mußten, als wenn drei Millionen gegeben werden
sollten; die übrigen, die nicht bezahlen konnten, wurden assignirt. Dies war der Fall mit Lohra und Klettenberg, welche allemal acht und zwanzig Gulden baar,
und eben so viel auf Assignation geben mußten. Walkenried mußte acht und vierzig Gulden baar zahlen.

So waren nun die beiden Herrschaften, Lohra
und Klettenberg ein völliges Eigenthum des Brandenburgischen Hauses. Die Unterthanen genossen aber
das Glück nicht lange, unmittelbar unter Brandenburg
zu stehen, wovon wir bald mehr lesen werden. —

*) Meier act. pac. Westph. T. 6. 631 u. 22 sq.

Drei-

Dreizehntes Kapitel

enthält die Geschichte der Grafschaft Hohenstein, unter den Grafen von Witgenstein — von 1651 bis 1700.

Der Graf Johann von Sayn und Witgenstein, wußte als Brandeyburgischer Gesandte, auf dem Friedens-Congreß den Vortheil seines Herrn so zu betreiben, daß der Kurfürst vollkommen mit ihm und seinen treuen Diensten zufrieden war. Johann hatte überdem manchen Aufwand machen müssen, und dem Kurfürsten oft Geld vorgeschossen. Für so viele treue Dienste verdiente er eine Belohnung. Friedrich Wilhelm, der gern Verdienste belohnte, beliehe ihn mit den beiden Herrschaften Lohra und Klettenberg, und was dazu gehörte, behielt sich aber alle Rechte eines Oberlehnsherrn vor, wie wir hernach sehen werden.

Noch ehe der Friede geschlossen war, bat Johann den Kurfürsten, ihm künftig diese Herrschaften, welche gewöhnlich einem zum Lehn gegeben würden, und die nur einige hundert Thaler einbrächten, als ein Mannlehn zu ertheilen. Weil der Kurfürst noch keinen Begriff von der Beträchtlichkeit dieser Länder hatte: so versprach er sie ihm. Den 27sten März 1647, bekam Johann die schriftliche Expectanz auf diese Herrschaften *); sie lautet so:

„Wir Friedrich Wilhelm, u. s. w., bekennen hier-
„mit vor uns, unsere Erben und Nachkommen, nach-
„dem wir des Hochwolgebohrnen, unsers zu den vor-
„seienden General-Friedenstraktaten, nach Oßnabrück

P 3

„und

---

*) Buhlaische Rezeß MCt.

„und Münster abgeschickten Geheimben-Raths, beson-
„ders lieben und getreuen Johann von Sayn und
„Witgenstein, nützliche und treue Dienste gesehen
„haben, die er uns geleistet, und noch ferner leisten will
„und kann: so haben wir beschlossen, ihn und den Sei-
„nigen dies fruchtbarlich genießen zu lassen, daher über-
„lassen wir ihm die Grafschaft Hohenstein, so viel
„derselben vom Stift Halberstadt zu Lehn gehet, be-
„stehend in den Aemtern Lohra, Klettenberg, und den
„Städchen Bleicheroda; er soll sie sowol als seine
„Leibes-Lehns-Erben von uns als Fürsten zu Halber-
„stadt, wenn wir zum Besitz kommen, zum Mannlehn
„nehmen, dafür soll er unser jezt inhabendes Amt Wet-
„ter a), uns ohne Entgeld, und mit Zurücklassung des
„darauf ausgestellten Pfandschilling wiederum abtreten,
„jedoch nur dann, wenn er in die wirkliche Besitzung
„der Grafschaft kommt, und immittirt und angewie-
„sen seyn wird."

Dies Schreiben war von Cleve aus datirt, wo
sich der Kurfürst damals aufhielt, wahrscheinlich in der
Absicht, um dem Friedens-Congreß näher zu seyn,
und seinen Vortheil besser betreiben zu können. Er
trachtete besonders nach Münster und Oßnabrück, welches er aber fahren laßen, und zufrieden seyn muste, daß
man ihm das Bisthum Minden noch zutheilte.

Als nun der Friede publizirt war: so ließ der
Kurfürst den 28sten April 1649, die Abtretung dieser
Herrschaften an den Grafen von Witgenstein den Landesständen bekannt machen *). Auch der Graf Johann

a) Wetter liegt in der Grafschaft Mark in Westphalen.
Johann hatte dem Kurfürsten vierzigtausend Thaler darauf geliehen.

*) Lünigs Reichsarchiv, P. spec. con. II. Sect. VI. p. 437.

dann zeigte ihnen diese Veränderung an. Als bald
darauf der Freiherr von Blumenthal die Erbhuldi-
gung im Namen des Kurfürsten in der Grafschaft einnahm: so legten die Witgensteinischen Gesandten eine
Protestation bei den Ständen ein, worin sie die Rechte
des Grafen ungekränkt erhalten wollten. Die Protestation ist folgende *):

„Da die Gräflich-Witgensteinischen Gesandten
„vernommen, daß Ritter und Landschaft jezt im Be-
„griff sind, dem Kurfürsten die Huldigung zu leisten:
„so wollten sie sie an die Verpflichtungen erinnern,
„womit sie sich dem Grafen verwandt gemacht, daß sie
„also nichts unternehmen möchten, was zum Nachtheil
„des Grafen, und dessen in Händen habenden Kur-
„fürstlichen Conceßion, und bis jezt erstandenen kund-
„baren Posseßion, und was ihm sonst zustehe, gereiche.
„Da sie aber jezt eines andern vernehmen müßten:
„so müßten sie dies dem Grafen ihrem Herrn, zu justi-
„fiziren anheim stellen. Damit aber gleichwohl der
„Graf hierdurch directe vel oblique, sive quocunque
„modo jezo oder künftig, an seinen Rechten und Ge-
„rechtigkeit kein Präjudiz und Nachtheil leiden möge:
„so wollten sie dem jezt vorhabenden Beginnen, so weit
„solches der Kurfürstlichen Conceßion, und was davon
„abhinge, zuwider und entgegen wäre, widersprechen
„und protestiren, und Sr. Hochgr. Gn. alle Beneficia,
„was sie zur Erhaltung mehr besagter Conceßion, bis
„jezo continuirte Posseßion hätten, omni meliori modo et
„forma reservirt und vorbehalten haben, und bitten
„ihnen dieser eingefertigten Protestation halber gebüh-
„renden Schein aushändigen zu lassen.“

Die Stände legten dem Blumenthal diese Protestation vor, der sich zu völliger Zufriedenheit derselben

P 4

er-

erklärte: „Der Kurfürst sey nicht willens durch diese Huldigung die Rechte zu kränken, die dem Grafen einmal übertragen wären; er selbst habe den strengsten Befehl nichts vorzunehmen, oder zu verhandeln, was den Grafen anginge; sein Geschäft wäre nur allein diese Huldigung anzunehmen." Der Graf schien den Verlust der Grafschaft nicht zu fürchten; denn der Kurfürst dachte gar nicht daran, sein Versprechen zurück zu nehmen, sondern seine Absicht war nur, die Unterthanen sich als Ober-Lehnsherrn durch den Huldigungseid zu verpflichten. Die Protestation war also eine bloße Cerimonie.

Weil die Auswechselung der im Frieden acquirirten Länder sich verzögerte, und überhaupt erst im Jahr 1653, durch den beständigen Reichstag, der eben dieser Auswechselung wegen angesetzt war, alles in Richtigkeit gebracht wurde: so verzögerte sich auch die Besitznehmung der Grafschaft Hohenstein durch den Johann von Witgenstein. Indeß stellten die Halberstädtischen Stände dem Kurfürsten die Beträchtlichkeit dieser Länder vor, und baten ihn, sie wieder mit Halberstadt zu vereinigen. Dem Kurfürst gereuete nun die Abtretung dieser Länder, und fing deshalb neue Unterhandlungen mit dem Grafen an: diese wurden den 8ten Oct. 1650 zu Holtern geendigt. „Der Graf behielt „zwar die Länder, wurde aber mehr eingeschränkt, als „vorher. Der Kurfürst behielt sich die Landeshoheit „vor; der Graf bekam nur einen eingeschränkten Ge„brauch der Holzungen und Jagden; die Regierung „sollte gemeinschaftlich geführt werden, weil der Graf „die Länder doch nur auf eine Zeitlang besitzen würde; „auch den Titel und Wappen sollte der Graf nicht ge„brauchen. Der Hauptpunkt aber war, daß der Graf „diese Länder für hundert und funfzigtausend Thaler, „wofür sie ihm übergeben wurden, nebst dem Amt

„Wetter

„Wetter, wieder herausgeben sollte; würde er versetzte
„Stücke eingelöst haben: so sollte ihm das Geld dafür
„ersetzt werden; würden ihm blos hundert und funf=
„zigtausend Thaler gezahlt: so sollte er die eingelö=
„sten Stücke noch ferner behalten, bis er den Ersatz
„erhielte" *).   Die Stände wurden ermahnt, dem
Grafen den Huldigungseid zu leisten, jedoch der Ober=
lehnsherrschaft des Kurfürsten unnachtheilig, so wie
auch des juris collectandi und appellationis.

Indeß verzog sich die Besitznehmung noch einige
Zeit wegen mancher Hindernisse, die die Hohensteini=
schen Stände dem Grafen in den Weg legten.   Es
waren Punkte, die ihre Privilegien und Freiheiten betra=
fen.   Sie fragten bei dem Kurfürsten an, von wem
sie die Lehn nehmen sollten?   Friedrich Wilhelm ant=
wortete darauf von Küstrin aus, den 11ten Dezember
1650, da er sich mit dem Grafen schon verglichen hat=
te, der Vergleich aber noch nicht bekannt gemacht war:
„Die Lehn müsten von ihm als Landes und Oberlehns=
„herrn gesucht werden, wenn er gleich die Grafschaft
„an den Graf von Witgenstein abgetreten hätte."
Die Stände wurden dadurch noch mehr verlegen, und
wußten nicht was und wie sie dem Grafen schwören
sollten, denn wenn sie die Lehn von dem Kurfürst neh=
men mußten, so waren sie ihm auch mit dem Lehns=
Eide zugethan; ehe sie also von dieser Verpflichtung
nicht dispensirt waren, konnten sie auch dem Grafen den
Huldigungs=Eid nicht leisten.   Sie wandten sich daher
nochmals an den Kurfürst, und erhielten von Wesel
aus dies Rescript: „Der Kurfürst habe sich mit dem
„Grafen verglichen, die Stände könnten die Lehn von

P 5   „ihm

---

*) Buhlaische Rezeß. Bei dem Lünig wird dieses Vergleichs
erwähnt, aber nichts daraus angeführt, 4. Abth. 27. Ab=
satz, p. 431.

„ihm nehmen, doch aber unbeschadet der landesherrlichen
„Superiorität. “

Die Unterhandlungen mit dem Kurfürsten waren
geendigt, und der Graf erhielt die länder als witklicher
Besitzer, den 5ten Febr. 1651. Die Nebenlinien des
Witgensteinischen Hauses waren davon ausgeschlossen.
Nun kam es zu Tractaten zwischen den Ständen und
dem Grafen. Dies kleine ländchen war gleich einem
Ball in den Händen der Spielenden. Diese so häufigen Veränderungen machten die Stände ängstlich besorgt für ihre Rechte und Freiheiten; jeder Schritt,
den sie thun sollten, ließ sie, nach ihrer Meinung, den
Verlust derselben argwöhnen. Erfahrung macht vorsichtig, und Beispiele bedachtsam. Es war dies seit
1593 der siebente Huldigungs-Eid den sie leisten sollten. Wer wird es ihnen übel auslegen, wenn sie das
zu behaupten suchten, was Friedrich Wilhelm ihnen so
großmüthig versprochen hatte?. So wie nun mit
dem Kurfürst bei Besißnehmung der Grafschaft der
Buhlaische Rezeß errichtet war: so errichteten jezt
die Stände mit dem Grafen den Ellrichschen Rezeß den 24sten Oct. 1651. Der Graf versicherte,
daß er, da der Kurfürst von Brandenburg ihm die
Grafschaft zum lehn erblich überlassen, die Stände
bei ihren Privilegien und Rechten lassen wollte, und besonders versicherte er sie, daß sie bei der Augspurgischen
Konfession von 1530, und zwar, wie sie im Jahr 1624
im lande üblich gewesen, verbleiben sollten. Uebrigens
wurden in diesem Rezesse alle Punkte des Buhlai-
schen bestätigt. Was die Justizpflege anbetrift, die
einer eigenen Kanzelei in Bleicheroda überlassen wurde:
so wurde hier der Anhang gemacht, daß die sächsischen
Rechte in Hohenstein gelten sollten *).

Es

*) Mit den sächsischen Rechten hat es folgende Bewand-
niß: Im zwölften und dreizehnten Jahrhundert wurden
die

Es erfolgte nunmehr die Huldigung in Ellrich, und der Graf fing so gleich an, die Punkte seines Versprechens zu erfüllen. Er bestellte den Christoph von Hagen, zum Oberhauptmann und Präsidenten der Kanzlei in Bleicheroda. Die Besoldung übernahmen die Stände auf drei Jahr freiwillig.

Hohenstein gehörte nun an Witgenstein, unter Brandenburgischer Landeshoheit. Die Einwohner beschäftigten sich, ihre Güter und Ländereien wieder in guten Stand zu setzen, die durch den langen Krieg entsetzlich gelitten hatten. Es hat lange gewährt, ehe dies kleine Land die Wunden heilen konnte, die ihm die Kaiserlichen, und besonders auch die Schweden geschlagen hatten. Der Fleiß und die Industrie thaten alles, was sie konnten, und doch ist manches Gut, maches Dorf nicht wieder aufgebauet. Noch jezt sieht man die traurigen Ruinen von Hohenstein, Klettenberg und Lohra. Diese Schlösser sind jezt bloße Amtshäuser. Ich könnte ein ganzes Verzeichniß von zerstörten Dörfern anführen, wenn es nicht zu sehr

ins

die römischen Rechte in Deutschland bekannt, und fanden überall Beifall. Die Geistlichen, die damals gröstentheils die Richter waren, ließen es sich angelegen seyn, auch die päbstlichen Rechte, und die darauf beruhende Autorität der Päbste vest zu stellen. Gegen diese fremden Rechte traten nun biedere deutsche Männer auf, die die Rechte ihrer Provinzen, das Herkommen und Gewohnheiten aufschrieben, und so gut als möglich ordneten. So bekam fast jede Provinz, jede ansehnliche Stadt ihr eigenes Gesetzbuch. Vorzüglich berühmt war der Schwabenspiegel — Sachsenspiegel — sächsisches Recht — und das Magdeburger Stadtrecht. — Es war viel aus dem römischen Recht genommen, und auf deutschem Boden modifizirt. Wenn ein Interregnum in Deutschland ist: so vikarirt Sachsen in allen Provinzen, wo dies Sächsische Recht gilt. Goldene Bulle.

ins Kleine ginge: so lag z. E. bei Immenrode ein Dorf Hillingsborn, bei Walkenried Engelharderode, bei Herreden Ratherode. Was der Bauernkrieg übrig gelassen hatte, das vollendete der dreißigjährige Krieg.

Indeß schmerzte es den Graf, ein so eingeschränkter Besitzer dieser Herrschaften zu seyn. Er suchte durch allerhand Mittel und Wege sich des letzten Versprechens zu entledigen, und die Länder auf den Fuß der ersten Kurfürstlichen Conceßion vom Jahr 1647 zu erhalten. Er wandte sich so gar in dieser Absicht an die Fränkisch-Brandenburgischen Linien, und suchte ihre Einwilligung. Der damalige Markgraf von Onolzbach Albrecht bestätigte das Geschenk des Kurfürsten für sich und seine Nachkommen in einer Urkunde, vom 13ten Febr. alten Stils 1652*). Hiermit noch nicht zufrieden, wandte sich Johann an den Kaiser Ferdinand, den Dritten; dieser bestätigte nicht nur auf dem Reichstage zu Regensburg, den 11ten August 2553 die Kurfürstliche Abtretung, sondern er erlaubte ihm auch, weil Johann blos die erste Kurfürstliche Conceßion eingeschickt, und von dem Vergleich vom Jahr 2650 nichts erwähnt hatte, den Hohensteinischen Titel und Wappen zu führen.

Dies Betragen des Grafen veranlaßte neue Unterhandlungen mit dem Kurfürst von Brandenburg, die für den Grafen, den 7ten Sept. 1653, vortheilhaft ausfielen. Der Graf gab das Amt Wetter an den Kurfürsten zurück, ließ die darauf vorgeschossenen vierzigtausend Thaler fallen, und zahlte noch zehntausend Thaler zu. Dafür machte nun der Kurfürst allen bisherigen Irrungen ein Ende, und übergab ihm und seinen männlichen Leibes-Lehns-Erben die Grafschaft Hohen-

hen-

*) Lünigs R. Archiv, 6te Abth. p. 429.

henstein, samt allen Ein= und Zugehörungen, Recht und Gerechtigkeiten, Herrlichkeiten, geist= und weltlichen Lehn, Ober= und Nieder=Gerichten, Ober= und Nieder= Jagden, Regalien und allen andern Freiheiten, wie sie die vorigen Grafen von Hohenstein, von dem Stift Halberstadt zum Lehn getragen hatten. Es wurde al= so die erste Conceßion, und die darauf erfolgte De= klaration von 1649, aufs neue bestätigt, mit Auf= hebung alles dessen, was bis jetzt dawider verhandelt war. Der Graf behielt bei Prozessen das Recht der ersten Instanz, und dann nur solle die Appellation nach Halberstadt freistehen, wenn die streitige Sache den Werth von dreihundert Thaler übertreffe. Was die Contribution betrift: so blieb es bei den, der Hohen= steinischen Landschaft ertheilten Reversalien. Auch dieser neuen Conceßion wegen, suchte Johann die Bestäti= gung bei dem Markgraf Christian Wilhelm, in An= spach, und erhielt sie den 31sten Dez. 1654 *).

Dem Kurfürsten war die vorige Summe, für welche die Grafschaft wieder eingelöst werden könnte, zu groß gewesen, er hatte sich daher mit dem Grafen in eine genauere Berechnung eingelassen. In dem Lehn= briefe, d. n er dem Johann am 20sten August 1655, ertheilte, nachdem alle Unterhandlungen aufgehoben wa= ren, heißt es ausdrücklich: „Der Graf hat uns bei da= „mals nothwendigen Speesen einen Vorschuß theils an „baarem Gelde, theils an gewissen und beständigen Ces= „sionen gethan, der sich nach genauer Calculation auf „sechzigtausend Thaler beläuft. Statt jener hundert „und funfzig tausend Thaler, wofür die Grafschaft zu= „erst versetzt war, soll sie nunmehr für diese sechzigtau= „send Thaler eingelöst werden können.“ Der Kurfürst suchte also so wohlfeil als möglich, diese Länder wie=

der

*) Lunig. loc. cit.

der einlösen zu können, die er verliehen hatte, ehe er
sie kannte. Daß es seine Absicht nicht war, sie dem
Grafen zu lassen, siehet man daraus, daß er in der
zweiten Conceßion vom Jahr 1650, da ihn die Wichtigkeit dieser länder vorgestellt wurde, ausdrücklich sagte: „Die Gerichte sollen gemeinschaftlich bleiben, weil
der Graf die länder nicht lange besitzen wird.“ Johann
hatte gewiß nicht so viel auf die Friedens-Handlungen
gewandt, als vorgegeben wurde; denn bis zum 31sten
Dezember 1647, waren ihm alle seine Unkosten mit
fünf und zwanzig tausend Thaler bezahlt. Als die
Grafschaft eingelöst wurde, gab Friedrich mehr als er
nöthig hatte, daher dies eine vortheilhafte Auswechselung für den Grafen genannt wurde.

Indeß hatte sich zwischen dem landgraf Wilhelm
von Hessen, und dem Grafen von Schwarzburg auf
der einen, und Brandenburg auf der andern Seite,
ein Streit entsponnen, wegen des Minnigeröbischen
Distrikts und Gerichts, der weit aussehend hätte werden können, wenn der Kurfürst nicht nachgegeben
hätte. Die Herren von Minnigerode gehörten als Vasallen zu Hohenstein, wohin sie auch die Steuern wegen
einiger ländereien zahlen musten; sie hatten aber auch
manches von Schwarzburg zu lehn, worüber Hessen
die landeshoheit hatte. Es scheint, daß sich diese Herren ganz von der lehnsverbindung mit Hohenstein haben
frei machen wollen, woraus dieser Streit entstand, der
durch beiderseitige Commissarien den 13ten Jun. 1654,
in Nordhausen so beigelegt wurde, daß das jus epis-
copale und was davon abhängt; so wie auch die bür-
gerliche Gerichtsbarkeit über die von Minnigerode, dem
landgrafen und seinem Vasallen überlassen wurde. Was
die Steuern anbelangte: so sollten die von Minnigerode
von jetzt an, (von 1654,) funfzehn Jahr ihr Theil liefern, nach der bisherigen Proportion, nachher aber

von

von hundert Thaler, die der Grafschaft Hohenstein
auferlegt würden, zwei Thaler zahlen. Was sie übrigens der Kasse restirten: so sollte es bei dem, zwischen
ihnen und der Landschaft zum Bennekenstein und Ble-
cheroda getroffenen Vergleich verbleiben. Mit den Rit-
terdiensten hingegen sollten sie dem Landgrafen und
Schwarzburg dem Herkommen nach verwandt bleiben.

Den 2ten April 1657 starb Johann, von Sayn
und Witgenstein im sechs und funfzigsten Jahre seines
Alters. Er war Brandenburgischer Geheimder-Rath,
und Statthalter von Minden und Ravensberg. Seine
Gemahlin, Anna Augusta, Graf Christians, von Waldeck, Tochter, starb den 27sten May, 1658. Sie
hat ihn zum Vater von achtzehnten Kindern gemacht.
Johann ist der Stammvater aller heutigen Grafen
von Sayn und Witgenstein. Im Jahre 1606, starb
der letzte Graf von Sayn, Heinrich; sein Land fiel
durch einen Vergleich an Wilhelm von Witgenstein *). Ludewig Christian, Gustav, Otto und Friedrich Wilhelm waren Johanns Söhne und die Erben
seiner Länder.

Christian Ludewig folgte seinem Vater in der Regierung. Von ihm mußten auch die Hohensteinischen
Stände die Lehn nehmen. Das Kondolenz- und
Glückwünschungsschreiben, enthält ein langes Verzeichniß von Beschwerden, um deren Aufhebung sehr gebeten
wurde **). Die erste Einrichtung der Kanzlei, wo Hagen Präsident war, währte nur drei Jahr. Jetzt war
Tölke alles in allen, und zu seiner Unterstützung hatte
er

*) Lünigs Reichs-Archiv, 6te Abth. 27ster Abs. Nr. 271.
S. 419. steht die Urkunde.

**) Buhlaische Rezeß.

er einen Sekretär. Die Stände baten daher den jungen Grafen, daß er dem Tölke, noch eine der Rechte kundige Person, adjungiren, und um die Prozesse abzukürzen, noch einen Schreiber annehmen möchte. Es war freilich sonderbar genug, daß Tölke den Titel: Consistoriales, Kanzelei-Direktor und Räthe in seinen Urtheilen gebrauchte, da doch wol ein Kollegium in einer Person nicht statt finden kann. Der Graf brachte dies alles in Bleicheroda in Ordnung, und ließ sich huldigen. Den 11ten Dezember 1658 erhielt er selbst von Friedrich Wilhelm die Belehnung. Der Lehnbrief steht in Heidenreichs Schwarzb. Gesch. S. 302, und enthält einerlei mit den vorigen Lehnbriefen, außer dem Zusatz: „daß die Grafschaft von aller „Einquartierung und Kontribution befreiet seyn solle; „wenn aber die Halberstädtischen Stände mit Recht „ausführen könnten, daß die Grafschaft ihr Kontin„gent zu ihrer Kontribution zu zahlen schuldig wäre; „so wolle auch der Kurfürst den Halberstädtischen „Ständen an ihren Rechten nichts benommen haben." Es ist übrigens nicht bekannt, ob zwischen den Halberstädtischen und Hohensteinischen Ständen etwas über diesen Punkt verhandelt worden ist.

Gustav, Johanns zweiter Sohn, nahm seine Residenz in Klettenberg im Jahr 1671 *). Seine Familie

*) Anmerk. Noch jetzt sind in der Rathsstube in Ellrich, verschiedene Familiengemählde zu sehen, welche 1771 von Klettenberg dahin gebracht wurden. Als 1722, König Friedrich Wilhelm, der Erste, in Klettenberg war, und diese Gemählde besahe: so zerstieß er aus Unwillen dem einen Grafen, der als Kind liegend, gemahlt ist, den Mund. Es ist der Graf August, der am Berliner Hofe in Ungnade fiel, und nach Spandau geschickt wurde.   Der Unwillen des Königs war gewiß gerecht, und die Gründe werden dem bekannt seyn, der die Vaterlandsgeschichte, und die Revolution im Ministerium, im Jahr 1710, kennt.

sie aber hatte nicht lange das Glück, Herren dieser Länder zu seyn; denn schon sein Sohn August verlohr sie
wieder. — Da Hohenstein nur bis zu Anfange des
jezigen Jahrhunderts an Witgenstein gehörte; so hörten dann auch alle die Vergleiche und Rezesse auf die
in der Witgensteinischen Sache errichtet waren.

Vierzehntes Kapitel.

Hohenstein wird von Friedrich, dem Ersten, König in Preußen, eingelöst.

Daß die Hohensteinischen Stände lieber unter Brandenburg, als Witgenstein geblieben wären, beweißt ihre
Unruhe, als sie die Nachricht erhielten, daß Friedrich Wilhelm dem Graf Johann, die Grafschaft abgetreten hätte. Eben so wenig waren die Halberstädtischen Landesstände damit zufrieden, die zwar
ein ganz verschiedenes Interesse mit den Hohensteinern
haben mochten. Diese ersuchten den Kurfürsten im
Jahr 1640, die Grafschaft wieder an Halberstadt zu
bringen. Allein sie konnten, da er sein Wort nicht zurück nehmen wollte, nichts erlangen, als daß die Steuern aus Lohra und Klettenberg in die Kasse nach Halberstadt geliefert, und die Appellationen an die dasige
Regierung erlaubt wurden. Im Jahr 1664, äus-
serte der Kurfürst gegen den ältesten Grafen den Wunsch,
die Länder wieder einzulösen. Der Graf bat, und der
Kurfürst erwähnte weiter nichts von der Sache. Im
folgenden Jahre erbot sich die Gemahlin des Kurfürsten Louise, von Nassau-Oranion, die Grafschaft einzulösen. Die Grafen thaten aufs neue Vor-

Q

stellun-

stellungen. Friedrich Wilhelm nahm daher das Anerbieten seiner Gemahlin nicht an, sondern versprach den
Grafen, so lange er lebte, die Grafschaft nicht einzulösen; übrigens sollte seinem Kurprinzen frei stehen, diese
erpracticirte Begnadigung aufzuheben, welche ohnehin mit dem Geraischen Erbvertrage nicht bestehen
könnte. Hierzu ermahnte auch der Kurfürst seinen Nachfolger in seinem letzten Willen *).

Der Erbvertrag, dessen der Kurfürst hier erwähnt,
war den 20ste Nov. 1607, zwischen den Linien des
Sayn-Witgensteinischen Hauses geschlossen. Es wird
hierin festgesetzt, daß eine Linie der andern succediren
solle, in ihren Ländern sowol, als auch in denjeni-
gen Ländern, die sie inskünftige in einigen
Weg ferner erlangen möchten — **). Hohenstein
aber war blos dem Johann und seinen Leibes-Lehns-Erben übergeben, und also stimmte dies mit jenem Vertrage nicht überein. Ob nun gleich der neue Kurfürst
Friedrich, der Dritte, diese beiden Herrschaften, Lohra
und Klettenberg geradezu hätte einziehen können, so fing
er doch mit dem noch einzigen übrigen Grafen Gustav,
Unterhandlungen an, und erbot sich gegen gänzliche Abtretung derselben

1) hunderttausend Thaler baar zu bezahlen, und alle
auf der Grafschaft haftende Schulden zu überneh-
men. Diese, die größtentheils ohne landesherrlichen Consens gemacht waren, betrugen nicht weniger als zweimal hundert, fünf und neunzigtau-
send, dreihundert drei und zwanzig Thaler, zwölf
Groschen;

2) den

*) Pauli Brandenb. Gesch. 6te Abth. S. 82.

**) Lünig R. Arch. S. 421.

2) den Graf Guſtav zum Statthalter der Grafſchaft Mark mit einem Gehalt von zweitauſend Thaler zu beſtellen;

3) deſſen älteſtem Sohn, Heinrich Albrecht, eine Domherrnſtelle und eine Komturei bei dem Orden zu Sonnenburg zu verſchaffen, und ihm vierhundert Thaler jährliche Gnadengelder zu reichen, bis er zur Hebung der Pfründe gelangen würde;

4) dem andern Sohn, Auguſt, ein Regiment, wenn ſolches erledigt würde, zu geben, und endlich

5) einer jeden noch vorhandenen Tochter jährlich zweihundert Thaler zu zahlen.

Von Witgenſteiniſcher Seite war man mit dieſem Anerbieten ſo wenig zufrieden, daß man vielmehr alle Unterhandlungen dieſer Art zu hindern, und zu zernichten ſuchte. Kurfürſt Friedrich, der Dritte, zog alſo geradezu den 12ten Dezember 1699, die Grafſchaft ein, und rechtfertigte ſich deswegen bei dem Kaiſer Leopold *). Im Jahre 1702, ſtellte er aber doch an den Graf Auguſt von Witgenſtein, eine vortheilhafte Erklärung aus. Nach derſelben verſprach der nunmehro neue König in Preußen, dieſem ſeinem Lieblinge, „daß er alle auf Hohenſtein haftende witgenſteiniſche und ältere Schulden abtragen, und dem Grafen hundert tauſend Speziesthaler in einer Summe auszahlen, und demſelben noch andere zwanzigtauſend Thaler, welche Auguſt ſeinem Vater Guſtav, zur Til-

Q 2

tigung

*) In dem Abdruck des an Ihro Kaiſ. Maj. von Sr. Kurfürſtl. Durchl. zu Brandenburg abgelaſſenen unterthänigſten Schreiben, die Einziehung der Grafſchaft Hohenſtein betreffend. Köln an der Spree, druckt Ulrich Liebpert. —

gung einiger auf der Grafschaft haftenden Schulden, vorgeschossen, ersetzen wollte. Der Graf nahm die Bedingungen an, und seit dieser Zeit ist die Grafschaft Hohenstein, so weit sie Halberstädtisches Lehn gewesen, unzertrennlich bei Halberstadt geblieben, so wie auch bald darauf die Grafschaft Rheinstein dazu kam. — Graf August von Witgenstein stand am Berliner Hofe in großem Ansehen. Der neue königliche Hof suchte an Pracht und Glanz ältern königlichen Höfen das Gleichgewicht zu halten, welches jezt Friedrich Wilhelm, der Zweite, in einem ganz andern Sinne zum Besten für ganz Europa, und vorzüglich für Deutschland, zu halten weiß. Die Schmeichler hintergingen Friedrich, den Ersten; ihr Eifer bei der Krönung hatte sie ihm werth gemacht; aber den Kronprinzen Friedrich Wilhelm, den Ersten, konnten sie nicht hintergehen. Er war es, der die wichtige Veränderung unter den Staatsbedienten verursachte. Hamroth fiel, Wartenberg mußte auf seine Güter in der Pfalz wandern, August von Witgenstein wurde nach Spandau geschickt. Der lezte erhielt aber doch im folgenden Jahre 1711 seine Freiheit wieder. — Dies war das Ende der Witgensteinischen Herrschaft in Hohenstein. Von nun an hat Hohenstein mit allen Staaten der Preußischen Regenten gleiche Schicksale gehabt, und die Unterthanen beeifern sich, es in der Verehrung ihres Königs andern zuvor zu thun. Ich schließe hiermit die politische Geschichte von Hohenstein, und füge nur noch etwas hinzu von den Rechten des Königs von Preußen, in der freien Reichsstadt Nordhausen, und einige statistische Bemerkungen, über den jezigen Zustand dieses ländchens.

Die Reichsvogtei in Nordhausen gehörte an Sachsen *). Der Kurfürst, Friedrich August, mußte da

mals

*) Hist. Nachr. v. Nordhausen S. 574.

mals große Summen aufwenden, um die polniſche
Krone zu erlangen.   Weil nun ſeine Kaſſengelder, und
die Abgaben der Unterthanen nicht zureichten, dieſe
Ausgaben zu beſtreiten: ſo trat er im Jahre 1697, mit
Kurfürſt Friedrich, dem Dritten, von Brandenburg, in Unterhandlung wegen einiger Stücke Landes,
die er an ihn abtreten wollte.   Im Jahr 1698 kam
ein Vergleich zu Stande, worin Sachſen die Aemter
Lauenburg, Sevenberg, Geersdorf, worüber ſchon lange
zwiſchen Sachſen und Halberſtadt Irrungen entſtanden
waren, nebſt der Erbvogtei über Quedlinburg und
der Gerichtsvogtei in Nordhauſen, an Brandenburg für
dreimal hunderttauſend Thaler abtrat *).   Auch das
Amt Hohenpetersberg, bei Halle, trat Sachſen
mit allen Pertinenzien für vierzig tauſend Thaler an
Brandenburg ab.   Der Petersberg, ſonſt wegen ſeines weiten Horizonts, der Lauterberg genannt, gehörte
an die Grafen von Wettin.   Dedo, Graf von Wettin, und Markgraf in Meißen fieng 1124, hier ein
Kloſter zu bauen an, ſtarb aber, ohne das Gebäude
geſehen zu haben; ſein Bruder, Konrad, vollendete den Bau dieſes Auguſtinerkloſters, und beſchenk-
te es ſehr reichlich von ſeinen Gütern.   Es wurde zur
Ehre des heiligen Petrus erbauet, und ſtand unmittelbar unter dem päbſtlichen Stuhle.   Die Grafen
von Wettin ſind die Stammväter der jezigen Kurfürſten von Sachſen **).

Den Nordhäuſern war die Veränderung nicht
gar zu angenehm.   Kurſachſen hatte die mit dem
Reichsſchulzen-Amt verknüpfte peinliche Gerichtsbarkeit, an den Nordhäuſer Stadtrath für dreizehntauſend

Q 3

Tha-

---

*) Heinrich ſächſ. Geſchichte.

**) Chron. montis ſereni, p. 2. ſteht gewöhnlich in Sagitt.
hiſt. Gentil. et Chriſt. Thur.

Thaler versetzt. Der Stadtrath hofte, daß Sachsen diesen Vorschuß nie bezahlen, und also auch die Rechte nicht wieder erlangen würde, die ihm des Reichsschulzen-Amts wegen zustanden. Weil nun Brandenburg das Reichsschulzen-Amt erlangt hatte; so fürchtete der Magistrat, der König möchte eher, als es ihnen lieb wäre, diese Summe abtragen, und seine Rechte zurück fordern, welches auch geschahe, denn Friedrich, der Erste, legte die dreizehntausend Thaler in Nordhausen nieder. Die Stadt machte Schwierigkeiten, die wirkliche Ausübung der peinlichen Gerichtsbarkeit dem Könige einzuräumen, gesetzt auch, daß die darauf gezahlten Gelder abgetragen wären *). Weil nun damals das Haus Braunschweig die Stadt Hildesheim eingenommen hatte, und auch einige Rechte auf Nordhausen zu haben glaubte: so mußte der König fürchten, daß die Nordhäuser, wie sie in der That willens waren, aus unnöthigem Argwohn sich Kur-Braunschweigischen Schutz ausbitten, Truppen aufnehmen, und ihm also seine erkauften Rechte ganz rauben, oder den Besitz derselben erschweren möchten. Er ließ daher in der Stille einige Bataillons aus Magdeburg und Quedlinburg aufbrechen, die den 7ten Sept. 1703, in der Nacht vor Nordhausen ankamen, und auf ihr Begehren, ohne Gewalt zu gebrauchen, eingelassen wurden **). Der Stadtrath klagte hierauf bei dem Kaiser Leopold.

Der

---

*) Die Stadt machte diese Schwierigkeiten, vielleicht aus übertriebener Besorgniß für ihre Reichsunmittelbarkeit, die sie verlohren glaubte, wenn ein so mächtiger Reichsstand in ihre Regierungsform einen so großen Einfluß hätte; dies war eine thörichte Besorgniß: denn Friedrich, der Erste, war gewiß nicht Willens, gegen die Reichskonstitutionen etwas vorzunehmen, die er als eins der vornehmsten Glieder des Reichs zu schützen versprochen hatte.

**) Hist. Nachr. v. Nordh. S. 574.

Der Kaiser forderte von dem König, daß er seine Truppen zurück rufen, und die Sache dem Kammergericht überlassen sollte. Friedrich, der Erste, war ganz ruhig dabei, weil er glaubte, nichts gegen die Reichsgesetze gethan zu haben, sondern nur Andern in der Besitznehmung von Nordhausen zuvor gekommen zu seyn. Indeß befahl er doch dem Obersten Tettau, der die Truppen in Nordhausen kommandirte, der Stadt bei Ausbesserung der Mauern keine Unkosten zu verursachen, sondern vielmehr alles aus der königlichen Kasse zu nehmen. Zugleich muste Tettau die Stadt von der Gnade des Königs versichern, und ihr anzeigen, daß die Besitznehmung blos geschehen sey, um zu verhindern, daß Andere, die nach dem Schultheißen-Amt trachteten, ihm nicht zuvorkämen; er wollte sich nur wegen des Schutzes der Stadt, und wegen seiner übrigen Rechte mit ihr in Richtigkeit setzen; sie sollten deshalb Gesandte nach Berlin schicken, alsdann sollten sie alle Ruhe und Schutz genießen. Ich mag hier nicht untersuchen, ob es für Nordhausen besser wäre, wenn es unter Preußischem Schutze stände, sondern nur so viel sagen, daß bis jezt Nordhausen aus der Grafschaft Hohenstein, den größten Theil seiner Bedürfnisse nehmen muß; ja die Nordhäuser betrachten sich nicht selten selbst als Hohensteiner, suchen Aemter in der Grafschaft, und erhalten sie!! —

Der König erreichte seine Absicht; seine Rechte wurden anerkannt, und wegen der Schutzgerechtigkeit alles in Ordnung gebracht, wovon dann auch gleich der Preußische Gesandte auf dem Reichstage in Regensburg Anzeige that. Nun verließen die Preußischen Truppen die Stadt bis auf zwei Kompagnien, und auch diese versprach der König zurück zu rufen, wenn Hannover versichern würde, nichts eigenmächtig gegen Nordhausen zu unternehmen. Weil indeß die Hildes-

hei-

heimischen Unruhen nicht aufhörten; so hörte auch die
Besorgniß des Königs nicht auf. Er schickte am 5ten
März 1711, den Generalmajor von Lethmat mit
dreihundert Mann Infanterie, einigen Reutern und
zehn Kanonen nach Nordhausen. Er erklärte den Abgeordneten des Stadtraths, daß die von Braunschweig-
Lüneburg geschehene Besitznehmung der Städte Hildesheim und Peina, den König wegen der Sicherheit Nord-
hausens besorgt mache; die preußischen Völker wären blos zur Beschützung der Stadt eingerückt, und
der König hoffe, daß auch die Stadt zu ihrer eigenen
Vertheidigung ihm die Hand bieten werde. Da aber
der König den Nordhäusern nicht recht trauen konnte,
denn sie wollten einst die Besatzung, die vor das Thor
gerückt war, um hier ihre Kriegsübungen zu halten,
nicht wieder hinein lassen: so ließ er den 12ten Jun.
noch zwei Bataillons über Magdeburg nach Nordhausen rücken. Diese preußischen Truppen lagen nun beständig hier bis endlich 1715 den 22sten May die Sache
geendigt wurde. Der neue König Friedrich Wilhelm,
der Erste, verkaufte nämlich seine Ansprüche auf Nordhausen dem dasigen Stadtrath, und zwar

1) das Schutzrecht. Hierbei wurde ausbedungen,
daß Nordhausen keinen Dritten jemals zum
Schutzherrn nehmen sollte, es sey denn mit Kur-
Brandenburgischer und Hannoverischer Erlaubniß, oder auf den Fuß der Reichs- und Kreisver-
fassung durch Kaiserliche Verordnung.

2) Das Besatzungsrecht und Einquartirung der
Soldaten;

3) alle Dokumente und Urkunden, die etwa die Königlichen Bedienten aus den Archiven genommen,
sollten zurück gegeben werden;

4) das

4) das Reichsſchultheißen-Amt und die Reichsvogtei mit allen davon abhängenden Rechten. Der Walkenrieder-Hof wurde davon ausgenommen.

Für alle dieſe Rechte, die der Stadt verkauft wurden, erhielt der König funfzigtauſend Thaler nach dem Leipziger Fuß vom Jahr 1690, da die Mark fein Silber zu zwölf Thaler ausgemünzt wurde. Friedrich, der Erſte, hatte 1705 die Summe von dreizehntauſend Thalern, wofür das Schultheißen-Amt von Sachſen, der Stadt verſetzt war, in Nordhauſen niedergelegt. Dieſe Summe erhielt der König zurück, und noch ſieben und dreißigtauſend Thaler dazu.

Was den Walkenrieder-Hof in Nordhauſen betrift, wovon ſchon oben geredet iſt, den Brandenburg von Gotha erhalten hatte: ſo wurde feſtgeſetzt: „daß die königlichen preußiſchen Kollektur-Bediente auf dieſem Hofe von den bürgerlichen Oneribus, als Schoß-und Wachgeld u. ſ. w. frei ſeyn ſollen. Als Einwohner der Stadt aber ſind ſie der Stadt-Polizei unterworfen. Die Kollektur-Früchte und andere Einkünfte, die der König nach Nordhauſen bringen ließe, ſollten mit keinem Impoſt belegt werden, ſondern frei ſeyn. Wenn aber die Kollektur-Bediente in Nordhauſen Früchte aufkaufen, oder von andern Orten her in die Stadt bringen laſſen, die keine Kollektur-Pacht, oder Zinsfrüchte ſind, es ſey um Handlung damit zu treiben, oder ſie auf den Malzboden nach Woſleben zu liefern: ſo gehört dem Magiſtrat der hergebrachte Scheffelpfenning.

Nun hörten alle Prozeſſe in dieſer Sache auf; die Truppen zogen den 12ten Sept. ab.

In den neuern Zeiten entstanden einige Irrungen in Ansehung der Territorial-Gränzen zwischen dem Amt Hohenstein, und den daran stoßenden Kursächsischen Territorium, so wie auch wegen der Steuern von Crimderode und andern Ländern, die über der Nordhäusischen Straße liegen. Georg, der Zweite, und Friedrich August, von Pohlen, verglichen sich deshalb durch ihre Commissarien in Nordhausen im Jahr 1734, in einem förmlichen Rezeß. Preußen war bei der Sache nicht intereßirt.

Funfzehntes Kapitel

enthält die Religionsgeschichte der Grafschaft Hohenstein, von der Reformation an, bis auf die jezigen Zeiten.

———————

Unter der Regierung Graf Ernst, des Fünften, ging die wichtige Revolution vor, die dem Pabst und seinem Ansehen einen sehr beträchtlichen Stoß versetzte. Die Vernunft fing an, ihre Rechte, die so lange unter dem Anathema und den Bannstrahlen vergraben lagen, wieder zu erlangen. Luther war es, der die Menschen lehrte, ihr heiligstes Recht sich wieder zuzueignen. Er verscheuchte die Finsterniß nach seinen Kräften, und nach dem Maaß, welches ihm die Klugheit vorschrieb; er verbreitete so viel Licht, als seine Zeitgenossen ertragen konnten. Die Reformation verbreitete gar bald ihre wolthätigen Strahlen über ganz Deutschland, und auch über das Ausland. Im Jahre 1528 war kein Winkel in Deutschland, wo es nicht schon Protestanten gegeben hätte. In Hohenstein waren die beiden Klöster Ilfeld und Walkenried mit Mönchen besetzt, denen die Natur die Neugier nicht versagt hatte.

Ei-

Einige schaften sich heimlich Luthers Schriften an, lasen, durchdachten sie im Vergleich mit dem System der römischen Kirche, und der reinen Lehre Christi, und da die Vernunft durch die mehrere Liebe zu den Wissenschaften und Geschichte schon manches Vorrecht wieder erlangt hatte: so konnte es nicht anders seyn, Luthers Schriften mußten Eindruck machen. Indeß waren dies doch immer nur einzelne, die erleuchteter waren, denen aber Furcht vor der päbstlichen Obergewalt Stillschweigen gebot. Allein was hilft Gewalt! kann sie die Wahrheit unterdrücken? Wenn selbst der Irrthum bei vielen Menschen, besonders den Nichtdenkenden hinreichend ist, sie zu Handlungen anzutreiben, wie vielmehr wird es Wahrheit thun? Diese wenigen Mönche in den beiden Klöstern wirkten im verborgenen, so viel sie konnten. Niemand will gern das, was er weiß, für sich allein behalten; der dem Menschen natürliche Trieb der Mittheilung läßt sie nicht unthätig seyn. Ohnerachtet der strengen Aufsicht ihrer Obern, lasen und sprachen die Mönche unter einander freier über Glaubenssachen, ja sie wußten endlich ihre Obern auf ihre Seite zu ziehen.

Der Anfang der Reformation wurde also in den Klöstern gemacht, und von hier aus mußte sich nach gerade das Licht von Dorf zu Dorf verbreiten. Es fanden sich zwar hin und wieder einige, die begierig nach der neuen Lehre waren, und sie bereitwillig annahmen. Doch war dies nur Duldung von den Grafen, denn 1546, wurde erst erlaubt, die Reformation überall in der Grafschaft Hohenstein einzuführen. Ehe dies geschahe, ist manches merkwürdig für diese Zeiten, was ich nicht übergehen darf, weil es vorzüglich die Grafschaft betrift, die nicht wenig dabei gelitten hat.

Jede

Jede gute Sache hat noch eine gewiſſe Neben-
ſeite, durch die ſie oft eher Eingang findet, als durch ſich
ſelbſt. Von dieſer Art war die Lehre von der chriſtli-
chen Freiheit. Der gute Luther wurde von manchem
ſeiner Schüler mißverſtanden. Jeder hielt ſich für
berechtigt, in dieſen neuen Meinungen manches zu ändern, und hinzuzuſetzen, was ihm beliebte, und was er
für beſſer hielt. Luther konnte nicht erwarten, daß
die, die ſich ſeine Schüler nannten, durchaus eben das
denken und lehren ſollten, was er dachte und lehrte;
ja es war auch ſeine Abſicht nicht, daß alle ſeine Schüler bei ſeinem Syſtem ſtehen bleiben ſollten, aber von
den Schwärmereien, die eben dieſe Schüler, wegen
ſeiner übelverſtandenen Lehren, erregten, war er eben ſo
wenig Urheber als Beförderer, und man thut ihm gewiß Unrecht, wenn man ihm ſo etwas aufbürdet, wie
einige Schriftſteller zu thun nicht abgeneigt ſind. Er
predigte chriſtliche Freiheit von der Unterdrückung des
Pabſtes und ſeiner Geiſtlichen, und hatte die Wahrheit für ſich; aber was konnte er dafür, daß Schwärmer dieſen Satz umkehrten, ihm ihre eigene Erklärung
unterſchoben, und dadurch die Leidenſchaften der nie-
drigſten Menſchenklaſſe, und beſonders den Trieb rege
machten, ſich einer Ordnung zu widerſetzen, die Natur-
geſetze und Bibel beſtätigen.

Kaum fing die reine Lehre an, in den Gegenden
des Harz- und Thüringerwaldes bekannt zu werden: ſo
ereignete ſich ſchon ein Umſtand, der der Reformation
höchſt gefährlich werden konnte; nämlich der bekannte
Bauernkrieg. Der Urſprung dieſer Unruhen gehört
nach Schwaben und Franken, und muß dem zunehmen-
den Luxus der Fürſten, und der ſchlechten Lebensart
der Geiſtlichen zugeſchrieben werden. Die Fürſten lebten prächtiger, der Hofſtaat wurde glänzender, der Ausgaben mehr als ehemals, die Einnahmen blieben

die-

dieselben. Wovon sollte der Hofstaat unterhalten werden? Der Bauer, oder überhaupt die niedere Gattung von Unterthanen, muß den Fürsten und seine Bedienten ernähren, also fiel die Last auf diejenigen, die die Geburt gleichsam zum dienen und geben, bestimmt zu haben scheint. Diese arme Menschenklasse dient, und gibt geduldig, so lange sie kann; wenn man aber dem Bauer und Handarbeiter auch die nöthigsten Nahrungsmittel, als Brod, Bier und Brantewein durch Auflagen vertheuert: so nimmt man ihm das Kostbarste, was sein Tisch kennt, und sein Herz erfreuet. Nun verliehrt er die Geduld, und wie weit er dann in seiner Wuth gegen die, die er für seine Unterdrücker hält, gehen kann: dies zeigt dieser Bauernkrieg, der zugleich den sichersten Beweis abgeben kann, wie weit Menschen dieser Gattung durch Verführer geleitet werden können, und wozu übelverstandene Religionslehren mit Privatinteresse vergesellschaftet, den Menschen verleiten.

Die Geistlichen waren zu einer entsetzlichen Stufe von Stolz hinangestiegen, so, daß sich ein Würzburger Canonikus nicht schämte zu sagen: „Wenn Luther noch dreißig Jahre ausgeblieben wäre, wir Geistlichen hätten es dahin gebracht, daß die Bauern Heu und Stroh gefressen, und uns die Kapaunen gebraten gebracht, die Junker hätten uns sollen die Stiefeln, und Sporn putzen“ *). Luther sagte: Die blinden und thörichten Fürsten und Geistlichen wüthen nicht nur wider das Evangelium, sondern auch im Regiment. Wir mögen Niemanden auf Erden danken solches Unraths, denn euch Fürsten und Herren, sonderlich Pfaffen und Mönchen, die ihr noch heutiges Tages verstockt seyd, und nicht aufhört zu toben und zu wüthen, wider das

Evan-

*) Thomasii annot. in Monzamb. de statu imper. p. 249.

Evangelium, dazu im weltlichen Regiment nicht mehr thut, denn das ihr schindet und schätzet, um euren Hochmuth und Pracht zu führen, bis daß es der arme gemeine Mann nicht kann und mag länger ertragen. Das sollt ihr aber wissen, liebe Herren! Gott schafts also: daß man nicht kann, noch will, noch soll, eure Wütherei, in die länge mehr erdulden, thuns diese Bauern nicht, so müssens andere thun.“ Wenn sich gleich Luther in Absicht auf die Fürsten zu hart ausdrückt: so hatte er doch ganz Recht, in Rücksicht der Geistlichen. Dies wäre vielleicht die einzige Stelle, die Luthern zum Vorwurf gereichen könnte, wenn nicht schon der Krieg ausgebrochen gewesen wäre, als er dies sagte, und wenn nicht der Tumult in Franken und am Rhein a) überhand genommen hätte, da Luther noch Schüler war, wenn er nicht selbst an den Magistrat in Mühlhausen geschrieben, und ihn ermahnt hätte †); Münzern nicht aufzunehmen, und wenn er sich überhaupt nicht alle Mühe gegeben hätte, den Tumult zu stillen *).

Schon 1502 widersetzten sich einige Bauergemeinden, bei Spewer, den Geistlichen, und führten beständig ein artiges passendes Verschen im Munde: „Was ist das für ein Wesen, für den Pfaffen kann Niemand genesen.“ Pabst Julius, der Zweite, war selbst
so

a) Luther in seinen Briefen sagt: Furore Satanae pergunt omnia miscere Thuringici et Franconici, hos justificare, horum misereri, illis favere, est deum negare, et de coelo velle delicere. —

†) Der Verfasser eines Sendschreibens an den Kanzler Müller zu Mansfeld, urtheilt ziemlich gleichgültig: Werden die Bauern Herrn: so wird der Teufel Abt; werden es die Tyrannen: so wird seine Mutter Aebtißin werden.

*) Sleidan. lib. V. init.

so offenherzig, ein Geständniß zu thun, das zwar seinen
Vorsätzen zur Ehre, aber seinen Dienern zur Schande
gereicht *). „Ich sehe, sagte er: „voraus, wo nicht
„durch das Koncilium im Lateran, oder auf eine andere
„Art unser Lebenswandel gebessert wird, wo nicht unsere
„fleischlichen Begierden, als die Quelle alles Uebels, der
„göttlichen Liebe weichen müssen: so ists geschehen um
„die Gottseligkeit, und um alle die Güter, welche un-
„sere Vorfahren bei Vermehrung des Gottesdienstes
„gesammlet haben **), und die wir durch Nachläßigkeit
„verliehren werden; denn wenn ist doch unser Leben
„wollüstiger gewesen, unser Hochmuth leichtfertiger;
„wenn hat man sich mehr und ungescheuter unterstan-
„den, wider alle Gottseligkeit zu reden; wenn ist
„bei dem Volke eine größere Verachtung des Gottes-
„dienstes und der Sakramente gewesen?“ So sprach
ein Pabst im Jahr 1512; was werden andere Männer
von Einsichten gesagt haben? und ist es denn zu verwundern, wenn die niedrigste Klasse von Menschen, die
nicht lange Betrachtungen anstellen kann, gewaltsame
Mittel wählt, sich ein drückendes Joch vom Halse zu
schaffen?

In Franken und Schwaben war dieser Tumult
blos politisch, wie man aus den Artikeln siehet, welche
die Bauern aufgesetzt, oder vielmehr durch einen gewissen Schappler, Prediger in Memmingen, hatten
aufsetzen, und mit Stellen aus der Bibel bekräftigen
lassen. In Thüringen hingegen, wo er sich fortpflanz-
te,

*) Sekkendorf in Lutheranismo, lib. I. p. 6.

**) Man sehe die Preißschrift des Herrn v. Sartori: Ueber
die Mängel der Grundverfassung der geistlichen Staaten in
Deutschland. In einer Zeit von zweihundert und achtzig
Jahren sind mehr als zweihundert Millionen Gulden aus
Deutschland nach Rom gezahlt worden.

te, mischte sich Religion hinein, und Thomas Münzer, ein unächter Schüler Luthers, wußte durch seine Schwärmerei mehrere Tausende anzustecken. Nichs kann den gemeinen Mann, der sich von seiner Obrigkeit bedrückt glaubt, mehr zur Empörung reizen, als wenn er sich durch Religion zur Widersetzung befehligt hält. Dazu kommt vielleicht noch dies, daß er die Rechte der Menschheit gekränkt glaubt, und nach seiner Philosophie, sich die Unzulänglichkeit der Verpflichtung andere zu ernähren, und noch dazu sich von ihnen drücken zu lassen, vordemonstrirt, unbekümmert darum, daß die Religion selbst ihm den Gehorsam gegen die Obrigkeit zur heiligen Pflicht macht. Sind solche Schwärmer, die einen Religionskrieg zu führen glauben, erst einmal glücklich: so kennen sie weder Maaß noch Ziel; und wenn sonst eine kleine Anzahl Truppen hinreichend war, sie zur Ruhe zu bringen, so sind dann Armeen nöthig. Es liegt dies in der Natur der Sache, weil sie sich für auserwählte Streiter ansehen, die unter dem unmittelbaren Schutz Gottes stehen. Sie sind Räuber und Mörder, und ihr Religions-Eifer leihet ihren schrecklichen Handlungen einen gefälligen Anstrich. Ein solcher Religions-Eifer kann mit einem solchen Verfahren sehr wohl bestehen; ja, das letztere kann sogar eine Folge desselben seyn. Als Gottfried von Bouillon in dem ersten Kreuzzuge Jerusalem eroberte, und die Christen so unter den Türken morbeten, daß das Blut in Strömen die Straßen hinabfloß, so waren demohnerachtet diese frommen Mörder fähig mit blutigen Händen zum heiligen Grabe zu laufen, daselbst ihr Gebet zu verrichten, und dann das Morden von neuen anzufangen.

Dies waren Bemerkungen, die mir der Leser verzeihen wird, daß ich sie niederschrieb; die sonderbare Erscheinung dieses Bauernkrieges veranlaßte sie. Man wird in der Erzählung dieses Krieges manches finden,

was

was man sonst nicht, wenigstens nicht im Zusammen-
hange, wird gefunden haben. Weil dieser Krieg vorzüglich die Gegend betrift, deren Geschichte ich liefere,
so will ich ihn etwas weitläufiger erzählen, als es wol eigentlich hierher gehörte.

Heinrich Pfeiffer, sonst Schwerdtfeger genannt,
ein aus dem Kloster Reiffenstein entlaufener Mönch,
trat in Mühlhausen auf, und predigte gegen die Pfaffen
und ihre Ausschweifungen. Als am Sonntage Sep-
tuagesimä ein Ausrufer von einem hohen Steine, nach
damaliger Gewohnheit Bier und Wein ausrief: so
stellte sich Pfeiffer auf denselben Stein, und rief:
„Hört mich, ihr Bürger, ich will euch ein ander Bier
verkündigen." Hierauf fing er an, über das Sonntags-
Evangelium zu predigen, schalt die Klerisei, und deckte
ihre Fehler auf. Dies war gerade die Materie, wodurch
sich ein Schwärmer Anhang verschaffen konnte. Er
schloß, mit dem Versprechen, den folgenden Tag wieder
an diesem Orte zu lehren. Der Magistrat, besorgt wegen
der öffentlichen Ruhe, ließ ihn auf das Rathhaus fordern. Pfeiffer antwortete: erst müsse er seine Predigt
halten, dann wolle er erscheinen. Er erschien auch
nach gehaltener Predigt, aber mit einer solchen Menge
von seinen Anhängern umgeben, daß der Magistrat
nicht für rathsam hielt, etwas über ihn zu beschließen.
Pfeiffer fuhr fort zu lehren, und der Tumult ward
größer. Der Magistrat ließ ihn nochmals fordern.
Pfeiffer aber, durch den ersten Versuch kühner gemacht, forderte ein sicher Geleit, und als man es ihm
abschlug: so stellte er sich auf seine steinerne Kanzel, und
rief: „Wer bei diesem Evangelio bleiben will, der hebe
seine Finger auf." Mann und Weib streckten die
Finger empor, und schwuren seinem Evangelio Treue.
Nach diesem feierlichen Akt ermahnte er sie, auseinan-
ander zu gehen, Waffen anzulegen, und zum Streit

gerüstet, sich auf dem Marien- Kirchhofe zu versamm-
len. Sein Befehl wurde wetteifernd vollzogen. In
dieser militärischen Versammlung wurden acht Deputirte an den Magistrat ernannt, um für Pfeiffern ein
sicheres Geleite zu erhalten.

Während dieses Tumults kam noch ein neuer
Schwärmer in die Stadt, der durchaus die Kanzel be-
steigen wollte, aber schlechterdings keine Erlaubniß dazu erhielt. Nun ging Hildebrand, so hieß dieser
Schwärmer, in ein Haus, und predigte zum Gibel heraus. —

Der Tumult wurde so groß, und der Zulauf von
den benachbarten Dörfern nahm so überhand, daß der
Magistrat, der ohne viele Unruhe die Schwärmer gern
los gewesen wäre, die Thore besetzen lassen mußte. Aber
alle Behutsamkeit und alle Klugheit des Magistrats war
vergebens, weil die Sache schon zu weit gediehen war.
Einst liefen die Schwärmer mit gräßlichem Geschrei
des Nachts in der Stadt umher, und forderten Einige
mit Namen zum Tode heraus. Die reichsten Familien, und alle gute Bürger, die einen Abscheu an solcher Raserei hatten, zogen am frühen Morgen aus der
Stadt. Endlich gingen die Schwärmer so weit, daß
sie den Magistrat erwürgen wollten, der sich kaum durch
Unterhandlungen mit den acht Deputirten rettete *).
Hierauf fielen die Weiber und Mädchen über die Häuser
der Geistlichen her, schleppten fort, was sie davon tragen
konnten, das übrige verdarben sie.

Unter diesen Unruhen trat Thomas Münzer auf,
ein Schwärmer der ersten Größe. Er war aus Stollberg gebürtig, wo die Grafen seinen Vater hatten hängen lassen. Diesem Umstande muß man die erste Ver-
anlassung zu seinen Unruhen zuschreiben. Er wollte sich
an

*) Binhard und Becherer Thüringische Chroniken.

an den Grafen durch Aufwiegelung der Unterthanen rächen, und da er den Tumult in Schwaben und Franken, und nun auch die Unruhen in Mühlhausen erfuhr: so war sein Entschluß fest. Er predigte, wie Pfeiffer, von christlicher Freiheit. In der Wiperti-Kirche zu Altstädt, die damals der Abtei Walkenried zugehörte, trat er einst auf, und wollte beweisen, daß die Obrigkeit nicht blos unnütz, sondern sogar schädlich und gegen Gottes Gebot sey. Dies war der Ton, der den Ohren der unterdrückten Bauern angenehm war, und dem Aufrührer Zuhörer verschaffte. Er lief aus Altstädt, wo er als Prediger stand, auf das Dorf Müllerbach, schmiß die Bilder aus der Kirche, und richtete großes Unheil an. Kurfürst Friedrich, der Weise, ließ ihn auf Luthers Ansuchen aus dem Lande bringen*). Münzer ging nach Nürnberg, und als er auch hier keine günstige Aufnahme fand: so begab er sich nach Mühlhausen, wo man begierig auf ihn wartete. Bei seiner Ankunft entstand ein dreitägiger Aufruhr; die Folge war, daß Münzer und Pfeiffer die Stadt verlassen mußten. Allein sie schlichen sich bald wieder heimlich hinein, und setzten ihre Schwärmereien fort.

Der Magistrat schickte hierauf den Berlet Probst, als Gesandten, an Kaiser Karl, des Fünften, Bruder, Ferdinand, der Statthalter in Deutschland war, um Bericht von der Sache abzustatten, und sich Unterstützung auszubitten. Ferdinand war damals nicht in Deutschland, und der Gesandte kam unverrichteter Sache wieder zurück.

Unterdeß hatte der Pöbel den Münzer zum Oberpfarrer gemacht, der nun in seiner Dreistigkeit so weit ging, daß er für sich und seinen Freund Pfeiffer, eine Stelle in dem Rath forderte. Als man diesen seinen Gesuch, wie billig, abschlug: so stürmten die Schwär-

R 2

mer

*) Sleidan lib. V. init.

mer das Rathhaus, entsetzten die Rathsherrn ihrer Aemter, und bestellten einen neuen Rath, der ewig dauren sollte. Alles mußte diesem neuen Rathe huldigen. Die Ewigkeit dauerte aber nur zehn Wochen. Münzer wurde Dictator in diesem Rathe. Seine Aussprüche hielt man für heilig, und von Gott selbst eingegeben.

Münzers eifrigster Wunsch war nun, eine Gemeinschaft der Güter einzuführen. Ein Hirngespinnst mehrerer Schwärmer. Dies verleitete die Handwerker, besonders Schuster und Schneider, die überhaupt wegen ihrer sitzenden Lebensart zur Schwärmerei geneigt sind, ihre Werkstätte zu verlassen, in der Meinung: ehe sie die Güter der Adelichen, Fürsten und Klöster aufgezehrt hätten, würde Gott schon mehr geben. Sie reitzten mehrere nahe und fern wohnende Landleute, die besonders unter dem Druck der Klöster standen, ein gleiches zu thun, und eine Ordnung zu verlassen, die zu den weisesten Einrichtungen der Vorsehung gehört, wodurch die wechselseitige Befriedigung der Bedürfnisse, die dazu nöthigen Tugenden befördert werden, und durch die das Band der Gesellschaft festgeknüpft ist.

Als Münzer hörte, daß die Waffen der schwäbischen Bauern einen glücklichen Fortgang hätten: so ließ er in dem Barfüßerkloster Geschütz gießen, und zog mehrere Bauern durch mancherlei leere Hoffnungen an sich; denn sich todtschießen zu lassen, dazu mochten die Mühlhäuser Bürger nicht recht Lust haben, oder vielleicht auch schon Mißtrauen in ihn setzen. Unterdeß war in Langensalza ein Tumult ausgebrochen; Münzer zog den 26sten April 1525, mit vierhundert Mann, meistentheils frembes Gesindel, seinen Brüdern zu Hülfe. Sein Feldzeichen war, eine weiße Fahne, darin ein Regenbogen stand. In Langensalza aber ließ

man

man dies Gesindel nicht ein, sondern gab ihnen zwei
Fässer Bier, damit zogen sie wieder ab, bis nach Hongeda.
Von hieraus schwärmte Münzer umher, raubte und
plünderte, was er fand. Ganz unvermuthet kam ein
Schwarm Eichsfelder zu ihm mit neun Wagen voll
Speck, Glocken, Hausgeräthe und Geschmeide, wel-
ches sie nach ihrer Aussage den Klöstern genommen hatten.
Münzer empfing sie sehr wol, setzte sich auf ein Pferd,
hielt eine Predigt, und theilte dann den Raub unter sie.
Auf den Antrieb dieser Ankömmlinge, zog er nach
dem Eichsfelde, besonders nach Duderstadt und
Heiligenstadt, und forderte Baals und Nimrods —
geistliche und weltliche, Güter. Von den Meßgewän-
den und Caseln, die er in den Klöstern bekam, ließ er
seiner Frauen Kleider, Jacken und Koller machen*). —
Hieran hatte er noch nicht genug, er wollte seine Anhänger nun einmal recht auf die Probe stellen, und
dazu schienen ihm die Umstände sehr bequem. Er
hörte jezt, daß die Fürsten sich gegen ihn aufmach-
ten. Was konnte er hoffen, wenn er sie besieg-
te? — Er gab vor, es sey ihm im Traum offen-
bart, nach dem Aufgang der Sonne zu ziehen; wer
von den Seinen dazu nicht Lust hätte, möchte heimkeh-
ren. Viele verließen ihn, und besonders die Bürger
von Mühlhausen; mit den übrigen zog er nach Frankenhausen. Hier hatte er die Kühnheit, an die
Grafen von Mansfeld, Albert und Ernst zu schreiben: „Er würde mit seinem Heer bald bei ihnen seyn,
und pinkpank mit ihnen auf Nimrods Amboß
spielen, d. h., sie hinrichten lassen. In andern Briefen
nennt er des Grafen Ermahnungen lahme, schale
Fratzen, und ihn selbst einen elenden dürftigen Ma-

R 3

den-

*) Strobels Beiträge zur Litteratur des sechzehnten Jahrhun-
derts, S. 62 u. f., steht ein artiger Dialog zwischen einem
Schwärmer und Bauer über Münzern.

densack.   Es zogen auch schon einige Bauern nach
Mansfeld, aber die Grafen kamen ihnen mit einer
Anzahl Reuter entgegen, und schlugen zweihundert der‐
selben tobt; die andern gingen nach Frankenhausen zu‐
rück, wo sie einen Schwarm aus Franken zu finden
hoften; aber getäuscht wurden *).

Deutschland hatte damals sein Oberhaupt nicht in
seinen Gränzen. Karl, der Fünfte, war eben in dem
heftigsten Kriege mit Franz, dem Ersten, von Frank‐
reich begriffen, den er sogar bei Pavia, durch den, vom
Franz zu ihm übergegangenen, Connetable von Bour‐
bon, gefangen nahm **). Es traten also die benach‐
barten Fürsten, Herzog Georg, und Kurfürst Jo‐
hann von Sachsen; Philipp, von Hessen, Heinrich von
Braunschweig, zusammen, und zogen mit funfzehnhundert
Reutern und einiger Infanterie, den Bauern entgegen.
Welcher Fürst würgt gern seine Unterthanen? Sie
boten ihnen Gnade an, wenn sie ruhig heimziehen woll‐
ten. Münzer, der wol sahe, daß die Strafe des
Verbrechens auf den Urheber zurück fallen würde, trat
unter seinen Bauern auf, und bewog sie durch eine Re‐
de, die angebotene Gnade zu verwerfen, und in ihrer
Empörung zu beharren. Er versprach, alle Kugeln
mit seinen Aermeln aufzufangen. Besonders aber
machte der Regenbogen, sein Feldzeichen, der sich eben
am Himmel zeigte, und den Münzer gut zu benutzen
wußte, auf die Gemüther seiner Soldaten großen
Eindruck ***). Die Fürsten hatten den Graf Wolf
von

*) Mehrere specielle Nachrichten findet man in Strobels Bei‐
trägen zur Litteratur, des sechzehnten Jahrhunderts, im
1sten St. des 2ten B.

**) Robertson 2ter Th. S. 334 u. f.

***) Sleidanus lib. V. hist. reform.

von Stollberg, und einen jungen adelichen Mater von
Gehofen, mit den Friedensvorschlägen an sie abgeschickt, über diese fiel der rasende Haufe nun her, legte
den Grafen in Ketten, und den Gehofen jagten sie
durch die Spieße. Diese, gegen das Völkerrecht lau-
fende Handlung, machte die Wuth der fürstlichen Soldaten rege, und spannte ihre Rachbegierde aufs höchste,
die der junge Landgraf Philipp von Hessen, durch seine
Ermunterungen zu unterhalten wußte.

Man that einen Angriff, und der Donner des Ge-
schützes, das Stampfen der Pferde setzte die Bauern so in Schrecken, daß sie aus voller Kehle sangen*):
„Nun bitten wir den heiligen Geist! Sie
wurden geschlagen, ihre Wagenburg zerstört: Da sie
schon alles verlohren hatten, hoften doch einige noch auf
Hülfe vom Himmel, und wiederholten das angeführte
Lied. Es blieben in diesem Treffen bei Frankenhausen
wenigstens fünftausend Bauern, ohne die, die auf der
Flucht ermordet wurden **). In Frankenhausen bekam man dreihundert gefangen, die alle hingerichtet
wurden.

Münzer hatte sich in dieser Stadt in einem nahe
am Thore gelegenen Hause versteckt, um wo möglich
entfliehen zu können. Ein lüneburger Edelmann Otto
von Eppe bekam in demselben Hause sein Quartier.
Des Ritters Knappe ging auf den Boden, in der Absicht zu stehlen, und fand hier den feindlichen General

R 4

auf

*) Sleidanus lib. V. init. — cantionem — qua sancti spiri-
tus imploratur auxilium.

**) Siehe Strobel in den Beitr. zur Litteratur des sechzehn-
ten Jahrhunderts, S. 11, wo in einem Briefe vom Jahr
1568 nur quingenti fünfhundert angegeben werden; dies
ist falsch.

auf dem Bette liegen, unter vorgeblichem Paroxismus des Fiebers. Der Knappe verkannte ihn zwar, ließ sich aber dadurch nicht von seinem Vorhaben abbringen. Er durchsuchte die Tasche des Patienten, und fand statt Geld, einen Brief des Grafen Albrecht von Mansfeld, an Münzern, worin er ihm von dem Tumult abgerathen hatte. Münzer mußte sich nun entdecken. Man führte ihn zu dem Landgrafen Philipp, und dem Herzog Georg. Auf die Frage des Herzogs: „Was ihn zu dem Tumult bewogen habe? antwortete er: „man muß den Fürsten Zaum und Gebiß anlegen. Hierauf wurde er peinlich befragt. Die Schmerzen preßten ihm ein entsetzliches Geschrei aus. Herzog Georg, der bei ihm stand, rief ihm zu: „Du wirst jezt gemartert, aber bedenke, wie viele Einfältige du hin gerichtet hast. Münzer antwortete lachend: „sie haben es ja so haben wollen."

Hierauf gingen die Fürsten nach Mühlhausen, wo Pfeiffer war, der sich aber schon mit seinem Anhang entfernt hatte, wovon jedoch die Meisten bei Eisenach gefangen, und in das Lager der Fürsten zurück gebracht wurden. Aus Mühlhausen selbst kamen Weiber und Mädchen, jene in einer Art von Trauer, und diese mit Wermuth Kränzen um die Stirn, unter Anführung einer verständigen Matrone, Namens Wibich ins Lager und baten um Gnade *). Eben dies thaten alle Mannspersonen jung und alt mit entblößten Häuptern, barfuß und gefalteten Händen. Die Fürsten verziehen allen, die Anführer ausgenommen. Münzer wurde enthauptet, sein Kopf auf eine Stange gesteckt, sein Leib gespießt. Seine Angst bei der Exekution war so groß, daß er auch nicht einmal den christlichen Glauben allein beten konnte. Herzog Heinrich, von Braunschweig

*) Binhard und Becherer Thür. Chr.

schweig half ihm ein. Dasselbe Schicksal hatte Pfeiffer, und einige andere. Die Fürsten setzten hierauf den
alten Rath wieder ein, und zogen nach mehreren getroffenen guten Anstalten heim.

Eben zu der Zeit, als das Treffen bei Frankenhausen geliefert worden war, kam noch ein anderer
Schwarm Bauern an, um ihren Brüdern zu helfen,
kehrten aber bald bestürzt zurück, als sie die traurige
Nachricht erhielten. Dies waren Klettenbergische und
Scharzfeldische Bauern, die mit halbem Ohr von der
evangelischen Freiheit hörten, die Münzer predigte, und
sich zusammen rottirten, um so gleich Gebrauch von diesem edlen Gute zu machen. Ohngefähr achthundert schwärmten unter zwölf Hauptleuten umher,
und richteten erschreckliche Verwüstungen an. Dieser
rasende Haufe fiel über die Abte Walkenried her, weil
man hier die meiste Beute hofte. Die Mönche baten
ihren Abt Paul um ein Viatikum, und entflohen mit
Verlassung alles dessen, was ihnen lieb gewesen war.
Die Bauern erbrachen bei Weinkeller, und was sie
nicht saufen konnten, ließen sie auf die Erde laufen,
zerstörten den prächtigen Thurm, die große Glocke,
die Bibliothek, die aus den besten theologischen Büchern
bestand, zu deren Sammlung man im funfzehnten
Jahrhundert eine große Summe Geld angewendet
hatte *). Sie schleppten die Bücher auf die Straße,
und bahnten sich dadurch einen Weg durch den Koth.

R 5

Bei

---

*) Ekstorm. Chron. Walkenr. p. 155. In diesem Jahr-
hundert hörten die Mönche auf Güter zu kaufen, vermuthlich, weil sich keine Verkäufer fanden, und in Walkenried
sowol, als Ilfeld, legten sie sich mehr auf Wissenschaften.
Obgleich die Theologie damals durch die scholastischen Spitz-
findigkeiten noch sehr verdunkelt war: so schimmerte doch
bis-

Bei dieſem Tumult gaben ſich die vortreflichen Grafen, Heinrich und Ernſt, wovon der erſtere zu Ell-rich ein Privatleben führte, der andere aber an der Regierung war, alle Mühe, die Unruhigen zur Ruhe zu bringen. Sie kamen verſchiedene mal ſelbſt in das Stift, baten die Bauern aufs freundſchaftlichſte, daß ſie doch von ihrer Raſerei abſtehen, und jeder ſtille zu den Seinigen gehen möchte. Allein alles Zureden half nichts. Gründe können nur den über-zeugen, der ſie hören will. Die Grafen mußten ſich endlich ſelbſt in ihre Brüderſchaft aufnehmen laſſen. Der Karakter dieſer Schwärmer iſt ſo ſonderbar, daß ich nicht umhin kann, noch ein paar, wenn auch eben nicht wichtige, doch wenigſtens unterhaltende Anekdo-ten zu erzählen. Als einſt die Grafen in Walkenried waren, und ihre raſenden Brüder durch gute Worte zur Ruhe zu bringen ſuchten: ſo ließen es ſich dieſe im Gegentheil recht angelegen ſeyn, einen prächtigen Auf-zug und Exercitium zu machen. Sie beſchloſſen nach ihrem gewöhnlichen Exercitienplaß gegen den Geierberg zu rücken, und die Grafen als Zuſchauer ihrer Künſte einzuladen. Die Grafen mochten ſich ſträuben, wie ſie wollten: ſo mußten ſie doch endlich folgen, um das Uebel nicht ärger zu machen. Jeder Bauer ergriff ſein ruſtikaliſches Inſtrument, und ſtellte ſich in Reih und Glied. Die beiden Grafen gingen vorauf, und in ih-rer Mitte der Hauptanführer, Hans Arnold, ein Schaafhirt aus Bartelsfelde. Stolz auf ſeine cha-peaux d'honneur, drehete ſich der Schäfer frech auf einem Bein herum, und ſagte zum Graf Ernſt: „Sieh', Bruder Ernſt! den Krieg kann Ich führen, was kannſt Du?“ Der Graf antwortete: „Ey Hans,
bis

____

bisweilen ein helleres Fünkchen ſchlichter Vernunft hervor, wie ein Glaubensbekenntniß der fünf Brüder in Walkenried zeigt.

bis zufrieden, das Bier ist noch nicht in dem Fasse,
darin es gähren soll!" Arnold und seine umstehenden
Bauern nahmen dies so übel, daß sie den Grafen häß-
lich behandelt haben würden, wenn er sich nicht auf das
Bitten gelegt, und sich so auf eine gute Art losgemacht
hätte.

Nachdem sie in Walkenried alles aufgezehrt und
verdorben hatten: so beschlossen sie am Sonntage Kan-
tate, den 15ten May 1525 nach Frankenhausen zu
ziehen, und sich mit Münzers Armee zu vereinigen.
Ehe sie aber die Grafschaft verließen, plünderten sie
noch die beiden Klöster Mönchelohra und Dietenborn,
nebst der Kirche zum Elende, wo sich der Geistliche,
und mehrere Einwohner durch einige Bienenstöcke, die
sie in Unruhe brachten, gegen ihre Wuth schützten.
Auf dem Zuge nach Frankenhausen, übernachteten sie
noch einmal bei dem Hohensteinischen Vorwerk Flarichs-
mühle, auf der dabei gelegenen großen Wiese. Graf
Ernst war ihnen entwischt, sie ließen daher am folgenden Morgen dieses Schreiben an ihn ergehn *):

"Unserm freundlichen lieben Bruder, Ernsten,
"von Hohenstein, Schaffner des Landes Hohenstein!"

"Gnade und Friede von Gott, unserm Herrn!
"lieber Bruder, Ernst von Hohenstein! Wir fügen
"euch zu wissen, daß die christliche Versammlung und
"Gemeine, Klettenbergischer und Scharzfeldischer Pfle-
"ge, auf der Wiese bei der Flarichs-Mühle bei ein-
"ander sind. Ist demnach unsere freundliche Bitte,
"Ihr wollet auf diesen Morgen früh bei uns an den
"benannten Ort erscheinen; denn wir mit Euch zu re-
"den haben, daran Euch und uns merklich gelegen ist.
                                                    "Da-

*) Ekstorm Chron. Walkenr. p. 149.

„Datum Montags Anno 1525. Bitten Eure zuver-
„läſſige Antwort: (Unterſchrift) die chriſtliche Gemeine
„zu Walkenried. "

Dies Schreiben hatte Johann Golz, Pach-
ter in der Flarichsmühle, die an Walkenried gehörte,
aufgeſetzt, und er würde gewiß hernach mit ſeinem Leben dafür haben büßen müſſen, wenn er nicht dargethan
hätte, daß er gezwungen worden wäre, den Aufſatz zu
machen.

Graf Ernſt trauete ſeinen zudringlichen Brüdern
nicht; er blieb zurück. Die Bauern ließen es dabei
bewenden, und zogen weiter nach Frankenhauſen.
Kaum aber waren ſie in Heeringen angekommen, als
ſie die traurige Nachricht bekamen, daß ihre Brüder
von dem vereinigten Heere der Fürſten geſchlagen, und
Münzer gefangen ſey. Dies war ein Donnerſchlag in
ihren Ohren. Wo ſollten ſie nun hin? nach Hauſe
gehen, und die verdiente Strafe von ihrem Herrn erwarten? und doch war dies das einzige Mittel. Sie
liefen in der größten Unordnung nach ihren Dörfern,
und verkrochen ſich. Die Grafen ließen verſchiedene
Rädelsführer aufgreifen, und eine Spanne kürzer machen. Unter dieſen war auch ein Töpfer aus Ellrich,
der äußerſt für ſein Leben beſorgt war. In dieſer Angſt
kam er zum Graf Ernſt, und bat ihn demüthigſt zu
Gevatter, weil ſeine Frau gerade niedergekommen war.
Der Graf verziehe ihm nun zwar, aber der Töpfer
mußte verſprechen, daß er, ſo lange er lebte, alle Oe-
fen zu Lohra und Klettenberg ohnentgeltlich ausbeſſern
und ſchmieren wollte. Ein guter Regent ſtraft nur,
um zu beſſern, den Verbrecher durch unangenehme Empfindungen, und andere durch Beiſpiele. Wird dieſe
Abſicht erreicht durch eine kleinere Strafe: ſo iſt es
Pflicht, ſie der größern vorzuziehen. Gewiß hatte der
ſanfte

fanfte Graf die Abficht, den Töpfer auf immer daran zu erinnern, welche Thorheit er begangen hätte, und daß fein Leben ein Gefchenk feiner Großmuth fey.

Die übrigen verführten Hohenfteinifchen Bauern, mußten fich gegen die Erndtezeit an einem beftimmten Tage bei Schiedungen an dem großen Teiche, der hier mit der Helm einen Damm macht, einfinden. Ernft erfchien mit feinem Adel bewaffnet. Er warf hierauf die Frage auf: wie er diefe Aufrührer beftrafen folle? Berend von Tettenborn antwortete: „Es ift billig und Recht, daß jeder Edelmann neun Bauern an feinen Jägerfpieß auffecke, und umbringe." Dies Urtheil war die Folge feiner Leidenfchaften, denn die Bauern hatten feinen Sohn Dietrich, erfchlagen, und fein Gut Schernberg verwüftet. — Andere vom Adel riethen: man folle fie alle in den großen Teich jagen, und darin erfäufen *). Nur ein Einziger, Namens Balthafar von Sundhaufen, war für die Begnadigung der Bauern, die fich der Graf, ohnerachtet der harten Urtheile des Adels vorgefetzt hatte. Sundhaufen fagte: „Es „ift wahr, diefer elende Haufe hat den Tod verdient; „allein wenn fie ums Leben gebracht werden, wer will „dem Herrn Grafen die Dienfte thun, und die Ländereien beftellen? nicht zu gedenken der Witwen und „Waifen, die hierdurch unglücklich werden, wovon uns „die Graffchaft Schwarzburg ein Beifpiel abgeben „kann. Ich halte dafür, man fchenkt ihnen das Leben, „und belegt einen jeden nach feinem Vermögen mit ei„ner leiblichen Geldftrafe." Diefen Grundfatz Sund„haufens haben in der Folge die Regenten richtig einge„fehen. Sie ftrafen den Verbrecher nicht gleich am Leben, fondern die Strafe muß andern Menfchen, und vorzüglich dem gemeinen Beften zum Vortheil gereichen,

von

*) v. Rohr geogr. hiftor. Merkwürdigf. des Oberharzes.

von dieser Art sind Zucht- und Spinnhäuser, Vestungs-
arbeit. — Dem Graf Ernst gefiel dieser vernünftige
Rath Sundhausens so sehr, daß er öffentlich ausrief:
„Sundhausen! Du hast heute geredt, wie ein ehrli-
cher Mann; Dein Wort soll Ehre haben. Die übrigen Adelichen waren damit nicht zufrieden; und Ernst
mußte den Sundhausen, der Sicherheit wegen, durch
seine Leute nach Nordhausen bringen lassen, wo er Ritt-
meister und Stadthauptmann war. Die Bauern mußten eine Geldstrafe erlegen, die aber bei Keinem über vier
Gulden betrug.

Die Spuren dieses verwüstenden Tumults, sind
lange sichtbar gewesen, und nur verdoppelter Fleiß konnte in etwas den Schaden wieder gut machen. Der
einzige Vortheil, den dieser Krieg hatte, war die Verminderung der Klöster: denn im Thüringischen, Halberstädtischen, Wernigeröddischen, zerstörten sie dreihundert Klöster, deren vorige Bewohner nun eine andere Lebensart anfingen. Die Mönche aus Walkenried sam-
melten sich nach und nach wieder in ihre Zellen, verließen sie aber auch bald wieder. Ihre Ueberzeugung
erlaubte ihnen nicht länger einer Lehre treu zu bleiben,
die sie für falsch hielten. Gleich zu Anfange der Reformation lasen sie, wie oben gesagt worden ist, fleißig
Luthers Schriften, der auch im Jahr 1525 selbst in
Walkenried gewesen seyn soll, wo man ihm durch eine
Fallthür nach dem Leben getrachtet. Dies ist übrigens noch nicht erwiesen. Einer von den Mönchen,
Johann, begab sich nach Verden, und fing daselbst
an, zu reformiren, wurde aber ein Opfer der Flamme.
Der Erzbischof von Bremen, und Administrator von
Verden, Christian, nahm dies den Mönchen so übel,
daß er die Thäter theils gefangen setzen ließ, theils ins
Exil jagte.

Von

Von diesen Walkenriedischen und Ilfeldischen Mönchen, muſte nun das hellere Licht der reinern Lehre der Grafſchaft aufgehen, und ſie waren es auch, die mit der Fackel der Vernunft und Offenbarung, den Aberglauben und cerimonienreichen Meßdienſt abſchafften. Zurückhaltung oder Klugheit im Vortrage, muſte aber doch ihre erſte Pflicht ſeyn. In der That wurde auch die Reformation in der Grafſchaft Hohenſtein ſpäter eingeführt, als in einigen benachbarten Ländern. Die Hinderniſſe waren mannichfaltig, zwar klein, aber doch wichtig genug, die gute Sache zu hindern. Graf Ernſt, der Fünfte, war den Lutheranern nicht günſtig, und Hohenſtein gehörte zur Mayntziſchen Dibceſe. —

Luthers Lehre hatte ſich mit unglaublicher Geſchwindigkeit, und unter vielen Begünſtigungen ausgebreitet, und mehrere Fürſten nahmen ſie an; unter dieſen war auch Heinrich, von Schwarzburg. Sein Vater, Günther, war ein ſo ſtrenger Katholik, daß er ſeinem Sohne nicht einmal die Privatübung der lutheriſchen Lehre zugeſtehen wollte. Heinrich wandte ſich an den Kurfürſt von Sachſen, und bat ihn, daß er ſich für ihn bei ſeinem Vater verwenden möchte. Der Kurfürſt konnte aber nur ſo viel ausrichten, daß ihm der Vater die Privatübung zugeſtand. Als ſich Heinrich nun einen evangeliſchen Hofprediger annehmen wollte, ſo wurde der Vater darüber ſo entrüſtet, daß er ihn von ſeinem Hofe in Arnſtadt verbannte. Heinrich begab ſich nach Rudolſtadt, wo er ſich bis an ſeines Vaters Tod ganz in der Stille aufhielt. Nach des Vaters Tode wurde nun durch ihn im Jahr 1533, die evangeliſche Lehre nach der Augſpurgiſchen Confeßion überall eingeführt. Auf dem Reichstage zu Regensburg 1541, traten die andern Grafen von Schwarzburg, Günther, der Vierzigſte, und Heinrich gleichfalls

zur Augsburgischen Confeßion über, und ließen nun
auch in Sondershausen Luthers Lehre einführen. Dies
gab den Mönchen in Walkenried und Ilfeld Muth und
Gelegenheit, freier, als bisher zu predigen. Sie verließen sich auf die Unterstützung des jungen Grafen Volkmar und seiner Brüder, die mit ihrem Vater Ernst,
dem Fünften, in Religionsachen verschiedener Meinung
waren. Sie begünstigten die neue Lehre sehr, und thaten ihr bei Lebzeiten ihres Vaters allen möglichen
Vorschub.

Der letzte Abt in Ilfeld, Thomas Stange, ein
berühmter Mann, der anfangs strenge die Regeln seines Ordens befolgte, fing endlich an mit dem Andreas
Marold, einem Conventualen, Luthers Schriften fleis-
sig zu studiren; und so gleich entstand bei ihm die Neigung, diese neue Lehre anzunehmen. Seinem Beispiele
folgten fast alle Conventualen. Sie entzogen sich der
Klosterzucht, und ließen sich als evangelische Prediger im
Hohensteinischen anstellen. Auf diese Art wurde die
Reformation in Ilfeld eingeführt. Als sich nun Stange allein sahe: so faßte er den Entschluß, um das Kloster vor dem Rückfall zu sichern, eine neue Schule in
demselben anzulegen. Er nahm einige Knaben auf,
und ließ sie durch den Marold unterrichten. Weil endlich dieser dem Geschäft allein nicht mehr vorstehen konnte: so berief Stange im Jahr 1550, den Michael Me-
änder, aus Nordhausen zu sich. Meander wurde der
erste Rektor der Schule, die durch den starken Zulauf
in kurzer Zeit in großen Ruf kam, so, daß Melanchthon ihr selbst das Lob ertheilte, daß von ihr tüchtige
Subjekte nach Wittenberg kämen. Noch itzt ist Ilfeld
eine gute Anstalt zur Erziehung junger Leute.

Nach der Zerstörung des Klosters Walkenried in
dem Bauernkriege ließen sich mehrere Mönche als Ortsprediger

prediger anstellen, und lehrten das Evangelium freier
als zuvor; Johann Crusius, zu Ellrich; Friedrich Lote, in der Sachsa; Heinrich Thalheim,
zu Großwechsungen, Nikolaus Franke zu Maß-
fenrode, Johann Molhus zu Appenrode. Doch
dies war nur noch bloße Duldung, denn Graf Ernst,
der Fünfte, hing sehr am Katholizismus, und ob er
gleich zuließ, daß sein Hofprediger Wenemann das
Pabstthum auf der Kanzel bestritt, so war er doch
bisweilen darüber sehr empfindlich. Er mußte aber
wegen des Streits mit Moriz von Sachsen nachsehen.
Sachsen war bei der Sache, besonders, was Walkenried anbetraf, sehr interessirt, denn Kaiser Friedrich, der Dritte, hatte den Herzogen von Sachsen
den Schutz über Waltenried im Jahr 1457 anvertrauet, weil er selbst nicht zugegen seyn, und das Kloster doch auch nicht ohne Schutz seyn konnte. Kaiser
Karl, der Fünfte, befahl 1524 zu Eslingen, dem
Herzog Georg, ernstlich den Schutz des Klosters an *).
Dieser Schutzvogtei wegen stritt sich der Graf mit Sachsen, und dies war ein Bewegungsgrund zur Nachsicht
in der Religionsveränderung; denn Ernst mußte fürchten, dieselbe und die davon abhängenden Güter und
Einkünfte zu verliehren.

Auffallende Fortschritte in der Reformation ge-
schahen nun freilich in Hohenstein eben nicht, indeß würkten die Mönche, die dem Klosterleben
entsagt hatten, im Stillen, so viel sie konnten.
Besonders ließen sie sich es angelegen seyn, die Vornehmen auf ihre Seite zu bringen, ja sie waren auch so
glücklich, die jungen Gräfen Völkmar, Eberwin und
Ernst für ihre Partei zu gewinnen. Hierzu trug das
Beispiel Heinrichs, von Schwarzburg viel bei, wie ich
oben

*) Leukf. p. 374.

oben gesagt habe. Da sie also den besten Theil der
Nation für sich hatten; so hatten sie schon alles gewonnen, denn die niedrige Klasse von Menschen hängt
meist von jenen ab. Wenn dazu nun Faßlichkeit der
Lehren, vernünftige Vorstellungen kommen, verbunden
mit dem Beispiel der Großen, und dem augenscheinli-
chen Vorzug der Lehre selbst: so ist der gemeine Mann
in Absicht seiner Wahl nicht mehr zweifelhaft. Man
muß den ersten Lehrern, die sich als Ortsprediger au-
stellen ließen, alle Gerechtigkeit wiederfahren lassen,
als Männern, die aus Ueberzeugung von der guten
Sache, und Begierde nach Menschenglück, keine Be-
schwerlichkeit, ja weder Mangel noch Verfolgung scheue-
ten. Ernst, der Fünfte, kann immer entschuldigt werden, wenn er sowol als seine Gemahlin, Anna von
Bentheim, die er am Hofe des Herzogs Georg von
Sachsen, Luthers argen Feinde, heurathete, bei seinem
Glauben blieb. Es gibt gewisse Interessen, welche die
Großen nöthigen, gegen ihre Ueberzeugung in der Religion zu handeln. Wenn Ernst unwillig wurde über
Wehemanns freien Lehren: so konnte ihm vielleicht die
Art des Vortrags nicht gefallen. Er war ein sanfter
und gefälliger Herr, der wegen seiner Sanftmuth die
Reformation nicht ernstlich hinderte, aber auch nicht
genehmigte. Dies war der Grund, daß im Lohraischen und Klettenbergischen Antheil das Pabstthum
länger herrschend blieb, weil er sich persönlich hier aufhielt; hingegen in Ellrich, Walkenried und mehreren
Orten, wurde schon bei seinen Lebzeiten die reinere Lehre
angenommen.

Karl, der Fünfte, ließ sich angelegen seyn, den
Fortgang der Reformation überhaupt, und also auch
in Hohenstein, zu hindern. Er nahm deswegen im
Jahr 1532, den 14ten August zu Regensburg, das
Stift Walkenried mit seinen Gütern Kinderode, Heß-
sero-

ſerode, Günzerode, Wechſungen u. ſ. w., in ſeinen und
des Reichs Schutz, und ermahnte den Graf Ernſt,
ſtrenge Aufſicht auf die Veränderungen zu haben.
Ernſt erklärte auch hierauf, daß er das Kloſter mit allen Pertinenzien in dem Zuſtande erhalten wollte, worin es wäre. Aber wer kann der Wahrheit widerſte-
ſtehen? Alle Verſuche der katholiſchen Partei, die
lutheriſche Lehre zu unterdrücken, waren vergebens,
ſelbſt des Kaiſers Befehle wurden nicht vollzogen. Ferdinand, der Erſte, ſchrieb im Jahr 1543, den 15ten
Febr. von Nürnberg aus, an den Graf Ernſt, und ermahnte ihn: „Er ſolle dahin ſehen, daß die neue Lehre,
wie ſie heißen müſſe, nicht eingeführt würde. Ernſt
befahl hierauf dem Abt in Walkenried, Johann Holtegel, gegen welchen eigentlich Ferdinands Schreiben
gerichtet war, er ſolle alle Neuerungen abſtellen. Der Abt
kehrte ſich daran ſo wenig, daß er ſogar einige Güter
verkaufte, und das Kloſter in fremde Hände zu ſpie-
len ſuchte. Er verrichtete alle Pflichten im Kloſter
ſelbſt, damit er nicht nöthig hätte, Jemanden Rechen-
ſchaft zu geben. Ernſt klagte wieder bei dem Kaiſer,
und dieſer ließ von Speyer aus, den 7ten Mai 1544,
ein Schreiben an den Abt ergehen, worin er ihm bei
hoher Strafe verbot, ſolche Neuerungen weiter zu unternehmen; er ſolle nichts verkaufen, oder verpfänden,
ohne Wiſſen ſeiner Obrigkeit; jährlich ſolle er dem Grafen von Hohenſtein Rechnung von der Verwaltung des
Kloſters ablegen. —

Auch dieſer Befehl des Kaiſers war ohne Wirkung. Der Abt fuhr fort in ſeiner luxuriöſen Lebensart, die freilich nicht an ihm zu loben iſt, die aber doch
die Reformation in Hohenſtein ſehr beförderte; denn
wäre ſeine Neigung zur Pracht minder ſtark geweſen:
ſo würde dieſe heilſame Revolution wenigſtens noch ver-
zögert worden ſeyn. — Ein abermaliger neuer heftl-

ger

ger Verweis, den ihm Karl von Augsburg gab: „daß
er die Konventualen verhungern ließe, indeß er ein so-
domitisches Leben führte" schreckte ihn nicht ab, eins der
ältesten Güter Pfeffel, an die Grafen von Mansfeld zu verkaufen. Das Kloster kam so herunter, daß
es beinahe unmöglich wurde, die Konventualen zu erhalten. Doch würde dies allein der Reformation wenig Vortheil gebracht haben, wenn nicht noch folgendes dazu gekommen wäre. Die ersten evangelischen
Prediger, die nur mit Duldung des Grafen in Hohenstein lehrten, waren Mönche in Walkenried gewesen,
und hofften daher, da sie alt wurden, eine Unterstü-
zung von dem Kloster zu erhalten, worin sie ihre Jugend zugebracht hatten. Die Pfarrstellen waren noch
nicht so eingerichtet, wie sie jetzt sind; wenn der
Prediger sein Amt nicht mehr versehen konnte: so
mußte die Gemeinde einen neuen Lehrer annehmen, und
der Alte lebte dann von der Gnade der Gemeinde, oder
der Anzahl von Lutheranern, die er sich gesammlet
hatte. Ehe die Reformation anging, wurden die Kirchen von Mönchen aus Walkenried, oder einem andern
Kloster, wohin sie eingepfarrt waren, versehen. Auf
dies Recht gründeten diese ersten evangelischen Prediger ihre Ansprüche. Als der Abt ihren Gesuch abschlug: so klagten sie bei dem Herzog Moriz von Sachsen. Moriz war willens, das Kloster an sich zu bringen, und dazu schien ihm dies keine ungünstige Gelegenheit zu seyn. Um nun den Herzog zu besänftigen,
ließ der Abt eine Reformation zu, die sich aber doch
mehr auf die Cerimonien beschränkte. Graf Ernst begünstigte dies Unternehmen, ob er gleich ein strenger
Papist war. Diese Reform, die also blos in Abschaf-
fung einiger Gebräuche bestand, verursachte dem Abt
viele Verdrießlichkeiten von Seiten des römischen Königs Ferdinand, des Ersten. Moriz nutzte die Lage
der Sachen, und schickte einen Bevollmächtigten an den

Abt

Abt, um ihn aufzuforbern, sich ganz an ihn zu überlassen. Der Abt schlug es aus. Bald darauf wurde
er nach Nordhausen zu einer Unterredung eingeladen,
aber auch hier schlug er den Gesuch des Herzogs ab.
Man forderte ihn hierauf nach Dresben, er erschien
nicht. Da nun die Grafen die Absicht des Herzogs
merkten: so machten sie, um Morizens Plan zu vereiteln, die Reformation, die im Kloster vorgenommen
war, zu einer allgemeinen Reformation. Ernst von
Hohenstein, und die mit ihm verbrüderten Grafen von
Stollberg und Schwarzburg, beriefen den 31sten
März 1546, den Hohensteinischen Kanzler und Probst
zu Mönchelohra Heinrich Rosenberg, den Mar-
schall Heinrich von Bültzingsleben, und den
Nordhäusischen Prediger, Johann Spangenberg,
zu einer Unterredung, und trugen ihnen auf, die Gebräuche zu bestimmen, die bei dem Gottesdienst beob-
achtet werden sollten. Es wurde die päbstliche Messe,
Weihungen, Kollekten für die Heiligen, Horä, Prozeßionen und mehrere Cerimonien abgeschaft, und ba-
durch der Gottesdienst einfacher gemacht. Uebrigens
blieb noch viel von dem Cerimoniel übrig. Diese vorläufige Verbesserung wurde sogleich in den Städten und
auf dem Lande eingeführt. Der damalige Kurfürst
von Mannz, Bischof in Halberstadt und Erzbischof in
Magdeburg, mußte dies geschehen lassen.

Weitere Fortschritte hatte die Reformation in Hohenstein nicht gemacht, bis auf den Tod Graf Ernst,
des Fünften, der im Jahr 1552 in Schorzfeld erfolgte.
Er starb als Katholik. Seine Söhne bachten anders,
als er, wie man aus folgender Anekdote sehen kann.
Ernst's Leiche wurde nach Walkenried gebracht. Die
jungen Grafen und ihre Vasallen begleiteten den Zug.
Unterwegs trennten sie sich und nahmen einen kürzern
Weg. Der Leichenwagen, der nach katholischer Art

mit

mit Kreuzen, Wachslichtern und Pfaffen beladen war, gerieth im Walde auf einen Irrweg. Man sahe sich daher genöthigt, den Rückweg zu nehmen, und die verlassene Straße wieder zu suchen. Bei dieser Gelegenheit sagte der älteste Sohn Volkmar, mit Unwillen und im heftigen Ton zu seinen Vasallen: „Die Buben haben den Herrn Vater im Leben verführt, sie wollen ihn auch noch im Tode verführen."

Nach Ernst, des Fünften, Tode, übernahmen seine Söhne die Regierung, unter welchen die Reformation vollendet wurde. Sie thaten was gute Landesherrn thun können, und müssen: d. h. sie legten Schulen an, bestellten Lehrer; kurz sie ließen es an nichts fehlen, um dem Volke Gelegenheit zu verschaffen, bessere Erkenntniß zu erlangen; das Uebrige steht nicht in ihrer Gewalt. Sie bestellten einen gelehrten Mann Kreichhoff zu ihrem Hofprediger an die Stelle des Wenemann. Nach Ellrich setzten sie den Simon Kleinschmidt einen frommen und gelehrten Geistlichen, und nach Bleicheroda den Peter Keilhorn. Auf Hohenstein wurde Michael Bock angestellt. Johann Crusius, der bisher in Ellrich gestanden hatte, war beinahe vor Hunger gestorben, wie Luther in seinem Briefe an den Justus Jonas sagt: „Der Abt — in Walkenried — schlemmt und praßt, und läßt den Crusius verhungern, der doch nur die Brosamen von dem Tische des Schlemmers fordert; du sollst keine Gemeinschaft mit ihm halten." Dies beziehet sich auf das, was ich oben sagte von den ersten evangelischen Predigern, die Konventualen in Walkenried gewesen waren, und in ihrem Alter um Unterstützung ansuchten, sie aber nicht erhielten.

Bis jetzt hatte sich noch mancher aus Furcht abhalten lassen, sich öffentlich zu Luthers Lehre zu bekennen;

nen; als aber im Jahr 1552, der Paſſauer-Vertrag geſchloſſen wurde, der 1555 zu Augsburg die Kraft eines Reichsgeſetzes erhielt: ſo war alle Furcht verſchwunden, und jeder geſellte ſich zu der Partei, wohin ihn ſein Gewiſſen und Ueberzeugung rief. Selbſt Graf Volkmar Wolfgang, bekannte ſich erſt im Jahr 1556 öffentlich zur Augsburgiſchen Konfeßion, nachdem der Religionsfriede bekannt gemacht war. Volkmar nutzte die Gelegenheit, die ihm der Friede darbot, und berief mit Beſtimmung ſeiner Brüder, Eberwin und Ernſt, alle Paſtoren der Grafſchaft nach Walkenried, und hier wurde den 27ſten März 1556 Montags vor Palmarum, in Gegenwart der Ritterſchaft, Stände, Prediger und Küſter einmüthig beſchloſſen, die evangeliſche Religion nach der Augsburgiſchen Konfeſſion in der Grafſchaft einzuführen. Der M. Simon Kleinſchmidt, Pfarrer in Ellrich that ſich bei dieſer Gelegenheit ſehr hervor, er hielt eine Rede über Matth 5, 13. an die Verſammlung, und dankte den Grafen und dem Abt Holtegel für die Bewirthung. Gleich am folgenden Sonntage Palmarum wurde den Laien der Kelch gereicht, zu deſſen Andenken noch jezt in Ellrich und einigen Dörfern an dieſem Sonntage, unter der Austheilung des Kelchs geläutet, und das Te Deum geſungen wird. Indeß blieben auch hier noch viele Cerimonien übrig. Dies iſt nun die eigentliche Reformation in der Grafſchaft, denn das, was 1546 geſchahe, war nur Vorbereitung dazu *).

S 4

Hier-

---

*) Anm. Von dieſer Zeit an kleideten ſich die Geiſtlichen ſchwarz. Dieſe Spaniſchen Galla-Kleider, die ſeit dem Anfang des ſechzehnten Jahrhunderts bekannt waren, wurden jezt allgemeiner. Luther war der erſte geweſen, der in einem ſchwarzen Kleide, welches er von dem Kurfürſten geſchenkt er-

Hierauf bewogen die Grafen den Abt Holtegel, nach dem Beispiel des Abts Stange in Ilfeld, eine Schule in Walkenried anzulegen, und zwölf Zöglinge mit einem Lehrer anzunehmen. Der Abt ließ sich dazu willig finden, und berief 1557 den M. Johann Mylius, damaligen Rektor der Schule in Ellrich, nach Walkenried, und bestellte ihn zum ersten Rektor der neuen Schule. Walkenried hatte zwar schon eine Schule gehabt, die aber, wie alle Klosterschulen, blos zur Bildung künftiger Mönche eingerichtet war.

Walkenried konnte als ein Reichsstand nicht veräussert werden, und Ferdinand, der Erste, der nunmehr zum Kaiserthron gelanget war, befahl den 28sten März 1557, den drei Grafen, das Kloster in ihren Schutz zu nehmen. Es hörte nicht auf ein Stift zu seyn, ob es gleich reformirt worden war. Der Abt Holtegel lebte sehr lüderlich mit dem Michael Meienberg, Bürgermeister in Nordhausen, worüber schon Luther sehr klagte. Jezt klagten deswegen die Konventualen bei den Grafen, und hielten darum an, daß doch die Grafen eine strengere Aufsicht über den Abt haben möchten, damit er mit den Klostergütern nicht so lüderlich umgehen dürfte. Die Grafen antworteten ihnen sehr gnädig: „Sie würden die Veräußerung der Klostergü„ter nicht zugeben, sondern mit ihrer Bewilligung, und „aus ihrer Mitte einen Abt wählen. Sollten sie aber „bei der Wahl eines Abts nicht einig werden können, „und die Sache den Grafen überlassen: so wollten diese „einen jeden der Konventualen mit Speise und Trank „reich-

erhielt, predigte. Ihm folgten seine Anhänger, und so wurde die schwarze Kleidung das Unterscheidungszeichen der Geistlichen. Bei Feierlichkeiten kleideten sich die Adelichen auch schwarz; bei Leichenbegängnissen und Communion, that es auch der Bürger.

„reichlich verſehen, ihnen ein Kleid von engliſchem Tu-
„che, und überdem noch Geld für jedes Jahr — Pen-
„ſion — geben. Wollte einer von ihnen eine Prediger-
„ſtelle annehmen: ſo ſollte ſie ihm mit einem ſchicklichen
„Gehalt gegeben werden. Die Schule in Walkenried
„aber ſolle im guten Stande erhalten werden. “

Daß Holtegel gern die Kloſtergüter veräußert hätte, iſt gewiß, weil er eine Frau nehmen wollte, und
ſich entweder in Göttingen oder in Nordhauſen auf den
Kloſtergütern ſeine Ruheſtätte auserſahe. Er erbot ſich
deswegen dem Graf Eberwin die Abtei abzutreten.
Hierzu und vorzüglich zur Heirath war die Einwilligung
des Kaiſers nöthig. Holtegel ſchickte daher 1559 einen
Geſandten nach Augsburg. Zur Beſtreitung der Reiſekoſten verpfändete er das Gut Kleinwechſungen. Ferdinand fragte auf den Geſuch des Geſandten: „wie alt
iſt der Abt? ohngefähr ſiebenzig Jahr, antwortete
der Geſandte. Nun, ſagte der Kaiſer, ſo behilft er
ſich auch wol ungefreyet. So wurde dem Abt die
Frau, und dem Grafen die Abtei abgeſchnitten. Holtegel ſtarb noch in demſelben Jahre, und Eberwin das
Jahr darauf. Die Grafen erlaubten, daß Herman,
der Dritte, zum Abt gewählt wurde, der die Zahl der
Alumnen bis auf ſechs und dreißig vermehrte, und noch
einen Lehrer anſtellte. Nach dieſes Herman's Tode
wurde im Jahr 1564, Jakob zum Abt erwählt. Er
iſt der dritte proteſtantiſche Abt. Bei ſeiner Wahl
mußte er verſprechen, die reine Religion zu erhalten,
und das Beſte der Schule zu beſorgen, auch eine Eh-
renperſon ins Kloſter zu nehmen, die die Geſchäfte der
Grafen beſorgte, den jungen Graf Ernſt, den Siebenten, ſobald als möglich, zum Koadjutor anzunehmen,
und ihm, wenn er erwachſen wäre, die Abtei abzutreten, und mit einer Verſorgung in Göttingen oder Goslar zufrieden zu ſeyn.

S 5

Im

Im Jahr 1569 berief Volkmar Wolfgang, alle seine Prediger aus dem Hohensteinischen nach Walkenried, und befahl ihnen die lutherische Lehre rein und treu zu lehren, und sich nicht an die Streitigkeiten zu kehren, die jezt mit so vieler Erbitterung geführt wurden. Dies waren die bekannten synergistischen Streitigkeiten, die von Melanchthons Meinung, auf dem leipziger Interim: „Gott bekehre die erwachsenen Menschen, so, daß gewisse Handlungen des menschlichen Willens, die göttliche Kraft begleiten müßten,“ den Namen Synergismus erhielten. Dem verehrungswürdigen Luther hing noch viel von dem Augustin an, dessen großer Verehrer er war. Er scheint in der Lehre von dem natürlichen Unvermögen des Menschen nicht ganz bestimmte Begriffe gehabt zu haben, indem er nicht undeutlich in dem Buche de servo arbitrio, dem Menschen alles Vermögen sich zu bessern abspricht. Melanchthon war hierin gelinder, und fand an dem Viktorin Strigel einen Hauptvertheidiger. Der Hauptgegner des Synergismus war Flacius. Beide Theile fanden ihre Anhänger, und besonders zeichneten sich auch die Nordhäusischen Prediger hierbei aus, die nach damaliger Sitte, anstatt ihre Gemeinde zu erbauen, dieselbe mit Controversen unterhielten. Diese Kontroverssucht steckte auch die Hohensteinischen Prediger an, deswegen ermahnte sie der Graf ernstlich, ihrem einmal angenommenen Glauben treu zu bleiben, und sich in keine Streitigkeiten einzulassen.

Als endlich Kurfürst August, von Sachsen, eine erhebliche Summe Geldes angewandt hatte, um die Ruhe herzustellen, und alle Streitigkeiten beizulegen, die wegen des Synergismus und Kryptocalvinismus geführt wurden, und das sogenannte Torgauerbuch veranlaßten: so entstand endlich aus diesem Buche die formula concordiae im Kloster Bergen vor Magdeburg,

burg, die aber nicht die gehoften Wirkungen hatte.
Diese Konkordienformel wurde von vielen Geistlichen
unterschrieben, aber auch von vielen verworfen. Zu
diesen gehörten auch die Hohensteinischen Geistlichen.
Graf Volkmar Wolfgang, berief nämlich den 19. Oct.
1579 seine Prediger nach Walkenried, und legte ihnen
die Konkordienformel zur Unterschrift vor. Politische
Verhältnisse zwischen Sachsen und Hohenstein, und die
bevorstehenden Unruhen — der Tauschtraktat zwischen
Sachsen und Halberstadt, wegen Lohra und der Vogtei über Walkenried sollte zur völligen Richtigkeit gebracht werden *) — nöthigten den Grafen dem Kurfürsten, dem so sehr viel an der Unterschrift der Konkordienformel lag, zu willfahren. Die Hohensteinischen
Geistlichen aber, weit entfernt des Grafen Bitte zu erfüllen, setzten ihre Bedenken auf, und schickten sie nebst
der Konkordienformel, ohne sie unterschrieben zu haben,
dem Grafen zurück. Der Graf, der sich viel Gutes
von der Sache versprochen hatte, nahm zwar das Betragen der Geistlichen sehr übel, hielt es aber doch nicht
für billig, sie zu einer Sache zu zwingen, die sie als
Gewissensache vorgestellt hatten. Die Konkordienformel wurde also in Hohenstein nicht angenommen.

Nachdem Graf Ernst, der Siebente, die Regierung angetreten hatte; so sahe er, daß in Absicht der
Bestallung tüchtiger Subjekte zum Predigtamt eine
Ordnung gemacht werden müßte, worauf zwar schon
sein Vater Volkmar, aufmerksam gewesen war, aber
es noch nicht hatte zu Stande bringen können. Ernst
berief 1583, den 11ten Dezember alle Prediger auf
eine Synode nach Walkenried. Nach vorläufiger Er-
mahnung zur Treue in ihrem Amt und Vortrag der
reinen Lehre, eröfnete er der Versammlung seine Absicht,

und

*) S. oben das siebente Kapitel.

und die Nothwendigkeit der Einrichtung, die er jezt machen wollte. Hierauf errichtete er eine Art von Konsistorium in Walkenried, wo alle in der Grafschaft anzustellende Prediger examinirt und ordinirt werden sollten. Dies Konsistorium bestand aus den Walkenriedischen, Ellrichschen und einigen benachbarten Predigern, die den Kandidaten privatim examinirten, und dann zur Führung seines Amtes ordinirten. Diese Einrichtung dauerte nur zehn Jahre. Denn als Ernst starb: so nahm Heinrich Julius, Herzog von Braunschweig, Besitz von der Grafschaft, und schickte den Abt von Ringelheim, Heinrich und seinen Hofprediger Basilius Sattler, zur Kirchenvisitation in Klettenberg und Lohra. Die Prediger des ersten Distrikts kamen nach Walkenried, und die aus dem Letztern nach Bleicheroda. Es wurde ihnen hier anbefohlen, die Konstitution des Herzogs zu beobachten. Jeder Prediger bekam eine Braunschweigische Kirchenverordnung, die noch in den Hohensteinischen Kirchen anzutreffen ist. Die ganze Grafschaft wurde an das Konsistorium in Wolfenbüttel gewiesen, wie aus den Berichten der Geistlichen genugsam erhellet.

So blieb der Religionszustand in der Grafschaft, bis auf das Jahr 1629, wo Kaiser Ferdinand, der Zweite, das berüchtigte Restitutions-Edikt gab. Ferdinand hatte die Grafschaft an den Grafen von Thun verpfändet. Die Katholiken triumphirten daher schon, daß sie bald unter der Begünstigung dieses Herrn, ihre Religion hier wieder aufblühen, und alle Kätzer vertrieben sehen würden. Und wo hätten sie auch jemals dazu mehr Hoffnung haben können, als bei den jetzigen Umständen, wo ein Jesuitischer Kaiser mit Anhängern eines Ordens, umgeben, der von seinem Ursprunge an dem römischen Stuhle die treuesten Dienste geleistet hatte, alles anwandte, die Kätzer auszurotten.

ten. Die Gefahr, die also den Protestanten bevor=
stand, war nicht geringe, und nicht ungegründet. Daß
es darauf angesehen war, sie zu unterdrücken, wird aus
folgenden überzeugend wahr werden.

Dies berüchtigte Edikt Ferdinands, dessen In=
halt seine Absicht deutlich verrieth, hatte wahrschein=
lich einen fremden Minister zum Urheber, und war die
Wirkung der feinsten Politik. Richelieu, der unter
Ludwig, dem Dreizehnten, Frankreich regierte, hatte
sich einen Plan entworfen, zu dessen Ausführung er sich
jedes Mittel erlaubte. Er wollte das Haus Oestreich
erniedrigen, und seinen König souverän machen.
Frankreichs Interesse schien es zu fordern, daß es sich
nicht offenbar als Feind erklärte, sondern einen Andern
durch Geld unterstützte, und dann im Nothfall selbst
zutrat. Dies Interesse kannte Richelieu genau, und
behielt es immer vor Augen. Er konnte die Folgen
des Edikts voraussehen, und dem Könige von Schwe=
den einen Bewegungsgrund mehr verschaffen, seinen
Anmarsch nach Deutschland zu beschleinigen; seine
Emissarien in Deutschland würden ihn ja auch nicht
im Stiche gelassen haben! Seit dem Religionsfrie=
den von 1555 war gestritten worden: ob die Reformir=
ten mit zu den Augsburgischen Konfeßionsverwandten
gezählt werden sollten? Die Lutheraner zählten sie da=
zu *). Jezt aber schloß sie Ferdinand von allen Vor=
theilen, die der Friede den Protestanten zusicherte, ge=
rade zu aus. Der verhaßte Inhalt: „daß alle Evan=
geli=

*) Sleidan. Lib. XXVI. Post multam disceptationem pla-
cuit religioni dandam esse pacem ; sed hoc potissimum
in controversiam veniebat, quod confessionis Augusta-
nae socii volebant omnibus indifferenter licere
doctrinam ipsorum sequi et pacis beneficium illis esse
communicandum etc.

„gelifche, die einige Erz- und Bisthümer, Prälaturen,
„Klöster u. f. w. inne hätten, solche wieder an die Kai-
„serlichen Kommissarien mit allem Zubehör heraus ge-
„ben sollten," empörte alles gegen den Kaiser. Richelieu hatte also seine Absicht erreicht, und den Kaiser
durch eine List hintergangen, die seiner Person würdig war.

Der Kaiser ließ sich durch den Unmuth, den dies
Edikt erregte, so wenig abschrecken, daß er vielmehr
eine Exekutions-Armee errichtete, welche die ausge-
schickten Kommissarien unterstützen sollte. Von diesen
Kommissarien sollte Hohenstein für die Katholischen eingenommen werden. Die Prämonstratenser, deren Orden in Ilfeld gewesen war, hatten folgende Männer
zu ihren Kommissarien gewählt: nämlich den Kas-
par von Questenberg, Abt des Prämonstratenser-
Klosters Strohoff bei Prag, der zugleich Kaiserlicher
Rath und Visitator durch Deutschland, Böhmen,
Schlesien und Oesterreich war: ferner den Martin
Striccer, Ritter zum heiligen Grabe, und damaligen Probst des Marienklosters in Magdeburg; den Ge-
neral-Kommissarius des Cisterzienser-Ordens und Kai-
sersheimischen Abtei-Rath, Johann Martin Mager von Schönburg, nebst dem Apostaten
Mihus.

Diese vier Leute fanden sich mit einer Menge von
ihren Ordensbrüdern, und einer Anzahl Kroaten in
Nordhausen ein. Hier nahmen sie den sogenannten
Ilfelder-Hof in Besitz. Der bekannte Abt in Ilfeld
Neander aus Sorau, ein vortreflicher Mann, den
Melanchthon, wie seinen Sohn liebte, und der selbst
von sich sagen konnte: „Ich habe gelebt, daß es mich
nicht gereuet, gelebt zu haben:" war gestorben, und
hatte seinen Schwiegersohn Johann Cajus zum Nach-
fol-

folger *). Dies ist der brave Mann, der wegen seiner Sorge für das Wohl der Protestanten in Hohenstein so viel ausstehen muste. Er hatte wider seinen
Willen dem Grafen Thun huldigen müssen; durch die
starken Kontributionen, die er eben diesem Grafen
entrichten muste, war seine Abtei erschöpft, und nun
kam dieser harte Schlag dazu, der ihn außer Stand
setzte, für das Wohl seiner Abtei zu sorgen. Als er
die Nachricht erhielt, von dem was in Nordhausen vor-
gegangen war, so erwartete er augenblicklich einen Besuch in Ilfeld selbst. Es dauerte auch nur wenige
Stunden, so wären die Kommissarien bei ihm, und
machten sich alles, was in dem Kloster war, zu eigen,
hielten ihren Meßdienst in der Kirche, und weiheten sie
aufs neue durch katholische Gebräuche. Nach geschehener feierlichen Einweihung, besetzten sie das Kloster
mit vier Prämonstratensern, Zacharias Bandhauer,
Mariconi, Hahn und Held. Die Kommissarien kehrten hierauf nach Nordhausen zurück, wo sie sich aber
nur eine kurze Zeit aufhielten, und dann nach Pölde
giengen, um dies gleichfalls einzunehmen. In diesem
Kloster war schon im Jahr 1534, die Reformation eingeführt **). Die dasigen Mönche waren den Ilfeldischen und Walkenriedischen ganz unähnlich, denn sie waren mit der Reformation unzufrieden, und begaben sich
auf ihren Klosterhof nach Duderstadt, wählten sich
nach dem Tode ihres Abts Werner Schmedichen,
einen neuen Abt. Sie scheinen auch von der Reformation an, bis auf diese Zeit ihre Aebte gehabt zu haben, auf dieselbe Art, wie es noch itzt Erzbischöfe von
Magdeburg, Bischöfe von Tarsus u. dgl. gibt, ohnerachtet diese Herren nie den Ort ihres Stifts gesehen,

auch

*) Zeitfuchs Stollberg. Gesch. S. 422.

**) Leuff. antiq. Poeld. p. 100.

auch keinen Pfennig davon einzunehmen haben, und sich blos des Namens bedienen, mit dem Zusatz in partibus infidelium. Es ist dies ein Kunstgriff des römischen Hofes, der verlohrne länder nie für ganz verlohren hält; auch den westphälischen Frieden nie genehmigt hat.

Der Herzog von Braunschweig, Friedrich Ulrich, schickte als Landesherr, eine Protestation an den Pater Zacharias, folgendes Inhalts: „Das Kloster Ilfeld „läge im Hohensteinischen Gebiet, und sey seiner Lan„desherrschaft unterworfen, und schon lange vor dem „Passauer-Vertrage, und darauf erfolgtem Religions„Frieden reformirt; nun habe Zacharias den Reichs„konstitutionen, dem Religions- und Profanfrieden zu„wider das Kloster eingenommen, und dadurch die Lan„deshoheit des Herzogs geschmälert. Der Herzog „wollte seinen Rechten nichts vergeben, und forderte, „daß die Schule die Absicht erfülle, die die Mönche „ehedem erfüllt hätten. Da das Kloster sich allezeit „ruhig verhalten habe, und schon 1546, die Augsbur„gische Konfeßion daselbst eingeführt sey: so verlange „er daher, daß es ihm vermöge seiner Superiorität und „des Religions-Friedens wieder hergestellt werden „sollte.“

Zacharias schickte sogleich diese Protestation des Herzogs an den gräflich Thunschen Statthalter, Paul Path in Bleicheroda, und bat sich Verhaltungs-Befehle, und im Nothfall Hülfe aus. Der Statthalter versprach ihn zu schützen, und ermahnte ihn, die Sache an den Questenberg zu berichten, der sie dem Kaiser schon vortragen würde. Zacharias ging nun weiter, und verbot dem Prediger Ernst Götting, nicht mehr singen zu lassen: „Erhalt uns Herr bei deinem Wort.“ Götting berichtete dies an das Kon-

fisto-

fistorium nach Wolfenbüttel, und erhielt den Befehl: „daß er sich in die Umstände schicken, und keine Gele» „genheit zu fernern Unruhen geben sollte.“ Ein Rath, den ein jeder Weise in den Verhältnissen, worin er steht, nutzen wird.

Die Prämonstratenser griffen nun weiter um sich, so, daß Cajus die Verwaltung des Klosters niederle» gen, und sich nach Nordhausen begeben mußte. Ni» hus wurde Abt. Seine Würde war aber von kurzer Dauer; denn da die Schweden nach der Schlacht bei Leipzig in diese Gegenden kamen: so liefen die Katholi» fen heimlich aus den Klöstern, die sie eingenommen hatten. Doch hiervon weiter unten. Hier muß ich nur etwas von der Geschichte des Nihus anführen, welcher in der Religionsgeschichte von Hohenstein eine Hauptrolle spielt.

Barthold Nihus, gegen das Ende des sechzehn» ten Jahrhunderts, in der alten Grafschaft Wölpe *),

im

*) Wölpe ist ein Kur-Braunschweigisches Amt im Fürstenthum Kalenberg, nicht weit von der Weser und Nienburg. Vor Zeiten hielt sich ein gräflich Geschlecht dieses Namens hier auf. Einige wollen diese Grafen von einem der zwölf Söhne Isenbarts von Altorf herleiten, andere geben ihnen einen Stammvater mit den Grafen von Aldenhausen. Der erste Graf von Wölpe, dessen Erwähnung geschiehe, war Bernhard, ein treuer Anhänger Heinrich des Löwen. Noch ein anderer gleiches Namens, war Erzbischof in Mag» deburg. Burchhard ist im Jahr 1288 Statthalter des Her» zogthums Lüneburg gewesen. Im Jahr 1326 fiel diese Grafschaft an den Herzog Otto von Braunschweig, vermuth» lich durch Abgang des gräflichen Stamms. Siehe: Ver» such einer pragmatischen Geschichte von Braunschweig, 1764. Eckstorm in seiner Walk. Chron. S. 311 sagt: Herzog Wil» helm, der Aeltere, von Braunschweig, habe die Grafschaft an sich gekauft. Das erstere aber ist mir wahrscheinlicher. Script. rerum Brunf. T. 3. p. 167 et 217.

T

im Braunschweigischen, von evangelischen Aeltern gebohren; studirte zuerst auf der Schule in Verden,
hernach in Goslar, und ging 1607 nach Helmstädt, wo
er sich sehr kläglich durchhelfen mußte. Der damalige
Professor der Logik, Martinus, nahm ihn zu seinem
Famulus an. Hier machte Nihus Bekanntschaft mit
dem Georg Kalixtus. Er wurde Magister, und
las philosophische Kollegien. Bald darauf wurde er
Hofmeister bei den jungen Werner und Albrecht Schenken von Flechtingen, die er auf die Universität
Jena begleitete. Endlich trat er eine Hofmeisterstelle
bei den sächsischen Prinzen, in Weimar an. Diese
Stelle versahe er bis in das Jahr 1622, wo er nach
Köln zu den Jesuiten ging, und zur katholischen Kirche
übertrat. Die Bewegungsgründe zu diesem Schritt
waren vielleicht die Hoffnungen, reiche Pfründen zu erlangen, oder Aufsehen zu machen. Es scheint, als
wenn es das Schicksal aller solcher Köpfe wäre, die in
ihrer Aufklärung ihren Leidenschaften folgen, daß sie sich
leicht verirren. Freigeister und Neuerungssüchtige sind
am ersten fähig, ihre Religion zu verlassen, weil ihnen
alles gleich ist. Die reichsten Pfründen sind die besten
Lockspeisen für solche Karaktere.

Von diesem Nihus hatten die Hohensteiner nun
alles zu fürchten. So bald er sich zur katholischen
Kirche bekannt hatte; so zeigte er einen unversöhnli-
chen Haß gegen die andere Partei. Er fing an, gegen die Protestanten zu schreiben, und besonders gegen
seinen Freund Georg Kalixtus und Konrad
Hornejus. Er schrieb von der Wahrheit der päbstlichen Religion, dessen Untrüglichkeit, und von der Vertilgung der Kätzer. Diese beiden Männer wählten das
beste, ihrer Klugheit angemessenste Mittel— sie antworteten ihm gar nicht. Diese Verachtung schmerzte den
Nihus zu sehr, als daß er hätte schweigen sollen. Er

schrieb

schrieb 1626 nochmals in einem bittern Ton gegen den
Kalixtus, der ihn ehedem so viele Wohlthaten erzeigt
hatte. In welchem nachtheiligen Lichte erscheint hier
sein Karakter! Unterdeß wurde er Probst im Cister-
zienser-Kloster zu Haldensleben. Hier wurde er wahn-
sinnig; doch das Schicksal hatte ihn noch zu etwas
anders bestimmt, er ward wieder gesund, und Martin
Striccer brachte ihn mit in die Grafschaft Hohenstein,
um der Wiedereinnehmung der Klöster beizuwohnen. —
Er wurde Abt in Ilfeld. Als Abt machte er es sich
nun zum ersten Geschäft, die Protestation des Herzogs von Braunschweig, seines Landesherrn unkräftig
zu machen. Er setzte in dieser Absicht zwei Schriften
auf, und ließ sie drucken, von denen er sich eine große
Wirkung versprach: aber doch seinen Zweck verfehlte.

Nihus bemühete sich nun auch, in der ganzen
Grafschaft Hohenstein die katholische Religion einzuführen, und beredete daher den Grafen von Thun, daß er
ihn zu seinem Bevollmächtigten in dieser Sache machen möchte, ja er beschwatzte ihn, ein Patent bekannt
zu machen, welches Nihus laut seines eigenhändigen
Concepts selbst aufgesetzt hatte, folgendes Inhalts:
„Demnach wir in den von seiner römisch Kaiserlichen
„Majestät Uns allergnädigst untergebenen Graf und
„Herrschaften Hohenstein, Lohra und Klettenberg, mit
„den bisher in der Religion Verführten, ein besonde-
„res väterliches Mitleiden tragen, und daher gern alle
„Pfarren mit katholischen frommen tauglichen Prie-
„stern, so bald als immer möglich, besetzt sehen möch-
„ten; als sind Wir nicht allein entschlossen, unsers
„Theils dies uns zustehende Ius patronatus, in Acht
„zu nehmen, wie denn zu dem Ende den Herrn Abt
„von Ilfeld Wir zu Unserm Gevollmächtigten bestellt,
„sondern wollen auch hoffen, andere Katholische, so
„allba ebenermaßen die Collatur über Pfarren zu prä-

T 2

„ten

„tendiren haben, nach Vernehmung dieſes unſers chriſt-
„lichen Wohlmeinens gleichergeſtalt vigiliren, und an
„ihnen nichts ermangeln laſſen werden.   Und befehlen
„darauf in Kraft dieſes unſerm Statthalter, ſo oft ge-
„dachter unſer Bevollmächtigter, oder andere rechtmäſ-
„ſige Patronen der Kirchen, mit Katholiſchen vom Or-
„dinario, approbirten Paſtoren gefaßt ſeyn, ihnen, da-
„mit ſie ihr intent ungehindert zu Werke richten kön-
„nen, mit kräftiger Hülfe, ja, da es von Nöthen auch
„mit Zuziehung des brachii militaris auf Erfordern
„beizuſpringen, hieran verrichtet er Unſern ernſten Wil-
„len und Meinung. “

   Nihus hatte alſo von Seiten ſeiner Obrigkeit völlig freie Hände, ja er konnte ſich ſogar außer ſeinen
Mönchen auf bewafnete Bekehrer verlaſſen.   Wie wenig hatte doch Nihus bedacht, daß Niemand zum Glauben gezwungen werden kann! Der Graf muß auch die
Rechte des Landesherrn in Religionſachen nicht recht
gekannt haben.   Sein Befehl klingt eben ſo, wie der
des Antiochus Epiphanes an die Juden.   Nur ein ſolcher Apoſtate, wie Nihus, war fähig,, den Geiſt der
römiſchen Kirche ſo aus voller Naſe zu blaſen, nur er
war fähig, ein ſolches Dekret von einem Fürſten zu er-
ſchleichen.

   Während des, daß dies in Ilfeld vorging, hatte
Walkenried ein ähnliches Schickſal.   Der Prior Friedrich Hildebrand hatte nicht nur ſich ſelbſt bei der Huldigung des Grafen, die er verweigerte, manche Verdrießlichkeiten zugezogen, ſondern auch die neue Herrſchaft ſich zum Feinde gemacht.   So bald die Commiſſarien in Nordhauſen angekommen waren, ſchrieben
ſie an den Paul Path, gräflichen Statthalter in Bleicheroda, und forderten ihn nach Nordhauſen.   Path
war damals in Erfurth, kam aber, ſo bald er Nachricht

richt erhielt, zurück, und begab ſich nach Ilfeld, wo
indeß die Commiſſarien hingegangen waren. Zugleich
ſchrieb er an den Prior Hildebrand in Walkenried, und
befahl ihm, nach Nordhauſen zu kommen, und hier
zu vernehmen, was die Commiſſarien von ihm forderten.
Hildebrand erſchien, und fand ſeinen Hof auf Befehl des Magiſtrats feſt verwahrt. Gleich darauf kamen auch die Commiſſarien zurück, und kehrten auf
dem Ilfelder Kloſterhofe ein, wohin indeß Hildebrand
als Gefangener durch den Path gebracht war. Sie betrugen ſich äußerſt ſtolz und gebieteriſch; verübten viele
Grauſamkeiten, und kränkten die Rechte des Magiſtrats. Dieſer nahm den Hildebrand in Schutz, und
ſchickte Abgeordnete in den Kloſterhof mit der Vorſtel-
lung: „Der Rath könne den Unfug nicht länger erdul-
„den, ſondern er werde bald Gegenmittel gebrauchen
„müſſen: er könne nicht zugeben, daß man ſich an den
„Kloſterhöfen ohne ſein Vorwiſſen vergreife.‟ Die
Commiſſarien kehrten ſich daran nicht, ſondern
ließen ſich durch den Path, und Chriſtian Tölke —
der nachher bei dem Grafen von Witgenſtein in Dienſten war — dem Hildebrand ankündigen: „Walkenried
ſolle den Ciſterzienſern wieder übergeben werden, und
wenn er nicht in Güte wollte: ſo würden ſie ihm mit
Soldaten den Willen machen.‟ Hierauf ging Mager,
General-Commiſſarius des Ciſterzienſer-Ordens, mit
einer Kompagnie Kroaten und dem gefangenen Hildebrand nach Walkenried, nahm daſſelbe den 20ſten Jan.
1629 in Beſitz, und berichtete den Verlauf der Sache
an den Abt zu Kaiſersheim in Schwaben, und bat ſich
Ciſterzienſer aus zur Bewohnung des Kloſters. — Hildebrand berichtete gleichfals dieſe ungerechte Handlung
der Commiſſarien nach Braunſchweig, und erhielt die
Antwort: „er ſolle vor jetzt proteſtando die Rechte des
Herzogs behaupten, und alles aufzeichnen bis auf beſſere Zeiten.

T 3

Hil-

Hildebrand mußte nun auswandern, und hielt ſich mit ſeiner Familie in Goslar, Nordhauſen und zuletzt in der Sachſa auf. Den 22. April kam der Abt von Kaiſersheim mit einigen Mönchen — er war Provinzial-Vikar durch ganz Schwaben — nach Walkenried, warf Luthers und Melanchthons Bild aus der Kirche, und hielt die erſte Meſſe darin. Hierauf beſtellte er den Chriſtoph Kolich, einen Böhmen, zum Abt. Kolich verſuchte ſo gut er konnte, Proſelyten zu machen, und den Hof in Nordhauſen an ſich zu bringen, allein dieſem letztern widerſetzte ſich der Magiſtrat ſo lange er konnte, und da die Ciſterzienſer mit Gewalt ſich deſſelben bemächtigten: ſo ſuchte er durch Widerſpruch und Proteſtation ſeine Rechte zu behaupten *), bis endlich die Schweden in dieſe Gegenden kamen, wo dann Hildebrand im Jahr 1631 wieder zum Beſitz ſeiner Abtei kam, ſich aber doch, wegen der häufigen Streifereien der Kaiſerlichen, meiſtentheils zu Nordhauſen aufhielt bis 1650, den $\frac{15}{25}$ Jan. der weſtphäliſche Friede zu Nürnberg publicirt wurde.

Ich komme wieder auf den Mihus zurück. Gleich nach der Publikation des oben angeführten Schreibens von dem Grafen Thun, ließ er den evangeliſchen Prediger Ernſt Götting zu ſich kommen, und ſtellte ihm vor, daß ſeine Vokation von ſeinem Schwiegervater Cajus, und ſeine Beſtallung von dem Konſiſtorio in Wolfenbüttel nicht gültig ſey, denn die Vokation käme dem Abt und ſeinem Konvent zu, die Confirmation aber dem Ordinarius, nämlich dem Erzbiſchof von Maynz; er müſſe alſo ſeine Stelle niederlegen, oder katholiſch werden, und ſich dann aufs neue von ihm vociren und von Maynz konfirmiren laſſen. Götting berief ſich darauf, daß vermöge des Paſſauer-Friedensſchluſſes jederzeit

*) Hiſtor. Nachr. v. Nordhauſen, S. 99.

zeit nach der Reformation des Klosters, der Administrator die evangelischen Prediger vocirt, und der Herzog von Braunschweig konfirmirt habe; er wolle also
hoffen, daß man den Herzog bei seinen Rechten, und
ihn in seinem Amte ungekränkt lassen werde. Nihus
wollte hiervon schlechterdings nichts wissen, indem der
Passauer-Vertrag sie sämmtlich nichts angehe *); er
müßte katholisch werden, oder sich fortpacken.

Götting ging mit den Seinigen nach Nordhausen. Er wollte lieber im Elend und Kummer leben,
als seinem Gewissen einen Vorwurf machen; er war
zu sehr überzeugt, daß zu einem glücklichen Leben nicht
blos äußere glückliche Umstände, sondern auch innere
Ruhe der Seele und ein fröhliches Gemüth gehöre, welches auch unabhängig von jenen seyn kann, und bei einem wahrhaftig glücklichen Leben seyn muß. Götting
macht mit seinem Verfolger einen außerordentlichen
Kontrast. — Bei seinem Abzuge forderte er seinen
rückständigen Gehalt, der ihm aber nicht gereicht wurde.
Nihus ging in seinem Hasse so weit, daß er ihn auch
noch in Nordhausen verfolgte. Er schilderte ihn den
Kaiserlichen Kommissarien als einen höchst gefährlichen
Mann, der auf den Tilly gelästert hätte. Dies war
dem Götting nie eingefallen. Tilly, dieser sonst große
General, war klein genug, den Beschuldigungen eines
Verläumders Gehör zu geben. Er ließ den unglückli-
chen Vertriebenen vier Wochen ins Gefängniß setzen.
War das der duldende Geist des Christenthums? wa-
ren das Lehrer der Versöhnlichkeit?

T 4

Dies

*) Er berief sich darauf, daß die Katholiken folgenden Satz
hatten durchsetzen wollen: Si quis episcopus aut abbas
religionem mutaret, loco removeri volebant, et alium
substitui etc. Sleidanus l. XXVI.

Dies ganze Verfahren des Mihus war gegen den Religionsfrieden. Denn in dieſem Frieden drangen die Proteſtanten ſchlechterdings darauf, daß die Sicherheit, die ſie Kraft des Paſſauer Vertrags fordern könnten, ſich ohne alle Ausnahme und Einſchränkung, auf alle und jede erſtrecken müſſe, die Luthers Lehre bisher angenommen hätten, oder inskünftige noch annehmen würden. Die Katholiſchen wandten alle Kräfte an, das Anſehen des Pabſtes geltend zu machen, und den Proteſtanten nichts einzuräumen, was dieſem nachtheilig wäre. Es war in der That nicht leicht, ſolche widerſprechende Forderungen, die mit den ausgearbeitetſten Gründen und der größten Bitterkeit im Ausdrucke, betrieben wurden, zu vergleichen. Ferdinand brachte es durch ſeine Standhaftigkeit, durch annehmliche Erklärungen, durch Drohungen u. ſ. w. dahin, daß endlich der Schluß gemacht wurde:

„Solche Fürſten und Städte, die ſich für die „Augsburgiſche Confeßion erklären, ſollen die Erlaubniß „haben, die Lehren derſelben zu bekennen, und den darin vorgeſchriebenen Gottesdienſt auszuüben, ohne daß „ſie der Kaiſer, der römiſche König, oder eine jede andere Macht, oder Perſon, ſie ſey auch, wer ſie wolle, „darin ſtören oder beunruhigen dürfe. Die Proteſtanten ſollen ihrer Seits den Katholiken keine Unruhen erwecken, und nur freundſchaftliche, friedfertige „Methoden der Ueberzeugungen ſollen die Verſuche „ſeyn, die man bei Bekehrungen gebrauchen ſoll; die „päbſtlichen Geiſtlichen ſollen in den Staaten, wo die „Augsburgiſche Konfeßion eingeführt iſt, auf keine geiſtliche Gerichtsbarkeit Anſpruch machen. Diejenigen, die ſich vor dem Paſſauer Vertrage „geiſtlicher Pfründen, oder andere Einkünfte der Kirche bemächtigt haben, ſollen ruhig in dem Beſitz derſelben bleiben,

„und

„und das Kammergericht soll gegen sie keinen Prozeß
„darüber anstellen dürfen *); die höchste weltliche
„Macht in einem Staate soll das Recht haben, solche
„Form von Lehren und Cerimonien einzuführen, die ihr
„die besten scheinen; wenn aber einige ihrer Unter-
„thanen dieselben nicht annehmen wollen: so sollen diese
„das Recht haben, mit allen ihren Gütern hinzuziehen,
„wohin sie wollen. “

Wie wenig diese Punkte von den Katholiken be-
obachtet worden sind, zeigen mehrere Beispiele. Bald
nach dem Frieden zeigte sich der neue Orden der Jesui-
ter sehr thätig alle Punkte desselben unkräftig zu machen, und auf dem Eichsfelde, und in Fulda erreichten
sie ihre Absicht. Selbst im achtzehnten Jahrhundert
brach der Erzbischof von Salzburg diesen Frieden.
Was hat der geistliche Vorbehalt nicht für
Wirkungen gehabt? Die Katholiken haben mit einer
Hand, und mit der andern nahmen sie. — Mihus
handelte den heiligsten Verträgen einer Nation zuwider,
die ihm ehrwürdig seyn sollte. Er kränkte die Rechte
eines Fürsten, und die Rechte der Unterthanen. Ilfeld und die umliegende Gegend war schon vor dem Paß-
auer Vertrage lutherisch worden, und mußte also nothwendig alle Vortheile genießen, die der Friede darbot **). Selbst Klettenberg und Lohra hatten sich 1546

T 5

durch

---

*) — Et quia nonnulli ordines imperii, eorumque ma-
jores quasdam praefecturas ecclesiasticas, collegia
monachorum et id genus alia bona sacra sibi sumserunt, eaque ministeriis ecclesiae, Scholis, et aliis
bonis usibus accommodarunt non interpellentur hoc nomine, nec in jus propterea vocentur — ea bona —
quorum possessionem tempore transactionis, et post
etiam ecclesiastici non habuerunt suo loco permane-
ant etc. Sleid. lib. XXVI.

**) S. oben S. 272.

durch die vorläufige Reformation von dem Pabstthum
losgesagt. Ferdinand, der Zweite, erröthete nicht, einen Vertrag zu brechen, den Ferdinand, der Erste, mit
einer ganzen Nation geschlossen hatte!! Er nahm, wo
ihm nichts gehörte. Seine Anhänger machten es eben
so. Mihus gab dem unglücklichen Götting nicht einmal seinen verdienten Gehalt, geschweige seine übrigen
Güter; er reformirte nicht durch Ueberzeugung und
friedfertige Methoden, wie es außer dem Frieden auf
manchem Reichstage festgesetzt war, sondern durch
Gewalt. Die Protestanten in hiesiger Gegend hatten
in keinem Stücke die Katholischen beunruhigt. . Kurz
es war ein widerrechtliches Verfahren, das durch eben
so seichte Gründe vertheidigt wurde, wie die meisten Ansprüche und Forderungen der römischen Kirche.

Die Römischkatholischen, deren System auf den
Entscheidungen eines untrüglichen Richters beruhet,
haben nie gezweifelt, daß die Wahrheit auf ihrer Seite
sey, und waren daher dreist genug, den weltlichen Arm
zur Unterdrückung der käßerischen Neulinge feierlich aufzufordern. Ein gleiches thaten die Protestanten, die
ihre Lehre nicht weniger in der Wahrheit gegründet
gläubten, als jene. Weder der Begriff, noch das Wort,
Toleranz, wie wir es jezt gebrauchen, war bekannt.
Weil jede Partei die Wahrheit auf ihre Seite zu haben
glaubte; so hielt sie sich auch für berechtigt, dieselbe auszubreiten, und so entstand die Intoleranz, die selbst
bei dem Polytheismus den Heiden unbekannt war;
und dies sollte der Geist des Christenthums seyn? Wer
kann dies ohne Erröthen sagen! Der Geist des Priesterthums ist es. Mehrere Jahrhunderte hindurch sahe
Europa spekulativische Meinungen, mit Gewalt ausbreiten und vertheidigen; man hörte nichts mehr
von den heiligen Rechten des Gewissens und Verstandes, und wer hatte an der Unterdrückung derselben

den

ben größten Antheil? die Priefter. Es ift in der That
nicht leicht Toleranz unter den verfchiedenen Parteien
einzuführen, denn fie ift den herrfchenden Neigungen
derfelben fchnurftracks entgegen. Dies konnte nur
durch eine Reihe von Drangfalen, die aus Verfolgun-
gen entftehen, durch Wiffenfchaften, durch eine freie
Regierungsart, verbunden mit Klugheit und Anfehen
der bürgerlichen Obrigkeit, bewirkt werden. Daher
kommt es vielleicht, daß wir am Ende des fiebzehnten
Jahrhunderts die Toleranz zuerft in den vereinigten
Niederlanden, und zwar in der Republik Holland fin-
ben, von da aus fie König Wilhelm, der Dritte, nach
England brachte*). Diefer große König, der die Für-
ften das Syftem des politifchen Gleichgewichts lehrte,
deffen Nothwendigkeit fchon längft Venedig fühlte, ift
auch hierin der Vorgänger. Seit diefer Zeit kehrt
Bruderliebe wieder, und die länder werden blühend.
Jezt wird keine Bluthochzeit die Würde des Regenten
fchänden, keine Emigrationen, die manches land öde,
und ein anderes blühend machten, werden mehr erfol-
gen. Dies dankt man der politifchen, und häuslichen
Frieden der Privat-Toleranz. Doch ich kehre zu der Gefchichte zurück. —

Weil dem Nihus feine Abficht mit dem Götting
fo leicht gelungen war: fo verfuchte er es auch an andern Hohenfteinifchen evangelifchen Predigern, befon-
ders an dem M. Reiman, Superintendent in Bleicheroda. Diefem wollte er fchlechterdings feinen Beruf
abfprechen, weil er von dem Grafen von Thun nicht
vocirt wäre; er wollte es ihm auch nicht verftatten,
daß er auf Special-Befehl des Herzogs von Braun-
fchweig, die in Haferungen vakante Predigerftelle be-
fetzen follte. Reiman behauptete fich bei feinen Rech-

ten

*) Robertfon's Gefchichte Kaifer Karls, des Fünften, 3. Th.
S. 436.

ten.   Eine unbedeutende Sache schien ihm endlich den
Fall zu drohen.   Er hatte nämlich im Jahr 1628,
auf Befehl des Consistorii, einem Einwohner in Wie-
gersdorf, bei Ilfeld, Alexius Eisenbraut, erlaubt, sich
zum zweitenmal zu verheurathen, weil seine Frau davon gelaufen war.   Mihus suchte dies wieder hervor,
und wurde darüber so aufgebracht, daß er mehrere kleine bittere Schriften gegen den Reiman schrieb.   Reiman antwortete ihm, nannte ihn einen Apostaten, und
forderte die Gründe, warum er seine Religion, worin
er gebohren und erzogen sey, verlassen habe.   So wenig Recht Reinian hatte, nach diesen Gründen zu fra-
gen: so schwer mochte es dem Mihus seyn, dieselben an-
zugeben, weil er sich gewiß keiner triftigen bewußt war.
Auch dieser Streit hörte auf, sobald Mihus seine Rolle
ausgespielt hatte.

Mihusens Wünsche gingen nun auf nichts weniger, als auf die Jurisdiktion über die zu Ilfeld gehörigen Parochien, und auf die Dispensationen; oder wie
es hier verstanden wird, das Recht, die Kätzer von ihrer Kätzerei loszusprechen.   Er schrieb deshalb an den
Maynzischen Suffragan, Christoph, in Erfurth.   Dieser meldete es sogleich nach Maynz.   Das Kapitel
war von der Sache noch nicht genau unterrichtet, und
überließ es zuerst dem Suffragan, der dann dem
Mihus antwortete: „Er allein könne ihm dies Recht
nicht geben, er wolle aber alle Mühe anwenden, ihm
dasselbe zu verschaffen; er gäbe ihm den Rath, sich seines Gesuchs wegen selbst an den neuen Erzbischof zu
wenden, zu dessen Diöcese Ilfeld gehöre *)."   Mihus
that es hernach, wir wissen aber nicht, was aus der
Sa-

---

*) Von dem Verhältniß der Aebte zu ihren Kongregationen
u. s. w., findet man nähere Nachrichten im Tamburinus,
de jure Abbatum, T. I. disp. VI. p. 62 sq.

Sache geworden ist. So viel ist gewiß, daß die,
se Gewalt dem Nihus, und den Katholiken vie,
le Vortheile würde verschafft haben, wenn die
Schweden nicht bald in diese Gegenden gekommen
wären.

Die Restitution war von dem Grafen von Thun
auf eigenen Antrieb geschehen, es konnten daher auch alle
Vortheile der Katholiken wieder verloren gehen, sobald
eine Veränderung in der weltlichen Obrigkeit vorging,
denn Thun hatte die Grafschaft überdem nur Pfand,
weise erhalten. Nihus sahe dies richtig ein, und um
sich für die Zukunft zu sichern, wandte der sich an die
kaiserliche Commißion, und bat, daß sie ihm die Resti,
tution im Namen des Kaisers, schriftlich bestätigen
möchte: „Die Katholischen müßten die wieder einge,
„nommenen Güter selbst nach dem Religionsfrieden be,
„halten; denn dieser sey im Jahr 1555 geschlossen, und
„1559 habe Thomas Stange, als Abt, das Kloster
„noch im Besitz gehabt. Der Kurfürst von Maynz
„bekümmere sich in dieser gefährlichen Lage nicht um das
„Kloster, er — Nihus — müsse daher alles fürchten,
„wenn er nicht die kaiserliche Bestätigung hätte.“

Außer dieser Bittschrift gab Nihus noch einen um,
ständlichern Bericht ein, wovon ich das Wichtigste aus,
heben will. Er sagt darin: „Der Herzog von Braun,
„schweig, dem der Kaiser die Grafschaft entzogen habe,
„bemühe sich jezt mit dem Grafen Thun zu accordiren,
„und die Grafschaft wieder an sich zu bringen; sollte
„dies geschehen, und er, (Nihus) hätte die Ratifikazion
„noch nicht, so könnte ihn der Herzog wegjagen.“
Dies würde ohnstreitig geschehen seyn; denn der Her,
zog unterhandelte wirklich mit dem Thun. Der Kaiser
würde wenig oder gar nichts eingewandt haben; denn
er konnte doch, wenn er wollte, Gründe finden, sich
sei

seines Schuldners, des Grafen, zu entledigen, ohne
Geld aufzuopfern. Ferdinand war in dergleichen Fällen erfinderisch genug. Ferner heißt es: „Der Herzog
„behauptete, das Kloster Ilfeld sey im Jahr 1546 ein-
„gezogen, und hätte also vermöge des Religionsfrieden,
„nicht müssen restituirt werden; dies sey doch aber un-
„gewiß, weil es ein anders sey, von einem Reichsstande
„eingezogen, nnd den Religiosen-Orden vorenthalten;
„ein anders, 1ur von einem Abtrünnigen lutherisch
„gemacht worden; des ersten Falls werde zwar in dem
„Reichsabschiede gedacht *); des andern aber im ge-
„ringsten nicht. Thomas Stange möge wol 1546 dem
„Lutherthum das Exercitium erlaubt haben, aber vor
„1559 sey es doch von keinem Reichsstande eingezo-
„gen, und dem Orden vorenthalten worden.“ Der Herzog hatte allerdings das Recht auf seiner Seite; denn
nicht blos in Ilfeld, sondern in der ganzen Grafschaft
war im Jahr 1546 eine Reformation vorgenommen,
sie mochte bestehen, worin sie wollte: so war es doch
eine Lossagung von der römischen Kirche; und der
Passauer Vertrag sowol, als der Religionsfriede hat
nichts dagegen festgesetzt, vielmehr alles bestätigt. Waren etwa die Grafen von Hohenstein, Schwarzburg
und Stollberg, die jene Reformation den 31sten März
1546, vornahmen, keine Reichsstände? — Da
Stange in Ilfeld reformirte, so hinderten ihn die Grafen nicht; sie genehmigten es also stillschweigend. Gesetzt nun aber auch, dies alles sollte nicht gelten: so
war es doch nach Mißus eigenem Geständniß im Jahr
1559, von einem Reichsstande eingezogen; warum widersetzten sich denn damals die Katholiken nicht, wenn
sie ein gegründetes Recht darauf hatten?

Hier-

---

*) Et quia nonnulli ordines imperii monachorum collegia —
  sibi sumserunt — non in jus propterea vocentur etc.
  Sleidanus, lib. XXVI.

Hierauf fährt Mihus fort: „Der Graf von
„Stollberg, der auf Hohenstein resdirt, und 1559
„das Kloster Ilfeld eingezogen habe, werde in Rücksicht
„auf Hohenstein, von dem Herzoge nicht für einen
„Reichsstand, sondern für einen Braunschweigischen
„Vasallen erkannt; wie denn der Herzog auch eigen=
„mächtig als Landesfürst 1598, den Grafen aus dem
„Kloster= Amt Hohenstein, und 1602 aus Ilfeld, das
„in dem Amte läge, vertrieben, die Orte selbst in Besitz
„genommen, und sie behalten habe, bis dahin, wo sie
„der Kaiser dem Grafen von Thun geschenkt. Ueber=
„dem wäre der allezeit katholische Herzog Erich gestor=
„ben, der über Hohenstein zu gebieten gehabt; die Wol=
„fenbüttelsche Linie habe seine Güter geerbt, wie denn
„Wolfenbüttel mehr Rechte habe erben können, als sich
„Erich selbst angemaßt hätte? die Wolfenbütteler sol=
„ten eben so wie die Kalvinisten von dem Religions=
„frieden ausgeschlossen seyn, weil sie erst 1568 in der
„Person des Herzogs Julius von den Katholischen ab=
„getreten, und eben hierdurch dem Religionsfrieden
„entgegen gehandelt, besonders durch Einziehung der
„bischöflichen Jurisdiktion, Pfarr= und Klostergüter.“

Von diesem Grafen Heinrich, von Stollberg, ha=
be ich an einem andern Orte geredet *). Heinrich von
Stollberg, hatte mit Erlaubniß des Herzogs von
Braunschweig das Kloster eingezogen. Wenn der Va=
sall mit Erlaubniß seines Lehnherrn etwas thut, ist das
nicht eben so gut, als thut es der Lehnherr selbst? Daß
ihn der Herzog vertrieb, beweißt nicht, daß er mit der
Einziehung der Klostergüter unzufrieden gewesen wäre,
denn der Graf wurde Schulden wegen vertrieben. War=
um hatte denn der Herzog nicht gleich selbst die Güter
restituirt, wenn er die Einziehung derselben nicht befoh=
len,

*) Siehe oben S. 190. in der Anmerkung.

len, oder genehmigt hätte? Nihus hätte Beweise beibringen müssen, daß Erich die Rechte nicht gehabt hätte; aber er übergeht sie, weil er sie nicht finden konnte. Ueberdem giebt er nicht einmal genau an, was er für Rechte verstehet. Die landesherrlichen Rechte, wozu diese Einziehung der Klostergüter gehört, konnte er ihm doch wol nicht absprechen. Hätte auch Erich gewisse Rechte nicht ausgeübt: so ist ja, selbst nach den Aussprüchen des römischen Stuhls, Nichtausübung der Rechte nicht Aufgebung derselben.

Nihus sagt ferner: „Stange habe die Reforma„tion für sich vorgenommen, ohne Mitwirkung eines „Fürsten oder des Reichs, dies gestehe selbst der Graf „von Stollberg in einigen Speyerschen Akten — da er dahin appellirte, als er vertrieben wurde. — „Da „nun das Kloster eigentlich dem Orden, und nicht dem „Abt gehöre, und der Orden diesen Apostaten immer „für einen Abt habe gelten lassen: so sey es klar, daß „der Orden durch ihn als ordinis professum, wofür er „beständig gehalten, im vollem Besitz, bis 1559, wo „Stange gestorben, verblieben sey: Der Orden habe „dann den Johann von Porta, zum neuen Abt „einführen wollen; der Graf Stollberg aber, und sein „Ilfeldischer Schulmeister, Michael Neander, habe es „gehindert. Sollte wol nun Jemand, außer von Wol„fenbüttel aus, uns beschuldigen können, daß das Klo„ster wider den Religionsfrieden eingezogen wäre? ich „(Nihus), kann es nicht dafür erklären.“ Wenn der Graf jenes Geständniß ablegte: so muß man ihn in der Lage betrachten, worin er war. Er hatte nichts zu leben. — Daß man dem Stange den Vorwurf machte, er habe ohne Mitwirkung eines Fürsten reformirt, klingt eben so, als wenn einige den Luther beschuldigen, daß er eine Sache unternommen, die dem Kaiser oder dem Pabst zukomme. Daß der Orden den

Abt

Abt noch immer für einen Abt gelten ließ, geſchahe
nicht aus freiem Willen, ſondern weil er es nicht hin‐
dern konnte. Es gehört dies zu der Politik des römi‐
ſchen Hofes. Warum führte der Orden ſeinen Porta
nicht ein, warum verklagte er den Grafen nicht, der
ihm ein ſo wichtiges Recht nahm? Sonſt waren ja
die Katholiſchen eben ſo nachgebend nicht. — Nihus
ſtellte ſeine Gründe, ſo gut er konnte, um einer Sache
den Anſtrich von Gerechtigkeit zu geben, die er gewiß
bei ſich ſelbſt für die größte Ungerechtigkeit hielt. Wie
nichtig dieſe Gründe ſind, wie wenig ſie für ſich haben,
ſiehet man leicht ein, wenn man auch nicht wüßte, daß
ſie vom Nihus herrührten.

Nihus' erreichte ſeinen Zweck. Denn auf dieſe
Vorſtellungen, und auf das Verſprechen, daß er alles
katholiſch machen wollte, erfolgte die geſuchte Beſtäti‐
gung von der kaiſerlichen Commißion. Schon aus der
Geſchichte dieſes kleinen Diſtrikts ſiehet man, welche
Grauſamkeiten und Ungerechtigkeiten das Reſtitutions‐
Edikt zur Folge hatte. Man machte Proſelyten, wei‐
hete Kirchen ein, wo man ſie fand. Auch Nihus
hatte viele zur ka holiſchen Kirche zurück geführt, und
zwar durch ſolche Mittel, wodurch achtzig Jahre her‐
nach die Hugenotten in Frankreich bekehrt wurden.
Der Graf Thun hatte in dieſer Abſicht Ilfeld dem Or‐
den wieder gegeben, damit von hieraus die katholiſche
Religion weiter ausgebreitet werden ſollte.

Die kaiſerliche Beſtätigung machte den Nihus ſo
verwegen, daß er von den Beſitzern der Kloſtergüter die
Einkünfte von 1555 bis 1629 forderte, die er nach einer
mäßigen Summe auf zwanzigtauſend Thaler anſchlug.
Weil er ſie nicht ſelbſt erheben konnte: ſo ſchenkte er
ſie dem Grafen von Thun aus Dankbarkeit, und bat
ihn ſie einzutreiben. Hierauf ſchickte er ſeine Mönche
U
in

in der Grafschaft umher, ließ predigen und katechisiren; suchte durch allerlei Versprechungen die lutheraner an sich zu ziehen, und drückte die Widerspänstigen so lange, bis Gustav Adolf den berühmten Sieg bei Leipzig erkämpfte.

Die Protestanten in Deutschland, die bei keinem Fürsten ihres Vaterlandes, gegen die Uebermacht und den daher entstandenen Uebermuth des Kaisers, Hülfe finden konnten, hatten nach dem lübecker Frieden, im Jahr 1629 den König von Schweden, Gustav Adolf zum Vertheidiger ihrer Freiheit, und Beschützer ihres Glaubens aufgefordert. Gustav betrat die Wege der Ehre, die ihm Oxenstierna in den zarten Jahren seiner Jugend gezeigt hatte. Er wollte Ruhm erndten, aber solchen Ruhm, der auf Bewunderung, Liebe und Dank gegründet, und daher bleibend war. Er war als König, als Held, als Mensch, den Größten jedes Zeitalters gleich. — Gustav wußte nicht blos zu siegen, sondern auch Gebrauch von seinem Siege zu machen. Die Tropäen des 7ten Septembers 1631, auf dem Schlachtfelde vor Leipzig, verschafften den noch vor wenig Stunden bedrängten Protestanten, mit einemmale frohe Aussichten. Ehrwürdig sey Gustav's Name jedem Verehrer deutscher Freiheit; ehrwürdig sey er auch jedem Hohensteiner, denn auch sie genossen die Früchte dieses herrlichen Sieges!

Kaum' hörte Mihus und die Katholischen, daß Tilly geschlagen sei: so fuhr es ihnen durchs Herz, wie Leuten, denen man ihre Verbrechen vorhält, die sie im Verborgenen begingen. Er beschloß mit seinem Convent das Kloster und die Grafschaft zu verlassen, und diesen Entschluß beschleunigte die schnelle Ankunft der Schweden in diese Gegenden. Es waren nämlich von Erfurth aus einige Detaschements abgeschickt, theils
um

um Proviant zu holen, theils die Harzgegenden in Be-
fitz zu nehmen. Nithus begab sich nach Hildesheim mit
der Hofnung sein Stift, das er jezt verlassen mußte,
wieder einzunehmen, und seine Reformation in der
Grafschaft fortzusetzen, sobald etwa die Kaiserlichen
gegen die Schweden ein Treffen gewinnen, oder wenn
sonst die Detaschements wieder abgerufen würden. Allein seine Hofnung wurde vereitelt; denn Thun verlohr die Grafschaft, und der Herzog von Braunschweig, Friedrich Ulrich, nahm sie wieder in Besitz;
und so hatten alle Versuche der Katholiken ein Ende.
Die Protestanten bekamen ihre Freiheit wieder; und
wenn sie nicht die Last des Krieges, und die bald darauf erfolgten abermaligen Abwechselungen in der Regierung zu tragen gehabt hätten: so würden sie ganz glücklich gewesen seyn.

Nithusens Haß gegen die Protestanten war un-
beschränkt. Da er ihnen nicht mehr durch Gewalt
schaden konnte: so that er es durch Schriften. Damit er nun erführe, was die Protestanten von ihm
hielten: so bat er den Peter Alonsius, päbstlichen Lega-
ten in Lüttich, um die Erlaubniß, ihre Schriften lesen
zu dürfen. Hierauf schrieb er seine artem no-
vam, gegen den Georg Kalixtus, und Konrad Hornejus in Helmstädt. Endlich ging er nach Amsterdam,
und als ein Mensch, dem seine Absichten fehlgeschla-
gen, der ganz ein Spiel seiner Leidenschaften war,
zankte er sich noch mit dem Gerhard Voß herum,
bis an sein Ende. Wo, und wie er gestorben, ist
ist mir nicht bekannt.

In dem westphälischen Frieden stritt man sich lange über das Jahr, welches zur Norm bei der Restitution der geistlichen Güter angenommen werden sollte.
Die Katholiken forderten das Jahr 1629, in welchem

das

das Restitutions-Edikt gegeben war, nach welchem manches Kloster, und manche Kirche von den Katholischen occupirt war. Dies wäre sehr vortheilhaft für sie gewesen, und Ilfeld, Walkenried, und mehrere Dörfer in der Grafschaft würden in ihren Händen geblieben seyn. Die Protestanten wollten schlechterdings nichts von diesem Jahre wissen; sondern sie forderten das Jahr 1618. Beide Theile mußten nachgeben, und so wurde der 1ste Januar 1624, als Norm angenommen. Was an diesem Tage einem von beiden Theilen gehört hätte, sollte ihnen verbleiben. In Hohenstein war der Religionszustand in diesem Jahre ungestört gewesen; also mußten auch den Protestanten alle die Güter und Rechte bleiben, welche sie damals gehabt hatten.

Hohenstein wurde in dem Frieden getheilt. Der Braunschweigische Theil, wozu Walkenried und Ilfeld, nebst einer Anzahl Dörfer gehörte, behielt in Religionssachen die Rechte, die andere Braunschweigische Unterthanen hatten. Eben so war es in dem Theile; der Schwarzburg zufiel. Die beiden Herrschaften Lohra und Klettenberg fielen an Brandenburg, und auch sie behielten ihre Freiheiten. Der erste Punkt, den der Kurfürst von Brandenburg den Ständen zu halten versprach, war dieser: „Es solle das Exercitium der Augsburgischen Confeßion, wie sie 1530, auf dem Reichstage übergeben, und hernach 1624 in der Grafschaft in Uebung gewesen, bleiben, und alle Pfarrstellen mit Bekennern, derselben besetzt werden, jedoch ohne das Patronatrecht zu verletzen, wer dasselbe hätte*). Eben dies versprach hernach der Graf von Wittgenstein in einem Rezeß, den sich die Stände vor der Huldigung in Ellrich ausstellen ließen. Da Hohenstein

stein

---

*) Bühlaische Rezeß MSt.

ſtein ein von Halberſtadt unabhängiger Körper bleiben ſollte: ſo wurde die Superintendur, die ſchon
längſt in Bleicheroda geweſen war, beſtätigt.

Als Graf Johann von Witgenſtein 1657 ſtarb,
und ſeine Söhne die Lehn erhielten: ſo beſtätigten dieſe
den Ständen in einem neuen Riezeſſe die völlige Reli-
gionsfreiheit. — Die Landesſtände erſuchten damals
zugleich die Grafen, die vakante Superintendur zu beſetzen, aber dieſem neuen Superintendenten anzubefeh-
len, daß er nicht ſo eigenmächtig in Kirchenſachen und
Viſitationen verfahren ſollte. Wenn etwas von der
Kanzel zu leſen wäre, ſo ſolle es nicht unmittelbar an
den Prediger, ſondern an den Patron geſchickt werden.
Das erſtere verſprach der junge Graf, das übrige ent-
ſchied er ſo: „Die Kirchenrechnungen gehören für den
„Patron, die Viſitationen aber für den Superinten-
„denten: und dieſer ſoll mit Eſſen und Trinken verſe-
„hen werden, ohne Anordnung oder Bezahlung, für ſich
„und ſeine Leute. Die Befehle in geiſtlicher Sachen
„gehen gerade von dem Conſiſtorio an den Prediger;
„betrift die Sache die Jurisdiktion: ſo ſoll es der Pa-
„tron zuvor ſehen, und dann dem Prediger zuſtellen.“

Der Graf urtheilte ſehr recht. Nur die Oekonomie kann und muß der Gegenſtand der Patronen ſeyn,
die ſie durch Deputirte mit Zuziehung des Predigers beſorgen laſſen können. Was hat aber der Patron mit
den Viſitationen zu thun? ſie hängen nicht mit dem Patronatrecht zuſammen, denn ſie betreffen das Innere
der Kirche, und dies allein, muß dem Prediger oder
Aufſeher überlaſſen ſeyn; dann nur kann ſich die Obrigkeit oder der Patron hinein miſchen, wenn um ſeinen
Schutz angeſucht wird. — Das Conſiſtorium war
unter den Grafen von Witgenſtein ſchlecht beſtellt.
Oft machte Eine Perſon das ganze Collegium aus,

U 3

und

und nannte sich demohnerachtet Consistoriales. Eben so stand es mit der Kanzelei, wie ich an einem andern Orte gesagt habe.

Als im Jahr 1699 die Grafschaft wieder an Brandenburg kam: so wurde der Religionszustand gelassen, wie er war, nur das Consistorium hörte auf, und wurde mit dem in Halberstadt vereinigt. Seitdem hat kein merkwürdiger Auftritt in Religionssachen irgend einem Unterthan Klagen verursacht. König Friedrich Wilhelm, der Erste, befahl 1737 eine Cerimonien-Reform, die sehr erwünscht war. Es war seit der ersten Reform von 1546, noch manches übrig geblieben, z. B. das Heilig unter der Messe, Meßgewand, Chorröcke der Geistlichen, das lateinische Absingen der Evangelien und Episteln, Vigilien, das Tragen des Crucifixes vor den Leichen u. s. w., dies wurde nun ganz abgeschaft. Obgleich Friedrich, der Zweite, im Jahr 1740 die Cerimonien wieder frei gab: so sind doch die Meisten abgestellt geblieben, und es wird den Gemeinden immer gleichgültiger, ob die Prediger vor dem Altare singen oder lesen. Noch unter Friedrich Wilhelm, dem Ersten, wurde 1738, den 12ten August eine Generalvisitation durch den Consistorial-Präsident von Reichenbach, aus Berlin, vorgenommen, wo alle Geistliche nach der Conduiten-Liste in der Hauptkirche in Ellrich abgehört, und an ihre Pflicht erinnert wurden. Den 28sten Jan. 1773 erschien ein Edikt, wodurch in den Preußischen Staaten die Zahl der Festtage vermindert wurde; aber ehe noch dies Edikt erschien, war schon die Feier der Aposteltage und andere Nebenfeste, so wie der monatlichen halben Bußtage abgestellt, und dadurch dem arbeitenden Theil der Unterthanen mehr Zeit zum Verdienst verschaft. König Friedrich Wilhelm, der Zweite, der sich durch die väterliche Sorgfalt für das Wohl seiner

Un-

Unterthanen unsterblich in ihren Herzen macht, hat im Jahr 1789 die Feier des Himmelfartstages wieder erlaubt.

Die Evangelisch-lutherische Religion ist also die Herrschende in Hohenstein, die durch alle Rezesse reservirt ist. Jezt ist die Geistlichkeit dem Konsistorium in Halberstadt unterworfen, welches zwei Inspektoren bestellt. Der eine für Klettenberg ist jezt der erste Prediger in Ellrich, und der zweite für Lohra, der erste Prediger in Bleicheroda. Die Lehrer für die Dorf-Schulen werden aus dem Ellrichschen Singe-Chor genommen. Hier müßte der Anfang zur Verbesserung des Unterrichts in der Religion in den Landschulen gemacht werden, und wir hoffen alles von der väterlichen Vorsorge unsers geliebten Königs Friedrich Wilhelm, des Zweiten, und dessen getroffenen Veranstaltungen.

Sechzehntes Kapitel.

Statistik des Brandenburgischen Antheils an der Grafschaft Hohenstein.

––––––––––

In der Statistik ist man mit den möglichst richtigsten und vollständigsten Nachrichten zufrieden; solche kann ich von dem Brandenburgischen Antheil an der Grafschaft Hohenstein, worauf sich meine Bemerkungen allein beschränken, durch die gütige Unterstützung einiger angesehener und verdienstvoller Männer, liefern.

Ehe ich zu der statistischen Beschreibung fortgehe, muß ich mich zuvor kurz über die Tabelle erklären, die ich habe beidrucken lassen. Die erste Tabelle enthält

den

den Zustand der Domainen-Güter vom Jahr 1775. Man findet darauf die Anzahl der Hufen, Dörfer, Bauern u. s. w., die zu einem jeden derselben gehören. Weil sich dieser Zustand nicht verändert hat: so kann die Tabelle auf immer gelten; selbst die Uebersicht des Viehstandes kann zu einer richtigen Beurtheilung dienen, wie viel von jeder Art gehalten werden kann. Die Summe der Pachtgelder wollte ich deswegen nicht angeben, weil sie veränderlich ist; die vererbpachteten Güter ausgenommen. Den Ueberschuß der sämmtlichen Domainen werde ich unten angeben.

Eben so kann die zweite Tabelle, die den Zustand der Städte enthält, zur Beurtheilung derselben dienen; das, was sich geändert hat, werde ich in der Folge angeben. Den Kämmerei-Etat der Städte übergehe ich, weil er, wie ich glaube, nicht vor das Publikum gehört.

Die dritte Tabelle stellt den kontribuablen Hufenstand dar; sie ist zu allen Zeiten gültig. — Ich habe den doppelten Etat vom Jahr 1770 und 1789 vor mir; aus beiden liefere ich das Wichtigste und Zuverläßigste.

Wenn alle Länder des Königs von Preußen 3600 □ Meilen betragen, wie der große Minister Graf von Herzberg gezeigt hat*): so wird darunter

*) In der Abhandlung über die Bevölkerung der Staaten überhaupt, und besonders des Preußischen, welche der große Minister am 2ten Jan. 1785, in der Akademie der Wissenschaften, in Berlin vorlas S. 27. Weil diese Abhandlung gewiß nicht in den Händen aller meiner Leser ist: so wird es denen, die sie nicht besitzen, nicht unangenehm seyn, wenn ich folgende Tabelle daraus abdrucken lasse:, auf deren Richtigkeit man sich gewiß verlassen kann.

ter das Fürstenthum Halberstadt zu 32, Queblinburg zu 2, und Hohenstein zu 8 ☐ gerechnet.   Die beste Charte von Halberstadt und Hohenstein ist die, welche Treuer 1788 herausgeben hat.

Special-Liste der im Jahre 1784, in allen Preußischen Landen Gebohrnen, Gestorbenen und Getraueten, ohne den Militär-Stand.

No.	Namen der Provinzen.	☐ Meilen.	Ge-trauete.	Gebohr-ne.	Gestor-bene.	Mehr gebohren als ge-storben.
1	Ost = Preußen hat	753	7,240	37,174	22,131	15,043
2	West = Preußen =	631	5,410	27,134	15,669	11,465
3	Schlesien und Glatz =	640	12,800	65,343	48,458	16,890
4	Churmark Brandenb.	444	5,020	22,755	18,349	4,406
5	Neumark Brandenb.	220	1,869	8,836	6,235	-2,601
6	Pommern, Lauenb. und Büto =	507	3,089	15,635	12,110	3,525
7	Magdeburg =	104	1,902	8,874	7,054	1,820
8	Halberstadt =	32	626	2,878	2,328	550
9	Hohenstein =	8	162	748	516	232
10	Quedlinburg =	2	70	349	378	——
11	Minden und Ra-vensberg =	51	1,198	5,340	4,745	526
12	Tecklenburg =	5	163	597	506	91
13	Lingen =	8	225	686	665	21
14	Mörs =	6	203	722	631	91
15	Geldern =	24	419	1,830	1,744	86
16	Cleve und Mark =	96	1,875	7,802	6,284	1,518
17	Ostfrießland =	54	815	3,128	3,188	——
18	Neufchatel und Valengin =	15	341	1,277	1,040	237
	Summe =	3600	43,436	211,113	152,040	59,162

Die

Die Grafschaft Hohenstein wird durch den Harzwald, Grubenhagen, das Eichsfeld und Schwarzburg-
Sonbershausen begränzt. Sie ist gebirgigt, und hat
eine angenehme reizende Lage. Das Klima ist gesund
und einladend, welches auf den Karakter, Lebensart
und Vermehrung der Einwohner einen großen Einfluß
hat. Ueberall findet man bei ihnen, so wie bei ihren
Nachbarn, den Harzbewohnern eine muntere Laune.
Waldungen sind reichlich vorhanden; die Thäler sind
fruchtbare Wiesen. Vier Flüsse durchströmen die Grafschaft; die Zorge kommt aus dem Harzwalde, und
fließt durch Ellrich nach Nordhausen; die Helm entspringt in der Grafschaft Klettenberg; die Bode
und Wipper fließen durch die Herrschaft Lohra. Diese
vier Flüsse laufen durch die goldene Aue, wo sie sich
nach ihrer Vereinigung in die Unstrut, und mit dieser
in die Saale ergießen. — Der Boden bringt die nöthigen Bedürfnisse reichlich hervor, die der Fleiß und
die Industrie der Einwohner gut zu gebrauchen weiß.
Mineralien sind in dem Brandenburgischen Antheil,
außer dem Alabaster bei Tettenborn und Wofleben;
der aber nicht sehr genützt wird, und dem Schiefer-
bruch bei Hesserode, nicht vorhanden.

Die ganze Provinz bestehet jezt aus folgender Eintheilung:

1) Die Herrschaft Lohra mit 25 Dörfern. Die
mit einem * bezeichneten, sind einzelne Aemter,
oder einzeln liegende Domainen-Güter.

Die Stadt Bleicheroda.

Dörfer:

1. Lipprechteroda,	3. Obergebra,
2. Klein-Bodungen,	4. Niedergebra,

5. Frie-

5. Friedrichsroda,
6. Groß-Wenden,
*7. Lohra,
8. Elende,
9. Klein-Wenden,
*10. Münche-Lohra,
11. Mitteldorf,
12. Pustleben,
13. Nohra,
*14. Kinderoda.
15. Wollersleben,
16. Mörbach,
17. Klein-Furra,
18. Rixleben,
19. Heyenroda,
20. Wernroda,
21. Wülferoda,
22. Ascheroda,
23. Sollstedt,
24. Buhla,
25. Rehungen,
26. Groß-Bernde,
27. Klein-Bernde,
*28. Dietenborn,
*29. Friedrichslohra.

2) Die Herrschaft Klettenberg, bestehet aus drei Städten, 1) Ellrich, 2) Sachsa, 3) Bennekenstein, und 34 Dörfern:

*1. Sorge,
2. Klettenberg,
3. Branderoda,
4. Liebenroda,
5. Steinsee,
6. Sachswerfen,
7. Tettenborn,
8. Mackenroda,
9. Limlingeroda,
10. Stöcken,
11. Trebra,
13. Hollbach,
14. Pitzlingen,
15. Schiedungen,
16. Gratzungen,
17. Bliedungen,
*18. Königsthal,
19. Kemstedt,
20. Oberdorf,
*21. Fronderoda,
22. Etzelsroda,
23. Haferungen,
*24. Flarichsmühle,
25. Günzeroda,
26. Immenroda,
27. Groß-Werther,
28. Klein-Werther,
29. Groß-Wechsungen,
30. Klein-Wechsungen,
31. Hochstädt,
32. Hesseroda,
33. Gudersleben,
34. Mauderoda,
35. Wosleben,
*36. Klensingen,
37. Hörningen,
38. Herreden,
39. Salza.

Dazu

Dazu gehört noch das Kollektur-Amt in Nord-hausen nebst Berbisleben und Steinthalleben, die nicht eigentlich dazu gerechnet werden können, sondern nur als ehemalige Walkenriedische Kloster-Güter dazu ge-zählt werden.

Unter diesen Dörfern sind 35 lutherische, und ein katholisches Pfarrdorf.

Diese beiden Herrschaften enthalten an urbaren Ländereien und Wiesen 3289 Hufen *); darunter sind 2100 steuerbare und 1189 Hufen, königl. ritterliche, geistliche und freie Länderei, imgleichen Patrimonial-Grund-stücke (S. Tab. 3). Das übrige bestehet aus Holz, Klippen, Felsen unbrauchbaren und wasserlosen Boden.

Die Zahl der Einwohner hat sich seit 1770 sehr vermehrt. Damals zählte man in der ganzen Provinz 21,463 Menschen (S. 1. Tab.) und überhaupt 4149 Feuerstellen. Jezt sind nach der neuesten Aufnahme, vom Jahr 1789, blos auf dem platten Lande 3170 Wohnhäuser, und darin wohnen 17,441 Menschen. Im Jahr 1770 zählte man auf dem platten Lande 2907 Wohnhäuser, und 15,242 Menschen. Also hat sich die Volksmenge auf dem platten Lande um 2199 vermehrt. — Die Städte hatten im Jahr 1770 zu-sammen 1242 Feuerstellen, und 6221 Einwohner; jezt zählt man 1280 Feuerstellen und ohngefähr 8100 Ein-wohner. Es beträgt also die Volksmenge der ganzen Provinz 25,541, davon leben auf einer □ Meile 3192 Menschen. Nach einer allgemeinen Bemerkung haben

*) Der Acker Land besteht in der Grafschaft Hohenstein aus 160 □ Ruthen, jede Ruthe zu 15 Schuh, und jeder Schuh zu 12 Zoll gerechnet; 30 Acker machen eine Hufe.

haben die Städte in allen Provinzen gewöhnlich ⅓, und das platte Land ⅔ von der Zahl der Einwohner. Da im Durchschnitte auf einer deutschen □ Meile, 1667 Menschen leben: so gehört Hohenstein zu den sehr bevölkerten Provinzen. Für Halberstadt rechnet man 3100 auf eine □ Meile. Die Summe aller Menschen in den Preußischen Staaten, beträgt 6 Millionen.

Die Volksanzahl wächst immer in Proportion mit den Künsten, und den Mitteln des Unterhalts. Ein Staat, wie der Preußische, der eine solche Verfassung, und solche Gesetze hat, die die Sicherheit des Eigenthums befördern, und Unterdrückung verhüten, zur Errichtung neuer Familien aufmuntern, die Ernährung und Erziehung der Kinder erleichtern, hat auch gerade die besten Mittel zur Bevölkerung.

König Friedrich, der Zweite, und unser jetziger vielgeliebter König, Friedrich Wilhelm, der Zweite, haben es an solchen Mitteln, welche die Bevölkerung begünstigen, nicht fehlen lassen. Friedrich, der Zweite, ließ zwei neue Dörfer bauen, Friedrichsroda und Friedrichslohra; gab allen Kolonisten, die sich hier niederließen, Freiheiten und Gelegenheit, ihr Brod zu verdienen. In Ellrich bauete er vier und zwanzig neue Häuser für Kolonisten, die ihren Unterhalt vom Wollespinnen haben sollten. Friedrich Wilhelm, der Zweite, schützt diese Ankömmlinge, und so wie sich seine Huld über alle seine Staaten verbreitet, so verbreitet sie sich auch über Hohenstein. —

Seit 1770 sind alle Jahre mehr gebohren, als gestorben. Ich setze hier die neueste Bevölkerungs-Liste her, die man mit der auf der ersten Tabelle, und der obigen vergleichen kann.

Im

Im Jahr 1789 sind gebohren:

in der Herrschaft	Söhne	Töchter	unehliche		unzeitig u. todgeborne		kopulirt Paar	gestorben: Männer.	Weib.
			Söhne	Töchter.	Söhne	Töchter			
Lohra	178	138	9	5	8	5	64	126	127
Klettenberg	219	235	21	13	4	5	100	199	184
Summe	397	373	30	18	12	10	164	335	311
	818				22			636	

Es sind also in diesem Jahr 182 mehr in der Provinz lebendig gebohren, als gestorben. In dem Jahr 1770 waren 271 mehr gebohren, als gestorben, und 1784, war die Zahl der Mehrgebohrnen 232. Im Durchschnitt kann man annehmen, daß jährlich 230 mehr gebohren werden, als sterben.

Da ich von der Bevölkerung des Stifts Walkenried specielle Nachrichten habe: so halte ich es für meine Pflicht, sie meinen Lesern mitzutheilen. Das Stift Walkenried, wie es jetzt Braunschweig besitzt, besteht aus folgenden Oertern.

1. Walkenried, hat 49 Feuerstellen und 358 Menschen. Es ist hier ein Herrschaftliches Haus, ein Hospital, eine Post-Expedition nach Blankenburg, und ein Fürstliches Amt-Haus. Die Gerichte besorgt ein Justiz-und Pacht-Amtmann, ein Forst-Sekretär und Aktuar. Auch werden hier geringe Vorfälle in geistlichen Sachen abgethan, daher bisweilen ein Kirchen-und Schul-Inspektor zugegen ist; wichtige Sachen gehen an die Regierung und Consistorium nach Blankenburg.

2. Ho-

2. Hohegeiß liegt auf dem höchsten Berge des Unterharzes.   Der Name war erst zur hohen Kapelle, von — Capella — eine Kapelle, Kirche, die hier im Jahr 1257, von dem eilften Abt in Walkenried, Bernhardt, erbauet wurde. Capella heißt aber auch eine Ziege oder Geiß, daher entstand vielleicht durch einen scherzhaften Einfall der Name Hohegeiß. Daß hier die alten Sachsen eine Ziege oder Geiß verehrt haben sollen wird mit Recht bezweifelt. Ein Kupferbergwerk, das im sechzehnten Jahrhundert im Hasenthal unter der hohen Kapelle aufgenommen wurde, hat den Anbau des Dorfs befördert. Jezt wird dies Bergwerk nicht befahren. Das Dorf bestehet aus 108 Feuerstellen, worin 700 Menschen wohnen, die vom Ackerbau, Viehzucht, Fuhrwerk, Kohlenbrennen und Verfertigung hölzerner Geräthe, ihren Unterhalt haben.

3. Wieda hat 134 Feuerstellen, und 800 Menschen, die ihr Brod als Holzhauer, Köhler, Fuhrleute, Hüttenarbeiter verdienen. Es ist hier ein hoher Ofen, zwei Hammerhütten, und ein Zainhammer. Im sechzehnten Jahrhundert waren hier schon Bergwerke, worin man auch edle Erze fand, in den neuern Zeiten ist hier Zinnober und Quecksilber zubereitet worden.

4. Zorge am Zorgefluß eine Stunde von Ellrich. In der Mitte des sechzehnten Jahrhunderts gab eine Kupferhütte am Staufenberge Gelegenheit zur Erbauung des Dorfs, das in einem tiefen Thale zwischen zwei langen hohen Bergen liegt. Das Dorf besteht aus 140 Häusern, worin 820 Menschen wohnen. Die genannte Kupferhütte ist in

eine

eine Eisenhütte verwandelt, weil die Eisengruben ergiebiger sind. Auch sind hier zwei hohe Ofen, wo die eisernen Platten mit dem Braunschweigischen Roß bezeichnet, gegossen werden, drei Hammerhütten, ein Zainhammer, Blechhammer und eine Drathütte, die nur eine Viertelstunde von Ellrich liegt. Der Eisenhandel, den die Zorge treibt, ist sehr ansehnlich.

5. Neuhoff. Als Walkenried an Gotha versetzt war, und die Herzoge von Gotha ihre Obrigkeitlichen Personen dahin setzten: so sollen diese nicht genau auf ihre Rechte aufmerksam gewesen seyn, daraus entstanden Streitigkeiten in den Kirchensachen, und Neuhoff gehört bis jezt in Kirchensachen zu Hohenstein, in übrigen Fällen zu Walkenried. Die Einwohner müssen an Brandenburg und Braunschweig zugleich contribuiren.

6. Das Vorwerk Wiedigeshoff, oder Wildenhoff, ehemals Hilligeshoff.

7. Das Vorwerk Kahlenberg zwischen Bennekenstein und Trautenstein auf Hohensteinischem Boden, weswegen auch die Kontribution nach Bennekenstein gezahlt wird. Der kleine Viehhoff Kahlenberg auf Hohensteinischem Boden ist ein Erbzins-Gut.

Die Zahl sämtlicher Einwohner im Stift Walkenried ist 3000.

———————

Welches sind die Nahrungszweige für diese Menschen-
zahl im Hohensteinischen?

Alle Artikel des Reichthums eines Landes, oder alle
Waaren, sind um desto schätzbarer, je mehrern Menschen sie Unterhalt verschaffen. Der Reichthum selbst
steht in Proportion mit der Arbeitsamkeit und Geschicklichkeit der Einwohner: darunter verstehe ich den
Ackerbau, und die Manufakturen. Dies sind die beiden Nahrungszweige der Hohensteiner. Ich rede hier
zuerst von dem Ackerbau; bei den Städten werde ich
von den Manufakturen Nachricht geben.

Nach Abzug der bei den Städten befindlichen
Ländereien, bleiben für das platte Land 1834 steuerbare, und 1162 freie Hufen Land übrig. Ob gleich der
Boden größtentheils entweder steinigt oder kleiigt ist,
und daher eine weit mühsamere Kultur erfordert; so
werden doch so viel Feldfrüchte von allen Arten gewonnen, daß nicht nur die Menschen, die hier leben, davon
unterhalten werden können, sondern, daß noch ein ansehnliches ausgefahren wird. Man bauet vorzüglich
Roggen, Waizen, Gerste, Hafer und Hülsenfrüchte.
Hiervon wird viel nach dem Oberharz, und in die Ma-
gazine nach Lutterberg und Osterode verfahren. Auch
die Brantwein-Blasen in Nordhausen erhalten viel
Getraide aus der Grafschaft, besonders aus dem Lohraischen. Die einheimischen Brennereien sind nicht
sehr ansehnlich, und der Brantwein, welchen sie liefern, ist gewöhnlich schlecht, und wenn die Einwohner
den Aemtern denselben nicht abnehmen müßten; so würden sie lieber Quedlinburger- und Nordhäuser-Brant-
wein trinken.

Kartoffeln, die seit dem Ausgang des siebzehnten
Jahrhunderts in Deutschland bekant sind, werden seit

X   dreiß-

Im Jahr 1770 verbrauchte die ganze Provinz an Salz 93 Last, davon 5 Last zum ausländischen Debit gerechnet wurden. Die Konsumtion des Salzes steigt mit der Vermehrung der Menschen und des Viehes. Im Jahr 1789 sind 105 Last 40 Scheffel von Halle nach Hohenstein verfahren.

Holzungen sind reichlich vorhanden. Die Holzarten sind Eichen, Birken, Buchen und Lindenholz. In beiden Herrschaften sind 14 Forstbediente, nämlich 1 Oberförster; 1 Landjäger, 1 Förster, 9 Unterförster und 2 Holzknechte. In dem Jahr 1770 betrug der Ueberschuß des Forst-Etat 9049 Thaler.

Der Seidenbau in Hohenstein ist schlecht. J. J. 1770 waren nur 5425 Stück Maulbeerbäume vorhanden, und an Seide wurden 2 Pfund 16 Loth gewonnen. Jezt zählt man ohngefähr 6000 Maulbeerbäume: an Seide aber möchte wol mehr gewonnen werden, weil sich jezt der Herr Oberprediger Schmaling in Ellrich damit beschäftigt *).

Von den Städten in dem Preußischen Antheil.

Bennefenstein ist eine Amtsstadt, die aus 334 Häusern bestehet, und an 2500 Einwohner hat. Sie liegt auf dem Harz zwischen den Braunschweigischen Territorien, und gehört eigentlich nicht zu der Grafschaft, ob sie gleich jezt dazu gerechnet wird. Die Fürsten

*) Von den Seidenfabriken im Brandenburgischen ist gewiß die der Herrn von der Leyen zu Crefeld, im Fürstenthum Mörs, die berühmteste, ja, vielleicht die größte in ganz Europa. Sie beschäftiget täglich an 5000 Arbeiter, und liefert sogar Waaren für das Serail nach Constantinopel.

ften von Schwarzburg haben von alten Zeiten her, wie
wir aus der vorigen Geschichte gesehen haben, die Hälfte davon beseffen, welche ihnen aber der König von
Preußen abgekauft hat. Die Einwohner leben vom
Ackerbau, Viehzucht, Fuhrwerk u. dg., auch verfertigen sie kleine hölzerne Waaren zum häuslichen Gebrauch. Es gehören dazu 100 Hufen 19 Morgen Ak-
ker und Wiesen. — Verhältnißmäßig ist dieser Ort
am beßten bevölkert. Im Jahr 1789 waren hier 77
gebohren, 12 Paar kopulirt und 47 gestorben. Im
Durchschnitt werden hier alle Jahre 30 mehr gebohren, als sterben.

Ellrich, die Hauptstadt der ganzen Provinz, liegt
in einer sehr angenehmen Gegend, in einem Thale,
rings umher mit Waldungen, Gebirgen, und Fischteichen
eingeschlossen. Mitten durch dies Thal fließt die Zorge
welche die Stadt in zwei Theile theilt. Die Stadt
hat 458 Häuser, und 2700 Einwohner. Im Jahr
1789 sind hier 72 gebohren, 9 Paar kopulirt, und 50
gestorben. Es gehört zu der Stadt ein Hospital, eine
Papiermühle, 3 Mühlen und eine Ziegelbrennerei,
nebst einer Walker- und Oehlmühle. Die Nahrungszweige der Einwohner sind Brauerei, Ackerbau und
Viehzucht. Es gehören dazu 93 Hufen, 4 Morgen
steuerbare, und ohngefähr 9 Hufen freie Länderei. —
Sonst war hier eine Kammer-Deputation für die Grafschaft, welche aber jezt wieder nach Halberstadt verlegt
ist, weil Hohenstein nicht mehr als eine separirte Provinz angesehen wird. In Ellrich sind auch ansehnliche
Wollenmanufakturen. Jezt zählt man daselbst vier
und zwanzig Meister, diese verarbeiten im Durchschnitt
168 Centner Wolle, woraus sie meistentheils Fla-
nelle verfertigen. Tücher werden etwa 35 Stück gemacht. Die Fabrikata werden größtentheils ins Aus-

* 3   land

land debitirt, und ohngefähr der zwanzigste Theil bleibt im Lande. Der König sucht durch Prämien diese Manufakturen immer mehr empor zu bringen.— Die Stadt hat jezt zwei Kirchen, weil die dritte, worin sonst die Reformirten von einem fremden Prediger das Abendmahl erhielten, ganz verfallen ist. In der Frauenberger Kirche werden nur bisweilen im Sommer Gottesverehrungen gehalten. Es sind hier nur zwei Prediger. Die Schule wird von einem Rektor, Konrektor, Kantor und Organist besorgt.

Die Judenschaft ist in Ellrich ansehnlich, aber größtentheils arm. Sie haben hier eine Synagoge. In der Werna, einem nahen hannöverischen Dorfe wohnen beinahe eben so viele Juden, als in Ellrich.— Eine Stunde von Ellrich ist die berühmte Höhle, die Kelle genannt, die von jedem Naturforschenden Reisenden besucht wird. Das Portal, oder Eingang beträgt über 80 Fuß, die Höhle selbst 156, und die Dicke des Gewölbes 42 Fuß. Die Höhle ist voll reines helles Krystallwasser, dessen Tiefe in der Mitte 40 Fuß beträgt. Fische und Frösche erstarren vor Kälte in dem scharfen beizenden Wasser. Es ist nichts lebendiges in der Höhle. Herr von Göckingk hat eine schöne Romanze auf diese Kelle gemacht, im 3ten B. seiner Ged. S. 133, und Hr. Pastor Göze hat sie beschrieben in seiner vierten Harzreise. In den katholischen Zeiten stellte man feyerliche Prozeßionen dahin an, und glaubte, daß jährlich ein Mensch darin umkommen müsse, wenn man dies unterließe. Auf dem Berge vor der Kelle stand sonst die Kapelle des heil. Johannis, wohin der Priester von Ellrich mit seiner Gemeinde und den nahen Dorfschaften jährlich einmal hinzog, eine Messe las, und dann in die Kelle hinunter ging, das

Kreuz

Kreuz hinabließ, und nach dem Herauszießen dem Vol-
fe zurief:

Kommt, und fuckt in die Kelle,

so kommt ihr nicht in die Hölle.

Sachfa ist die Kleinste von den Städten, sie hät
nur 210 Häuser, und ohngefähr 1000 Einwohner, die
von den 55 steuerbaren und 6 Hufen freien Länderei,
und von einigem Verkehr und Transport der Früchte
nach dem Harz, ihren Unterhalt gewinnen.

Bleicheröda ist zwar schlecht gebauet, und hat
eine unbequeme Lage, am Fuß eines sehr hohen Berges,
der es gleichsam wie ein Amphitheater umgibt, ist aber
demohnerachtet sehr nahrhaft. Sie hat 279 Häuser,
und an 1900 Einwohner. Es gehören dazu 118 steu-
bare, und 12 Hufen frei Land; daher hier der Ackerbau
ansehnlich ist. —

Es sind hier zwei ansehnliche Wollen-Manufaktu-
ren, nämlich die Trautvetterifche und die Müller-
fche. Die Erste verlegt 30 Stühle, die letzte einige 20. Auf diesen Stühlen, die beständig im Gange
sind, werden Rafche und Chalons verfertigt, und
sowol innerhalb als außerhalb Landes für 40 bis 50,000
Thaler debitirt. Diese Manufakturen laffen nicht nur
die Wolle, die in hiesiger Grafschaft fällt, und im
Durchschnitt zwischen 550 bis 600 Centner beträgt,
hieselbst verarbeiten, sondern kaufen auch noch ein
beträchtliches an Wolle zu, besonders aus dem Han-
növerifchen. — Ueberdem treiben diese beiden Häu-

X 4

fer

ser einen ansehnlichen Leinwandhandel, und versenden jährlich, zwischen 2500 bis 3000 Schock geringe Sorten von Leinwand nach Bremen, von da es über Spanien nach Amerika gehet. Diese Leinwand aber wird nicht in der Grafschaft gemacht, sondern auswärts, größtentheils auf dem Eichsfelde gekauft, und nur in Bleicheroda auf der großen Bleiche gebleicht und zubereitet. Diese Leinwand-Exporte gehet daher die des platten Landes, wovon ich oben geredet habe, nichts an.

In Bleicheroda ist die Obersteuer-Kasse. — Ohngefähr 400 Schritte von der Stadt ist die bekannte Knochenquelle, die in den ältesten Zeiten Knochen ausgeworfen hat, und womit sich einige Naturforscher eine lange Zeit unterhalten haben. Sie hat ihren Ursprung in dem gypsartigen Alabastergebirge, welches nicht weit davon liegt. Die Knochen von Fröschen, Vögeln, Eidexen u. s. w., die sie auswarf, waren ganz natürlich hinein gekommen, und es ist hier nichts wunderbares zu finden. Ganz neuerlich hat Herr Pastor Göze in Quedlinburg die Quelle untersucht. S. seine 4te Harzreise S. 136.

Diese drei letzten Städte sind Immediat-Städte, die nicht nur Untergerichte, sondern auch das Wahlrecht der Rathsglieder und Schulkollegen haben.

Von der wirklichen Einquartierung ist die Grafschaft frei. Die Einwohner zahlen den Servis an die Kriegskasse. Die Kantonisten gehören unter das Halberstädtische Regiment. Sonst wurden im Sommer einige Kompagnien von dem Ascherslebischen Cürassier-Regiment hieher auf die Fütterung verlegt; jetzt zahlen die Einwohner dafür eine Summe Geldes. (S. 3te Tab.)

Die

Die Städte sind ohngefähr vor 30 Jahren der Halberstädtischen Städtischen Feuer-Societät incastrirt, und es beträgt die Total-Summe 388,290 Thaler, 12 Gr. (S. Tab.) Das platte Land hat eine besondere Societät, wovon die Taxe 970,000 Thlr. ausmacht. Die Feuerkassen-Gelder werden jedesmal nach dem Werth der abgebrannten oder beschädigten Gebäude aufgebracht.

Die Einkünfte des Königs fließen

1) aus den Domainen-Gütern, wovon der Ueberschuß 45 bis 50,000 Thlr. beträgt,

2) aus dem Forst-Etat — etwa 9000 Thlr.

3) Kontributionen, Vieh- und Trankfteuer, Nahrungs-Geld;

4) Kavallerie-Geld 6697 Thaler.

5) Der Salz-Etat hatte im Jahr 1770 Ueberschuß 3140 Thlr. 21 Gr. 6 Pf., welches zur General-Salz-Kasse geliefert wurde.

6) Stempel-Zoll-Revenüen.

7) Accise.

8) Servis.

Wenn sich also die Einkünfte im Jahr 1770 auf einige 90,000 Thaler beliefen; so möchten sie wol jetzt an 100,000 Thaler betragen. Von neuen Auflagen wissen die Hohensteiner, so wie alle Preußische Unterthanen nichts. Diese Einkünfte fließen entweder in die land-

land-Renthei, oder Oberstreuer, oder General-Kriegs-Kasse.

Obgleich die Grafschaft Hohenstein dem Fürsten-thum Halberstadt inkorporirt ist; so hat sie doch in ver-schiedener Rücksicht einige besondere Gerechtsame, wo-hin vorzüglich gehört, daß sie das freie Commerz ge-nießt, und alle fremde Waaren gegen eine kleine Ab-gabe einbringen darf. Von seidenen Waaren wird 1 Gr. 6 Pf. pro Rthlr., von allen andern, aber, nur 1 Gr. pro Rthlr. Impost erlegt.

In den statistischen Beschreibungen großer Länder wird noch das Staats-Interesse angegeben. Sollte das kleine Hohenstein und seine Einwohner auch ein besonderes Staats-Interesse haben? Ein besonderes kennen sie wol nicht: das aber wissen sie gewiß, daß sie ihrem vielgeliebten Könige, kein größer Opfer ihrer Er-gebenheit und Liebe darbringen können, als das, wel-ches in der Erfüllung ihrer Pflichten, als Bürger und Hausväter besteht, und mit ihrer Glückseligkeit unzer-trennlich verbunden ist. —

önig in F

nus König

ich 3te, Gr

1) Bona. 2) Agnes v Vermandois.

Cäcilia von Sangerhausen.

G. Ludewig, Herr in
rbeck und Bielstein.

nger von Bielstein erbt Hohenstein.

Tab. *Tab. 4.*

von S i g b **L o h r a.**

Ludewig.

1150.

Herr zu S...dewig. **Adelheid.**

rchard 2. i...ig. **Beringer.**

ard 3. der A...ig.

:d 6. Sig

H. Sigbod